U0770975

# "一带一路"视域下的
# 亚洲文化资源与产业

李大伟　编著

山东文艺出版社

# 前言（代序）

一、关于研究对象

"一带一路"是具有历史意义的世界性事业，不是一国、几国或某个地区的。正如习近平主席所说，"一带一路"倡议出自中国，但成果惠及世界。这个倡议自 2013 年提出后，就在探索中前进，在发展中完善，在合作中成长。

国家层面没有对"一带一路"限定过范围，持开放态度，朋友圈不断扩大。根据"中国一带一路网"平台数据，截至 2021 年 1 月 30 日，中国已经同 140 个国家和 31 个国际组织签署 205 份共建"一带一路"合作文件。

因为本书涉及的国家众多，内容包罗万象，且考虑体例编排方便，最终确定按洲际进行阐述。为了保持历史的延续性，兼顾现在的国际格局，本书以早期的"一带一路"沿线国家时空概念为蓝本，独联体中的亚洲三国单独列为外高加索三国；将希腊、塞浦路斯和埃及从西亚方向分别归并到欧洲、非洲部分；增加东帝汶和韩国概况作为补充。其余不变。合作国家不以书中所列为限，所有国家排名不分先后。

二、关于管理机构

由于机构重组、职能调整等原因，多个国家政府部门名称前后有变化，本书以现行的名称为准；有的政府机构中译名有差异，本书以外交部、商务部等政府部门以及人民网、新华网的文件通稿为准；有的通稿前后有差异，以距离书稿写作时间最近的为准。

三、权责声明

本书属于个人研究，所有资料均来源于公开信息，由于涉及领域非常宽泛，再加上个人学识所限，虽竭尽心力，但难免会出现一些偏差，所提供信息仅供读者参考。

# 目　录

第一篇

东北亚沿线

# 蒙古国

蒙古国，位于亚洲中部的内陆国，东、南、西与中国接壤，北与俄罗斯相邻，首都为乌兰巴托。蒙古国主要产业包括矿业、农牧业、交通运输业、服务业等。国民经济对外依存度较高，曾长期实行计划经济，1991 年开始向市场经济过渡。① 喀尔喀蒙古族约占全国人口的 80%，此外还有哈萨克等少数民族，主要语言为喀尔喀蒙古语，居民主要信奉喇嘛教。

进入 21 世纪，蒙古国政府在经济稳步发展的同时，大力开拓文化产业，提供资金支持和政策助力等利好措施，因此，近年来蒙古国在旅游、影视、动漫等领域都取得了一定的进步。文化产业的发展也带动了酒店、交通、餐饮等一系列产业链，为蒙古国经济提供了巨大的支撑，也提供了诸多就业岗位。随着国民经济的发展和生活水平的改善，民众对于文化产品和服务的需求不断提升，又反向促进了文化产业的发展。

过去几年里，蒙古国传统媒体的数量在逐年下降，数字媒体受到青睐。电视、广播电台和报纸的观众和用户人数日益减少。与 2017 年相比，2018 年媒体机构的数量减少了 16 家。与此同时，社交媒体和数字媒体受到了越来越多读者的青睐。从 2015 年开始，数字媒体的数量激增，到 2017 年才趋于稳定。②

总体来说，蒙古国的科技创新与文化产业的融合仍处于起步阶段，相较于发达国家还存在很大的差距，主要表现在：一些国际合作的科技项目正在启动和实施，但还未与文化产业产生对接；自主的科技创新成果少，多借助外部科

---

① 中华人民共和国外交部．蒙古国家概况．［2020 – 12 – 10］．https：//www.fmprc.gov.cn/web/gjhdq_ 676201/j_ 676203/yz_ 676205/1206_ 676740/1206x0_ 676742/．本书国家概况部分均出自此网站，下文不再单独标注．

② 阿努达里·恩克图尔，王晓波．蒙古国：数字媒体广受青睐［J］．中国投资，2019（05）：59．

技发展自己的文化产业。

## 【文化产业管理】

蒙古国教育文化科学体育部除主管科技和教育外，文化事业、文化产业也是其主管的重要领域。该部所设文化艺术政策协调局主管全国的文化艺术工作，下辖国家民间歌舞团、国家话剧院、国家古典艺术剧院、国家杂技团、国家音乐厅、国家木偶剧院、博格多汗宫博物馆等单位，同时负责指导全国各省、市文化局，以及文化单位和艺术团体的工作。蒙古国主要文化单位还包括：造型艺术博物馆、国家历史博物馆、国家自然历史博物馆、文化遗产中心、国家图书馆、国家艺术画廊等。

蒙古国高度重视旅游业的发展，现在旅游相关事务由自然环境和旅游部掌管。蒙古国在 1998—1999 年制定了首部旅游国际标准，逐步向国际接轨。1999 年，蒙古国正式成为"亚太旅游合作组织"的成员国之一，从此蒙古国的旅游业加速发展。蒙古国政府将 2003 年定为"蒙古国旅游年"，并在 2006 年围绕"成吉思汗建立大蒙古帝国 800 周年"大力在海外推介蒙古国的本土旅游产品，吸引了来自五湖四海的观光客前往蒙古国旅游观光。由蒙古国国会审议并通过的《蒙古国 2006—2020 年国家旅游发展整体战略》中指出，将大力发展蒙古国的国内旅游业和加快蒙古国的矿产资源开采和能源开发，并将蒙古国的旅游业与能源开发和矿产开采业并列为拉动经济大动脉的重点产业。[1]

在媒体管理体制和传媒监管方面，蒙古采取较为西方化的管理体制。目前，蒙古国基本放开了媒体监管，普遍实施私有化。1998 年，蒙古国通过了《蒙古国新闻自由法》，给予大众媒介自由，禁止政府对大众媒介进行监督，禁止制定有关限制新闻自由的法律法规等。在此社会背景下，蒙古国媒体数量猛增，但大多数规模和影响都不大。2006 年，蒙古国颁布了《蒙古国公共广播电视法》，把唯一国有的广播电视台改为公共广播电视台，确保媒体不受任何政府或政治因素的影响，进而蒙古国媒体完全实现了私有化。据蒙古国新闻

---

[1]　傲云娜. 中蒙两国旅游基本法比较研究［D］. 西北师范大学，2016.

工作者协会 2017 年发行的《蒙古国新闻媒体——今日报告》显示，2016 年，蒙古国约有 450 家媒体，其中，广播电台 56 家，电视台 125 家，报纸 89 家，杂志 80 家，网站 96 家，蒙古国媒体行业目前的从业人员总数达 4700 多人。[①]

## 【优势特色产业】

### 非物质文化遗产保护及开发

2005 年蒙古国正式签署联合国教科文组织"非物质文化遗产保护公约"。从此按照该公约的"所有地区团体及相关非政府机构参加，明确及界定本地区内的所有非物质文化遗产"的规定，蒙古国进行了全国范围内的非物质文化遗产筛选，形成了非物质文化遗产保护的电子资料储存库，而且公开了蒙古国非物质文化遗产代表作名录。1999—2006 年，蒙古国政府实施了"国家扶持传统民间艺术工程"。2005—2008 年，建成了"蒙古国非物质文化遗产数据库系统"。2009—2010 年，在联合国教科文组织指导下开办了"自然环境和气候研究传统方法和知识""民族乐器制作艺术""蒙古民族长调歌曲""蒙古呼麦传统艺术"等 9 项非物质文化遗产传习培训班。2014 年开始开展"非物质文化遗产校园"活动。蒙古国文化中心网站的最新资料显示，2014 年在非物质文化遗产范围中，将近 7000 名继承者被列入本国国际级文化遗产继承者名录。[②]

非物质文化遗产旅游是蒙古国文化产业的一大特色与优势。蒙古国已将节日庆祝作为体现及传承非物质文化遗产的一个合理渠道，通过一系列旅游节日项目来招揽游客，获得了不错的经济及社会效益，发展前景可观。近些年，蒙古国举办的节庆项目逐渐增多，仅 2015 年一年就举办了 133 种活动，每个月份都有活动，而且在全国各个地区举办。形成一定品牌的有：那达慕、猎鹰节日、赛骆驼、蒙古族服装服饰节、戈壁文化那达慕和骆驼文化节等。这些活动的举办，把隐藏在民间、濒临失传的一些文化遗产公开在世人面前，使之受到

---

① 哈斯木其尔 . 蒙古国广播业发展与草原之声传播力探究［J］. 西部广播电视，2019（13）：39 - 40.
② 米格玛苏仁 . 蒙古国非物质文化遗产保护与旅游开发研究［D］. 内蒙古大学，2016.

了重视，得到了保护。以猎鹰节为例，此项节庆是 1998 年开始举办的，该节庆深挖了哈萨克族的文化，尤其是猎鹰文化习俗，以民族特色项目丰富了旅游内容。据活动举办者称，2015 年的猎鹰节举办了两天，有 650 名国外游客和2000 名国内游客参加了活动。

此外，蒙古国很多非物质文化遗产中的传统音乐、歌舞都被开发为向游客演出的旅游项目。从 2007 年开始每年举办的"精彩蒙古文艺"、蒙古国西部省的"马头琴"大会和科布多省的"图利"等文艺演出深受游客喜爱。自2012 年开始每年 8 月份在特日勒吉旅游景区举办的"博日记韩婚礼"，使非物质文化遗产旅游迈上了一个新的台阶。①

## 值得期待的电影产业

蒙古国的第一座影院建立于 1934 年，从 20 世纪 30 年代一直到 80 年代，蒙古国电影都受到苏联电影的强烈影响，这期间革命历史影片一直是蒙古国最为主流的影片题材。这种状况一直持续到 80 年代后期，蒙古国才开始和德国、保加利亚等国家合拍电影。蒙古国也拍摄了一些反映自己民族文化的电影，但客观地说直到 80 年代中期，蒙古国依然是一个电影贫国。1984 年时蒙古国有电影院 26 家，固定放映点 33 个，流动放映院 494 个。即便是在乌兰巴托，这座人口超过百万的城市，在 2013 年也仅有 4 家电影院。

蒙古国的电影学校设施较为陈旧，师资力量匮乏。电影导演由于资金所限只能拍低成本的片子，或去欧洲寻找资金支持走合拍路线。越来越多的蒙古国年轻人开始对电影感兴趣，很多人选择去国外接受电影教育，带回先进的电影理念。

近年来蒙古电影频频亮相电影节，并收获了不错的成绩，真正让蒙古电影受到国际电影节关注的还在于他们找到了"原生文化"创作模式。2005 年上映的蒙古与德国合拍的纪录片《小黄狗的窝》荣获 2005 年布拉索夫国际电影节大奖、2006 年德国电影节最佳青少年影片金奖等多个奖项。该片导演琵亚芭苏伦·戴娃的处女作《哭泣的骆驼》还获得了第 77 届奥斯卡金像奖最佳纪

---

① 米格玛苏仁. 蒙古国非物质文化遗产保护与旅游开发研究［D］. 内蒙古大学，2016.

录长片提名。2013 年，由蒙古国导演巴雅玛·萨卡亚拍摄的首部故事片《远程控制》摘得第 18 届釜山国际电影节"新浪潮"大奖，这也是首部入选釜山电影节主竞赛单元的蒙古国影片。2018 年，蒙古和瑞士的合拍片《再别天堂》荣获第 21 届上海国际电影节金爵奖最佳影片奖。

无论是从数量及质量，还是从年轻一代电影创作主力来看，当代蒙古电影已经走出低谷，走向新的发展阶段。

## 【产业经典案例】

### 那达慕大会

每年的 7 月 11 日为蒙古国庆日，在这天会举行盛大的那达慕大会，是为了纪念 1921 年蒙古人民革命党领导的人民革命取得胜利。2003 年，蒙古国国会以法律形式将举办民族那达慕大会确定了下来：当今的民族那达慕大会由国家、盟、首府和苏木的那达慕组成，并具有相同的纪念意义，并在各个地区同时举行，那达慕期间全国各地一起狂欢两天两夜。

那达慕大会的竞技项目主要包括搏克、赛马、射箭等，兼具竞技性和观赏性。那达慕大会具有以下文化特色：

（一）游牧文化内核

那达慕大会最主要的形式和中心思想是相同的，体现着浓厚的游牧文化风情。一直以来，那达慕寄托着牧民们的希望，活动群体涵盖了社会各阶层。蒙古那达慕项目具有普适性，面向全体成员，对参赛者没有任何限制，从王公到百姓都一视同仁，也不歧视其他任何民族的选手，有着良好的娱乐氛围。如今的和平年代，那达慕更多意义上是展现民族传统体育活动，同时也是强壮、美丽、丰收、欢乐的象征。

（二）蒙古服饰及文艺表演

那达慕大会参与民众都身穿民族服饰，男儿三艺（搏克、射箭、赛马）比赛选手们的服饰也独具特色，那达慕就像是一个大型的蒙古族服装展览，也表现出了蒙古女性的勤劳与灵巧。

那达慕大会的开幕式中用各种形式的文艺演出烘托氛围，晚上会有各种民族艺术表演或者歌唱比赛，大型的那达慕大会晚间还会举行篝火晚会，邀请著名的民族艺术家来助兴。

（三）饮食文化

蒙古族餐饮文化世界闻名，炒米、奶茶、手抓肉是人间美味，除此之外还有驼肉饼、火烧、羊肉串、风干肉、烤全羊、马奶酒、奶豆腐、奶皮子等食物，各种各样的美味佳肴数不胜数，体现出浓厚的蒙古特色。

据旅游部门报告，每年那达慕期间，蒙古国迎接了全年旅游人数的 60% 左右。

## 【中蒙文化贸易】

2014 年，习近平主席提出把中国"丝绸之路经济带"同蒙古国"草原之路"进行对接。2014 年 8 月 21 日至 22 日，习近平主席对蒙古国进行国事访问，签署了多项合作文件。两国领导人签署《中华人民共和国和蒙古国关于建立和发展全面战略伙伴关系的联合宣言》，提出中蒙双方将加强在教育、卫生、文化、人文领域的交流与合作，并加强双方在影视剧节目制作、播放、交流等方面的合作。①

中蒙两国旅游业的合作保持高速发展，前往蒙古国旅游的中国游客人数保持了良好的增长势头，来中国游览参观的蒙古国游客数量也保持了稳定的势头。2015 年，中国、蒙古国和俄罗斯三国旅游部门官员签订了《"茶叶之路"旅游合作协议》，共同推进"无国界旅游试验区"，打造了"万里茶道"国际旅游品牌。2019 年第一季度，中国成为蒙古国旅游的首要客源市场，赴蒙游客总数达 2.72 万人次，蒙古国则成为中国第七大入境旅游客源市场。

蒙古国的广电管理政策比较开放，中国电视产业在蒙古国取得了良好进展。2015 年，中国内蒙古广播电视台蒙古语卫视频道成立驻蒙古国影视剧译制工作室，负责落实中蒙两国相关合作项目。2016 年，中国影视剧喀尔喀蒙

---

① 李宇. 蒙古国电视业发展概况 [J]. 现代视听, 2016 (10): 84-85.

古语译制中心在工作室基础上成立。中方 5 年内将向蒙方免费提供 25 部中国优秀影视剧译作，同时承担"丝绸之路影视桥工程"项目的实施。

近年来，一批制作精良、艺术手法精湛的优秀中国影视剧，如《北京青年》《平凡的世界》《父母爱情》等被译制为蒙语版，相继与蒙古国观众见面，这些反映家庭伦理、都市情感、创业励志的中国影视剧也深受蒙古观众喜爱。蒙语版《生活启示录》2017 年在蒙古国热播，创造了多项收视率记录。蒙语版《小别离》2018 年热播，再创收视率新高。

2019 年 9 月，由中国国家电影局和蒙古国教育文化科学体育部共同主办，中国内蒙古自治区电影局和电影集团承办，"感知中国"中蒙建交 70 周年系列文化活动之一，中国电影周开幕首映式在乌兰巴托腾吉思影院举行。启动仪式后，中蒙两国社会各界人士 300 余人共同观看了开幕影片《流浪地球》蒙语译制片。至 9 月 6 日，中国电影《流浪地球》《飞驰人生》《影》《南极之恋》《大鱼海棠》《西游记之孙悟空三打白骨精》等 10 部蒙语译制片陆续在乌兰巴托市沃尔格等 5 家影院展映近 40 场次。

中蒙两国不仅经贸往来日益密切，文化交流也更为深入。新冠肺炎疫情暴发后，蒙古国为支持中国抗击疫情，向中国捐赠 3 万只羊，引发热评，堪称国际友好往来的佳话。蒙古国已完成《亚太贸易协定》加入程序，于 2021 年 1 月 1 日与有关成员国相互实施关税减让安排，这意味着中蒙两国互相进口商品将享受更低关税，企业和百姓将得到更大的实惠。

## 【商务往来禁忌】

1. 蒙古人忌讳别人触摸自己的头部和帽子；赠送礼物不要选帽子。

2. 蒙古人把火和水视作圣物，在蒙古要珍视火和水。

3. 进蒙古包有讲究，要轻轻地撩起祥云帘子，从毡门的东面进去，不能踩门槛，不能在门槛垂腿而坐，不能挡在门前，进去后不要动拴在天窗正中用来固定蒙古包的坠绳。

# 第二篇

# 东南亚沿线

# 新加坡

新加坡共和国，简称新加坡，属热带海洋性气候。位于马来半岛南端、马六甲海峡出入口，由新加坡岛及附近 63 个小岛组成。其总人口约 568.6 万（2021 年 8 月），公民和永久居民共 404.4 万，华人占 74% 左右，其余为马来人、印度人和其他种族。以马来语为国语，英语、华语、马来语、泰米尔语为官方语言，英语为行政用语。首都新加坡。

在新加坡，文化产业多被称为"创意产业"。根据 2002 年的《创意产业发展战略》，新加坡创意产业共分为三个领域：文化艺术、设计和传媒。按照新加坡文化产业的三大领域划分，其产业集群也分为文化艺术产业集群、传媒产业集群和设计产业集群。新加坡文化产业集群发展已具相当规模。

## 【文化产业管理】

长久以来，新加坡一直给人以"文化沙漠"的印象。20 世纪末，新加坡逐渐发现并挖掘文化与艺术在经济发展上的潜力，积极推进文化产业发展。从 1998 年起，新加坡政府将创意产业作为 21 世纪的战略产业，出台了《创意新加坡》计划和《创意产业发展战略》，加大了对文化领域的投入。具体的实施由新闻通信及艺术部执行，该部 2000 年曾提出《文艺复兴城市报告：文艺复兴新加坡的文化与艺术》的文件，以发展为如墨尔本与香港等地区性的文化中心为短期目标，以发展为如伦敦、纽约等文化资本城市为愿景，提出由建设文化硬件基础的阶段步入开发软件建设阶段的建议。传媒、设计和艺术的创意产业开发分别由该部下属的法定机构国家艺术理事会、新加坡设计理事会和媒体发展管理局来分别组织实施。2003 年，新加坡经济检讨委员会确认创意产业的潜能，新闻通信及艺术部增设了专门负责协调创意产业发展的机构创意产业司。

"文艺复兴城市"计划分为循序渐进的三个阶段。第一个阶段提出了发展文化产业的六大措施，包括培养欣赏与从事文化艺术的庞大群体、发展旗舰艺术公司、加大政府投入培育本地人才、提供良好的基础设施等，以发展成为"有特色的全球文化城市"为目的，并结合"再造新加坡"，全面实施"艺术无处不在""艺术之旅计划""知识新加坡"等计划。2005 年，"文艺复兴城市"计划进入 2.0 阶段。这一阶段中，该项目被整合作为新加坡"创意产业发展战略"的重要部分，以此为契机发展艺术与文化，提出了各类扶持文化产业发展的优惠政策，鼓励和激发民众对文化的更高需求，加大对文化企业的扶持。2008 年制定了"文艺复兴城市"计划第三版，包括"卓越的文化内容""动态的文化生态"和"参与性的社区"三方面的内容，继续对城市的内部进行深化，试图将新加坡打造成为"国际人才的活力集聚地"和"包容性与凝聚性人口的最佳居住地"。经过十余年的实施，"文艺复兴城市"计划对于新加坡的文化艺术发展起到了重要的推进作用。

新加坡还专门成立了创意产业行动委员会，由相关政府部门和社会团体组成。政府对创意社群组织的发展也十分重视，新加坡有 500 多个民间艺术表演团体，政府每年拨 1000 万新元给国家艺术理事会，采取演出补贴、剧场补贴等方式扶持这些艺术表演团体的发展。

文化管理方面也开始由严格控制向放松管制方向发展。如 2000 年以前，新加坡报业和广播电视业分别由新加坡报业控股和新传媒集团控制，为了迎接全球媒体集团化、规模化和多媒体融合发展趋势的挑战，新加坡政府允许媒体进行竞争。自 1991 年开始，新加坡电影审查委员会引入电影分级制度。开始分为三级，但社会公众针对新加坡电影分级制度过于简单、标准过于模糊的质疑声越来越大，新加坡电影审查委员会遂顺应民意对电影分级制度进行了细化和调整，逐渐形成了新加坡电影现行的分级制度。

**【特色优势产业】**

## 会展业

会展业作为 21 世纪新兴的现代服务贸易型产业，在世界经济全球化的背景下，成为衡量一个国家和地区国际化程度与经济发展水平的重要标准之一。新加坡不仅是著名的国际航运中心、国际贸易中心以及国际旅游中心，同时也是全球著名的会展中心，曾连续两年被国际协会联盟（UIA）评选为世界第一大会议城市。

新加坡会展业的成功主要得益于政府的积极主导，新加坡政府把会展业纳入旅游业，并将旅游业与城市建设、文化艺术等紧密结合。此外，还与无可复制的地理位置、便捷的公共交通以及功能完备的大型场馆等基础设施有关系，更离不开长期营造的文明城市形象等软实力加持。

新加坡会展业从起步开始就重视品牌战略，并采取各种措施协调和推动展览公司、旅游公司及全体新加坡人共同塑造新加坡形象，打造新加坡知名会展品牌形象。经过 40 多年的发展，拥有新加坡博览中心、新达新加坡国际展览与会议中心（新达城）及莱佛士城会议中心三大品牌会展中心。打造出新加坡亚洲航空展、亚洲酒店食品展、亚洲通信展、亚洲机械展等多个展览品牌，在整个亚洲乃至世界范围内都有较大影响与号召力。经过多年的运营与发展，新加坡会展市场基本形成了包括新加坡会展有限公司、杜塞尔多夫展览（亚洲）有限公司、励展博览公司等"七雄争霸"的格局，这些会展公司在激烈的市场竞争中，进一步强化了独特的品牌形象。

**【产业经典案例】**

## 小贩中心

小贩中心又称熟食中心，是由政府兴建的室外开放式饮食集中地，售卖食品物美价廉、种类繁多，以东南亚熟食及饮品为主。小贩中心是新加坡饮食文化的一大特色。经济实惠、洁净卫生、有多元选择的小贩食品，已形成了新加坡人的餐饮文化，成为市民日常生活中不可或缺的一部分。

小贩中心模式始于20世纪50—60年代，初衷是更好地管理杂乱的路边摊，让其规范经营和具备良好的卫生条件。随着社会发展的需要，和"居者有其屋"一样，新加坡提出"贩者有其摊"，保障小贩不因为地价问题无法经营，或者因为地价变相让餐食价格上涨。

新加坡的"小贩中心"由环境及水源部属下的国家环境局、建屋发展局以及裕廊集团共同管辖，但由国家环境局管理。

据中国《经济日报》记者蔡本田2019年8月13日报道，新加坡目前共有114个小贩中心，约6000个小贩摊位，在解决就业和为居民提供日常饮食方面发挥着不可替代的作用，也为外国游客提供了丰富多彩和性价比较高的美食。新加坡政府已向联合国教科文组织提交文件，申请将新加坡小贩文化列入世界非物质文化遗产名录。为了弘扬小贩文化，新加坡国家文物局、国家环境局和全国联商总会将与谷歌公司开展合作，把全国114个小贩中心街景和内部实景添加到谷歌地图国际版中，方便当地居民和外国游客体验新加坡独特的小贩文化。

2020年12月16日，联合国教科文组织通过了新加坡的申请——小贩文化申遗成功。


## 【中新文化贸易】

2013年，中国超过马来西亚成为新加坡最大的贸易伙伴，双边贸易额达到1152亿新元（约合914.3亿美元），比上一年增长11%。之后持续保持第一大贸易伙伴地位，新加坡是中国在东盟的第二大贸易伙伴。

新加坡和中国的第一个政府间合作项目苏州工业园，自启动至今已有20年，并成为中国工业园项目的典范。苏州工业园模式已被推广至江苏南通、江苏宿迁、安徽滁州、新疆霍尔果斯等城市。机电产品一直是新加坡对中国出口的主力产品。

新加坡华人数量众多，两国的文化交流非常频繁。2015年11月7日，中国国家主席习近平和新加坡荣誉国务资政吴作栋为新加坡中国文化中心揭牌。中国文化中心的设立是中新文化交流中迈出的重要一步，为中华文化在新加坡的传播提供了良好的平台和窗口。

新加坡《联合早报》发文章称，新加坡 2017 年在接待外国游客、旅游收益两方面都取得了创纪录的成绩，游客人次增至 1740 万。

自 20 世纪 80 年代，多部新加坡电视剧在中国深入民心，如《莲花争霸》《人在旅途》《调色板》《三面夏娃》《叱咤风云》等。最近《小娘惹》刚被中国翻拍并在 CCTV - 8、优酷和爱奇艺播放。2020 年，新加坡最大的经纪公司新传媒进入中国市场。新传媒是新加坡最大的内容创建者和媒体网络，集团旗下的新艺经纪目前进行了更名（由"星艺"变为"新艺"），并在社交网络推出"新派艺人"的概念，希望进入蓬勃的中国市场。

中国文化创意企业也一直在新加坡寻求合作机会。2020 年 5 月，阿里巴巴以约 16.8 亿新元（折合 84 亿人民币）的价格收购了新加坡一座写字楼 50% 的股权，这是阿里巴巴在海外市场上迄今为止最大的一笔房地产交易。新加坡的大众网购平台 Lazada，由阿里控股，投资额高达 40 亿美元。目前字节跳动已经在新加坡聘用了超过 400 名员工，并大量采购云计算服务，该笔投资将超过 10 亿美元。腾讯计划以新加坡作为区域中心，以支持公司在东南亚及周边的业务。

新加坡拥有 4200 家跨国企业区域总部，居亚洲之首。中新合作在很多领域都走在前列，未来中新合作前景依然广阔，特别是在文化领域，双方有进一步深化合作的广阔空间。随着越来越多的中国文化企业"走出去"，新加坡可作为中国企业进军地区市场的跳板。

**【商务往来禁忌】**

1. 谈话时不要嚼口香糖。
2. 在商业上反对使用如来佛的形态和侧面像，禁止使用宗教词句和有宗教象征的标志。

3. 很多新加坡人不喜欢嬉皮型留长发的男性，商务往来要注意。

4. 谈话时，避免谈论政治和宗教，可以谈谈旅行见闻以及新加坡的经济成就。

# 马来西亚

马来西亚，位于东南亚，国土被南中国海分隔为东、西两部分。西马位于马来半岛南部，北与泰国接壤，南与新加坡隔柔佛海峡相望，东临南中国海，西濒马六甲海峡。其人口为 3275 万（2021 年 2 月），其中马来人占 69.1%，华人 23%，印度人 6.9%，其他种族 1.0%。马来语为国语，通用英语，华语使用较广泛。伊斯兰教为国教，其他宗教有佛教、印度教和基督教等。首都为吉隆坡。

马来西亚各民族都继承了多姿多彩的文化，且各具特色。最能展现马来西亚多元文化和多种族传统的，莫过于音乐和舞蹈。马来西亚在文化艺术领域一直保持着良好的发展态势。音乐产业创造了众多就业岗位，其中唱片产业、现场音乐、艺人发展、娱乐四个核心产业创造了巨大的直接经济贡献。数字创意产业是马来西亚最活跃、增长最快的生态系统之一，该行业包括电视、电影、动画、数字游戏和虚拟效果。

## 【文化产业管理】

马来西亚政府近年来也极力鼓励和扶持国内的创意产业。2009 年，马来西亚政府发布了《国家创意产业计划》，明确了马来西亚创意产业政策的方向和内容。该计划旨在"赋予创意产业创意和创新的活力，从而创造高收入经济，保护国家文化遗产"。计划中将创意产业分为创意多媒体、创意文化艺术和创意文化遗产三类，并强调数字媒体将作为政府部门的关注重点进行着力发展。2012 年，启动了名为"MyCreative"的基金项目，政府投入 2 亿令吉推动创意产业的发展，视觉艺术、表演艺术、音乐、文学、内容创意、时尚、设计以及传统艺术等诸多门类都因这一基金项目受益。2013 年 10 月，马来西亚又宣布建设马来西亚全球投资与创意中心，提供从注册、融资到培训、咨询的一站式服务，集中支持本国企业参与创意产业运作。

马来西亚旅游、艺术和文化部是马来西亚文化产业的主管部门，是在第 14 届大选后由原先的"旅游与文化部"更名而来，其重要职能就是出台国家旅游发展政策，规划旅游业的未来发展方向，同时协调马来西亚政府部门与各州的权限。除了提供适合的制度框架和司法框架之外，也积极组织制定各种相关法律法规，并促成其正式通过。下设的马来西亚国家文化与艺术局负责推行文化和艺术活动，其愿景以"一个马来西亚"的概念来建立一个富有文化的马来西亚社会，主要有以下三个职责：加强保护文化和艺术的努力；以培育、引导、传播和鼓励来推广文化和艺术事业；鼓励和加强对艺术、文化事业的宣传工作。马来西亚旅游局的主要职责则是在全球范围内进行马来西亚旅游市场的营销推广，提供投资机会。其设有 30 个海外办事处，在 7 个重要客源国设有市场营销代表处。

马来西亚宪法规定，新闻出版有言论自由，但必须维护和有利于国家安全。马来西亚政府规定，国家对新闻出版的指导和管理主要包括：法人资格登记、业主注册登记、新闻资料的采写等，政府对以上几方面进行常规或非常规的监察督导。1971 年，马来西亚对 1948 年的《新闻出版条例》进行了修改，按照该条例，新闻出版者必须每年接受内务部的一次常规检查，主要是核检出版印刷许可证。与此同时，马来西亚还相应加强了对民间团体的新闻出版事业的管理，规定所有非官方新闻出版物的主办人必须具有马来西亚国籍。目前，马来西亚新闻出版部所属的新闻出版局，是主要的新闻出版管理机构。20 世纪 80 年代以来，马来西亚对新闻出版的限制大为放宽，但基本的、原则性的督导和管理依然存在。[1]

--------

[1] 国别区域与全球治理数据平台. 马来西亚的新闻出版概况. [2020 – 08 – 28] . https：//www.crggcn.com/resourceDetail? parent Name = % E6% A3% 80% E7% B4% A2% E7% BB% 93% E6% 9E% 9C% E9% A1% B5&id = 108592.

## 【特色优势产业】

### 旅游业

马来西亚的旅游资源十分丰富，阳光充足，气候宜人，拥有很多高质量的海滩、奇特的海岛、原始热带丛林、珍贵的动植物、千姿百态的洞穴、古老的民俗民风、悠久的历史文化遗迹以及现代化的都市，为马来西亚发展全年旅游提供了优良的自然、社会基础。

马来西亚实行以政府为主导的旅游业发展模式，在近半个世纪的时间里旅游业发展迅速。目前旅游业已经成为马来西亚国民经济的重要支柱性产业，旅游业收入不仅占到国内生产总值的 15.2%，而且提供了 23.5% 的就业岗位。通过出台指导性的旅游发展规划和相关政策法规，马来西亚继续加快发展医疗旅游、教育旅游和生态旅游等特色旅游，推动旅游业朝着可持续的方向发展，同时也借助旅游业继续调整产业结构，实现经济转型，进而解决国内的社会发展不平衡问题。

为推广马来西亚的旅游形象而设立的"马来西亚旅游年"已经成为旅游局的最重要的旅游文化品牌。旅游局设计打造的马来西亚旅游形象先后有"美丽的马来西亚""马来西亚唯一""魅力马来西亚"，以及最新的"马来西亚，亚洲魅力所在"。这一宣传口号强调文化的多样性，强调代表了亚洲的主要文明（马来文明、中华文明和印度文明）。自 1990 年来，马来西亚已经举办过四次观光年活动。旅游年是马来西亚的一个整体政府策划方案，对马来西亚旅游业发展起到积极的促进作用。2020 年是新一届旅游年，2020 观光年徽标中包含犀鸟、蜡染、国花等马来西亚特有资源。官方还推出英语、马来语版本的相关主题曲，将传统乐器的优美和现代音乐节奏融合，完美展现了马来西亚的文化多样性。2020 年 1 月中旬，时任马来西亚总理马哈蒂尔立下目标，希望达成 3000 万国际游客人次和 1000 亿令吉的年度旅游收入。然而，新冠肺炎疫情的暴发，让一切都变了模样。

马来西亚统计局 2019 年 9 月公布的数据显示：2018 年马来西亚共接待游

客 1.893 亿人次，实现旅游总收入 2206 亿令吉，比 2017 年增长了 10%，已经占到国内生产总值的 15.2%，也是国民总收入的第三大贡献者。旅游业在 2018 年一共创造了 350 万个就业岗位，占国内就业人数的 23.5%。旅游业已成为马来西亚经济发展的主要驱动力之一。

## 广播电视业

马来西亚广播电视台，作为政府的广播电视机构，承担着维护国家和地区和平与和谐这一非常重要的社会责任，肩负着推动实施国家发展政策的任务。目前，该电视台市场占有率达到 25%，观众数量 1700 万人，同时还有 31 个广播电台，市场占有率为 24%，听众数量达到 1600 万人。马来西亚广播电视台通过"马来西亚之声"这个对外广播机构为世界听众提供服务。它使用 10 种语言播出，包括印尼语、菲律宾语、泰语、汉语普通话、阿拉伯语、缅甸语和英语等。电视节目和广播都可以通过视频流在马来西亚电视台网站收看和收听。

马来西亚有 4 个电视频道和 2 个广播电台，它们垄断了马来西亚私营免费电视业。此外，马来西亚还有其他 8 个商业广播电台。马来西亚最主要的卫星电视公司是"环宇电视"，它拥有 126 个电视频道和 16 个广播电台。卫星付费电视业曾被"环宇电视"垄断。

目前，马来西亚已经开始构建东盟与中国之间的新的文化关系，通过电视、电影、广播等与中国等国家进行交流合作。马来西亚广播电视的国际合作是在两个平台上进行的：一个是地区合作，一个是双边合作。马来西亚广播电视台通过互利的谅解备忘录与地区广播电视台建立战略联盟。目前马来西亚与印尼、文莱和新加坡国家广播电视机构签署的广播电视双边谅解备忘录已经开始实施。这些谅解备忘录涉及一些活动，如共同制作节目、电视剧、纪录片，也包括节目交换。在东盟层面上，马来西亚早在 1998 年就加入了东盟电视新闻交换计划。现在马来西亚可以与这个组织的成员在每日新闻交换方面进行合作，并在需要的时候，通过联合报道来推进彼此间的合作。马来西亚电视台还积极推动并促成马来西亚私营制作公司与中国中央电视台、新加坡新传媒集团、文莱国家电视台等媒体建立合资企业，其制作的节目已经在双方的电视台上播出。这些方式为广播电视制作商开辟了新的途径和市场，同时也为马来西亚这方面的人才提供了施展才能的机会。①

## 【产业经典案例】

### 柔佛古庙游神庙会庆典

柔佛古庙游神庙会是全东南亚规模最大的游神庙会，每年都会吸引约 40 万民众到现场一同欢庆，且大部分都是年轻人。活动期间，大会也在 4 个平台进行直播，观赏人数达到了 700 万人次。此外，柔佛古庙与其他寺庙的不同之处在于，里面供奉了五座神明，这五座神明分别是赵大元帅（由海南帮供奉）、华光大帝（由广肇帮供奉）、感天大帝（由客家帮供奉）、洪仙大帝（由福建帮供奉）以及主神——元天上帝（由潮州帮供奉），因此，柔佛古庙也象征了五种不同籍贯的人相互合作的精神。

柔佛古庙游神传统从 1870 年开始至今已过了 150 年，每年农历正月二十日的夜晚，这五尊神明都要出巡游街，接受大批信徒的顶礼膜拜。这个原本只是华族民间宗教信仰的庙会活动，如今已演变为一年一度的盛大游行，并被政府列为旅游景点。参加者从当地华人扩大至其他种族，也吸引了许多国内外游客特地到此观赏。

2012 年，前首相纳吉正式把柔佛古庙游神列为国家文化遗产。2016 年 2 月 28 日的柔佛古庙游神庆典中，柔佛苏丹依布拉欣陛下首次以苏丹身份莅临游神庆典现场，这也是首次有柔佛州苏丹出席的游神盛事，缔造了历史性的一刻。

庙会活动带动了周围不少产业的发展，如旅游业（吸引邻近国家前来参与）、酒店业（延长了游客逗留的时间）、传统工艺产业（部分即将消失的传统工艺产业得到了平台宣传）、服装业（庙会制作的衣服会同时售卖给群众，

---

① 国别区域与全球治理数据平台. 马来西亚的广播电视概况. [2020 - 08 - 28]. https：//www.crggcn.com/resourceDetail? parent Name = % E6% A3% 80% E7% B4% A2% E7% BB% 93% E6% 9E% 9C% E9% A1% B5&id = 108602.

不仅提升了群众的参与感，还达到了以群众作为宣传媒介的效果）、教育培训以及餐饮业等。

## 【中马文化贸易】

马来西亚旅游业的绝大部分收入来自国际游客。直接受益于地缘优势，位于东南亚的马来西亚是 20 世纪 80 年代第一批中国公民旅游的目的地。除了 2003 年、2005 年分别受"非典"、印度洋海啸影响，中国游客赴马人数有所减少，其增长趋势明显，这一趋势一直延续至 2014 年 3 月"马航事件"发生。据马来西亚有关方面统计，2014 年赴马的中国游客骤减 22%，仅有 161 万人次。为了吸引中国游客回流，马来西亚政府宣布了多项针对中国游客的签证优惠措施。2019 年 7 月 15 日，马来西亚又宣布增加 6 个出入境口岸，为符合一定条件的中国游客办理落地签证。

2018 年 8 月 20 日，中马两国政府发布联合声明：双方认为旅游业在促进人文交流、社会经济可持续发展及增进两国相互理解方面具有重要意义。双方同意加强、深化并扩大有关合作，并宣布 2020 年为"中马文化旅游年"。中国旅游研究院与马蜂窝旅游网联合发布的《"一带一路"中国出境自由行大数据报告 2019》显示，马来西亚在"一带一路"沿线国家旅游热度榜上居第三位，仅次于泰国和新加坡。值得注意的是，中国游客赴马的跟团游、文化遗产游和购物游等传统方式已经发生了变化，越来越多的中国游客选择自由行、运动休闲游、亲子游或体验式旅游。

2020 年 12 月 17 日晚，中国与马来西亚联合申报的"送王船——有关人与海洋可持续联系的仪式及相关实践"项目，经联合国教科文组织保护非物质文化遗产政府间委员会评审通过，列入联合国教科文组织人类非物质文化遗产代表作名录。

## 【商务往来禁忌】

1. 马来人视左手为不洁，因此见面握手时，一定要用右手。平时接递东西时，也必须用右手而不能随便用左手。

2. 马来西亚主体民族马来人大多是穆斯林，交往中要注意尊重伊斯兰教的各种习俗。

3. 马来西亚人禁忌的数字：0，4，13。

4. 忌用黄色，也一般不单独使用黑色。

# 印度尼西亚

印度尼西亚共和国，简称印度尼西亚或印尼，其人口 2.68 亿（2021 年 2月），为世界第四人口大国。有数百个民族，其中爪哇族人口占 45%，巽他族 14%，马都拉族 7.5%，马来族 7.5%，其他 26%。民族语言共有 200 多种，官方语言为印尼语。国内约 87% 的人口信奉伊斯兰教，6.1% 的人口信奉基督教，3.6% 信奉天主教，其余信奉印度教、佛教和原始拜物教等。其首都为雅加达。

印度尼西亚是东南亚最大的经济体，也是世界上生物多样性和文化多样性最丰富的国家之一。该国将文化产业称为创意产业，由 16 个细分行业构成：应用程序与游戏开发，建筑，室内设计，时尚，产品设计，视觉传达设计，电影、动画与视频，摄影，手工艺，烹饪，音乐，出版，广告，表演艺术，美术，电视广播。

印度尼西亚共有各类报刊 3000 多种。印尼文报纸有《罗盘报》《专业之声报》《印尼媒体报》和《印尼商报》等，英文报纸有《雅加达邮报》《雅加达环球报》《印尼观察家报》等，中文报纸有《国际日报》《商报》《千岛日报》《星洲日报》（原《印度尼西亚日报》）等。

广播电视主要有公立的印尼国家电台和印尼国家电视台。印尼国家电台于1945 年成立，设有 53 个分台和对外广播的 "印尼之声" 台（用 10 种语言广播），现有员工 8500 人。印尼电视台于 1962 年正式运营，共有 13 个分台，395 个转播器，覆盖印尼全境。原为政府经营，2000 年后成为公共电视台。私营电视台有鹰记电视台、教育电视台、美都电视台等 11 家全国性电视台以及众多的地方电视台。各地的电台多达 1800 多个。

## 【文化产业管理】

印度尼西亚创意经济产业局于 2015 年正式成立，是印度尼西亚共和国政府下设部级机构，由印度尼西亚总统佐科倡导成立并直接领导。创意经济产业局下设包括国际推广部在内的 6 个部门，负责对时装、电影和动画等 16 个相关行业的政策制定、计划统筹、国际推广和行业监管等工作。创意经济局的主要作用是建设生态系统，让印度尼西亚的创意企业能够提高生产力，蓬勃发展。

创意经济产业局为了振兴印度尼西亚的文化产业，制定了大量的扶持政策，比如重新挖掘、振兴具有特色的文化遗产、民间艺术、传统工艺等；制定长期规划，对具有地方特色的文化艺术提供综合援助；中央政府与地方政府联手举办全国规模的文化节；对文化创意项目实行税收优惠政策等。

## 【特色优势产业】

### 电影产业

印尼的影视文化从无到有，经历了漫长的发展过程。20 世纪 70 年代以来，印尼曾提出拍摄梳理自己民族形象的影片，于 1979 年设立国家电影委员会，负责管理影片生产、发行和人才培养等事宜。1987 年是印尼电影业空前兴旺的一年，当年火爆的电影有《前后通行》《男孩日记》《尼·勃劳隆的爱情冒险》等。其中《尼·勃劳隆的爱情冒险》是印尼参加奥斯卡电影节评选的第一部电影。[①]

---

① 梁敏和.印度尼西亚文化概论［M］.广州：世界图书出版广东有限公司，2014：224.

目前，印尼影视管理机构、社团和制作中心有：印尼国家电影监督局、印尼电影电视局、雅加达艺术学院、印尼电影艺术家联合会等。雅加达艺术学院影视学院设有电影、电视、摄影、电影研究四个系，印尼80%的影片都是其毕业生拍摄的。主要电影节有印尼国际电影节、雅加达国际电影节等。印尼国产电影主要有历史、革命、传记、爱情、恐怖、武打等多种题材，但因为各种原因，现在电影上映前必须要先获得电影审查委员会的批准。

近年来，印尼的银幕数量和在电影节上的成功率都在上升：2017年的年度票房达到3亿4500万美元，到2018年中期银幕达到了1638块，比2012年翻了一倍。印度尼西亚的艺术电影也定期出现在电影节上，加林·努格罗的《我身记忆》在2018年的威尼斯电影节上首映；2017年莫莉·苏亚的《玛琳娜的杀戮四段式》和卡米拉·安迪妮的《亦真亦幻》分别在戛纳电影节的"导演双周"和多伦多电影节首映，并获得了成功。与其他新兴市场一样，票房的增长也开始吸引更多的投资者加入了电影行业。

## 音乐产业

印尼是一个多民族国家，音乐形态多种多样，在印尼人民的生活中，音乐有十分重要的地位，其中最有代表性的是在中爪哇发展并流行于全爪哇岛和巴厘岛的一种叫作"甘美兰"的音乐，印尼人民视甘美兰音乐为国宝，在世界上，特别是在西方国家有很大的影响，其中著名的有《梭罗河》《椰岛之歌》《莎丽楠蒂》等。

印度尼西亚流行音乐网是印尼著名的网络音乐电台。该网站为其官方网站，主要提供印尼国内流行音乐、知名乐队、画展、生活等方面的资讯，网站语言为印度尼西亚语。

印度尼西亚政府注重保护音乐制作者的利益，于2014年通过了新的版权法案，此法案赋予了录音制作者广播权。2017年印度尼西亚首次举办了世界音乐节——2017马达索拉世界音乐节。早在2015年，国际知名的电子音乐节品牌Ultra就已经入驻了巴厘岛，英国知名音乐节Bestival也在2017年9月入驻巴厘岛。作为一大国际知名音乐节品牌，Bestival的落户标志着印度尼西亚的音乐节市场进入了一个新的发展阶段。

**【产业经典案例】**

## 旅游胜地巴厘岛

巴厘岛是印度尼西亚著名的旅游胜地，也是中国游客最钟情的印尼景区之一，2013 年《旅游与休闲》杂志将巴厘岛评为"世界最浪漫的岛屿"。

巴厘岛除了风光秀丽，其独特的宗教和艺术文化也是旅游亮点。研究发现，巴厘印度教与艺术、旅游有着紧密的关系，是巴厘艺术和旅游发展的源头，是巴厘人的世界观、价值观和人生观的重要组成部分。

以巴厘印度教为信仰的巴厘人很少被外界打扰，他们生活在相对封闭的世界里，日常生活中充满了宗教气息，一辈子都在从事宗教相关的各种祭祀活动。他们通过举办仪式、参加仪式，实现与神明和祖先的沟通。为了取悦神明和祖先，除了祭品，他们还创作各种舞蹈、音乐、皮影、斗鸡和雕刻等艺术活动讨神明欢心。旅游开发以前，这些艺术活动都只能在宗教仪式中举行，游客无法看到。巴厘传统舞蹈深受印度教的影响，巴厘人跳舞只是希望能与神对话，并把自己视为"贡品"，献给至高无上的神明。它们大多取材于印度史诗《罗摩衍那》和《摩诃婆罗多》的故事，经过世代相传，形成了独特的表演风格。

巴厘岛的舞蹈、音乐、皮影、绘画、雕刻、建筑等艺术都反映着巴厘印度教的教义，变成巴厘印度教在现实社会的影子，成为吸引游客的文化资本，激起游客体验巴厘岛宗教文化的好奇心，推动了巴厘岛的文化旅游发展，促进巴厘岛的经济增长。反过来，游客对巴厘艺术的喜爱，也激励了艺术家的创作灵感，开发了他们的潜力，促使他们不断发挥想象力创造精美的艺术作品。在巴厘岛举办的艺术节中，这些艺术有机会与全世界各种艺术形式进行交流，又服务于巴厘印度教。

巴厘印度教形成了巴厘独特的文化，独有的人文资源推动了其旅游的快速发展。据巴厘省旅游局统计，2016 年到巴厘岛的游客人数达 490 万人次。在印度教与巴厘原始信仰交融发展过程中，巴厘社会形成了全世界独有的巴厘文化，包括他们的历史、地理、风土人情、传统习俗、生活方式、文学艺术、行为规范、思维方式、价值观念等，成为重要的旅游资源。巴厘岛文化旅游真正实现了"三和谐"，即人与自然的和谐、人与诸神的和谐以及人与人的和谐。①

## 雅加达时装周

雅加达时装周是每年在印度尼西亚雅加达举行的一项时装活动，东南亚地区最大规模的时尚活动之一。

时装周旨在为印尼时装业提供发展方向，同时也是展示设计师才华和创造力的方式，最终要将雅加达转变为该地区和世界的主要时尚中心。作为世界上穆斯林人口最多的国家，印尼对遵循强调女性谦虚的宗教规定的服装需求很大。雅加达时装周的主要目标之一是将印尼的时尚产业转型为价值近 1000 亿美元的伊斯兰世界时尚领域的全球领导者。

"印尼时尚周"总策划兼知名设计师 Musa Widyatmodjio 在接受《经济日报》记者田原独家专访时曾表示，印尼的手工艺文化经过上百年的传承，已形成了独一无二又门类齐全的工艺体系，"用双手创造美丽"是印尼重要的文化遗产和时尚传统。同时，随着伊斯兰世界对风格和信仰的追求愈加自由和多元，印尼近年来引领伊斯兰世界时尚文化的能力逐渐增强，越来越多其他国家的职业买家每年都要多次往返雅加达。因此，重点打造"时尚工艺之都"和"伊斯兰时尚之都"成为印尼时尚界不懈努力的方向。

## 【中印文化贸易】

得益于强劲的经济增长态势、较低的政府债务和审慎的财政管理，流入印尼的外国直接投资有所增加，其基础也在不断扩大。

历史上印度尼西亚发生过排华事件，禁止使用、传播中文。2002 年新总

---

① 李春梅，张晓萍．宗教、艺术与旅游——以印度尼西亚巴厘岛印度教为例［J］．世界宗教文化，2018 (03)：71-75.

统上任，政策得到改变，学汉语的热潮开始兴起，两国的文化贸易也日渐频繁，中国已经连续两年成为印尼第一大国际游客来源地。艾奈特媒体公司"Hi - Indo!"频道2015年开始播出中国的影视节目，播出的《舌尖上的中国》引起了观众的热烈反响。2016年1月15日，中国印尼商业和文化中心举行开幕仪式，该中心旨在改善中国和印尼的双边关系，以及通过促进投资机会和双边文化交流，加强两国经济发展合作。

不到十年，中国手机品牌在印尼市场从配角一举成为主角，提升了中国品牌的含金量，OPPO（印尼）就是一个缩影，从刚建立时不到10个人，已发展成为实现本地规模化生产、雇佣几千名本地员工的"中国品牌＋印尼企业"。百度、阿里、腾讯、京东以及抖音等国内互联网品牌，通过本地运营、资本参与、技术合作以及股权收购等多种方式，引领了印尼互联网经济新一轮的发展热潮。

黑马企业极兔快递的成功是中国和印尼经贸密切合作的又一成果。严格说来，极兔快递并不是中国本土企业，而是一家在印度尼西亚成立的公司。创始人李杰曾经是中国企业OPPO公司在印尼公司的负责人，在东南亚地区创立了极兔快递，并在东南亚地区迅速打开了市场，现在已经是东南亚地区的第二大快递公司，印尼的第一大快递公司。2020年极兔快递进入中国市场，正式运营两个月全网的业务量就突破了100万件。紧接着，在经过618大促之后，订单量已稳定在500万以上。有业内人士称，该快递的日单量在2021年1月已经稳定在2000万。

## 【商务往来禁忌】

1. 印尼人大都信奉伊斯兰教，因此要注意相关禁忌，如不赠送酒类礼品。

2. 一般情况下，与印尼人见面时不要有任何接触，最好采用传统方式互致问候，即双手合手胸前，微笑着点头示意；招呼人时忌讳随便用手，尤其是用食指示意。

3. 与印尼人交谈应避开政治、宗教等话题。

4. 印尼人把头视作神圣不可侵犯的部位，除长辈外，别人不得触摸，否则会被视为挑衅或污辱。

5. 印尼人递东西习惯用右手，而不单独用左手。

# 缅　甸

缅甸联邦共和国，简称缅甸。位于中南半岛西部，东北与中国毗邻，西北与印度、孟加拉国相接，东南与老挝、泰国交界，西南濒临孟加拉湾和安达曼海。其人口为5458万（2020年4月），共有135个民族，主要有缅族、克伦族、掸族、克钦族、钦族、克耶族、孟族和若开族等，缅族约占总人口的65%。官方语言为缅甸语，各少数民族均有自己的语言，其中克钦、克伦、掸和孟等民族有文字。全国85%以上的人信奉佛教，约8%的人信奉伊斯兰教。首都为内比都，同缅甸有外交关系的国家将使馆设在仰光。

缅甸素有"佛塔之国""大米之国"和"大象之国"的雅称，数百万佛塔遍布全国各地，色彩纷呈。缅甸风景优美，名胜古迹多，主要景点有世界闻名的仰光大金塔、文化古都曼德勒、万塔之城蒲甘、茵莱湖水上村庄以及额布里海滩等。

媒体在缅甸的社会变革中发挥着非常重要的作用。2012年政府宣布新闻不再接受审查后，缅甸的媒体状况较之前有所好转，言论表达日渐自由。《缅甸之光报》《缅甸新光报》《镜报》和《妙瓦底》为目前缅甸的四家国营报纸，主要面向缅甸本土受众。其中《缅甸之光报》《镜报》以缅文发行，《缅甸新光报》以英文在缅发行。值得一提的是《妙瓦底》报，该报由缅甸国防部经营，是缅甸的军报，主要负责缅甸军事信息的传递。除此之外，缅甸境内还有一些地方性报刊，例如曼德勒出版的《曼德勒报》和《雅德那榜报》等。私营日报获准出版后，缅甸兴起私人办报潮，私营日报达30种。《缅甸时报》

是缅甸最有影响力的报纸之一，是放开管制后的缅甸第一批民营报纸。此外还包括《联合日报》《每日之声报》《十一日报》《缅甸自由日报》（英文版）以及《国际先驱论坛报》（英文版）等。因已获批准但仍在筹备的报纸不在少数，所以报纸数量仍在上下浮动。私营日报中发行量最高的是《十一日报》，在 85 万份左右，是国营《镜报》发行量的二分之一。其他的私营日报发行量均在 3 万份内。① 此外，缅甸有 9 家广播电台和 5 家主要的电视节目供应商。

自 2015 年以来，一些报社和杂志社也开始尝试使用多媒体制作节目，同时他们也试图通过社交媒体、博客和网站与公众进行沟通。现在，全国几乎所有的报纸、刊物都有自己的在线传播网络。②

## 【文化产业管理】

宗教事务与文化部是缅甸文化政策法规制定与执行的主要职能部门，负责统筹协调和指导管理缅甸文化遗产保护工作，承担的主要职责包括：保护缅甸文化遗产和民族特性，防止其消失；使每一个公民都能弘扬真正的爱国精神；防范、阻止他国歪曲丑化缅甸的文化；培养青少年群体良好的不良文化抵御能力；开展工作，确保国家经济发展强盛的过程中国家、社会和人民的文化标准能够维持等。

为了具体落实各项职责，宗教事务与文化部下设"三司二校"，即考古与国家博物馆司、艺术司、历史研究与国家图书馆司，以及仰光国家文化与艺术大学和曼德勒国家文化与艺术大学等。各部门相对独立，但也分工合作、相互配合，共同承担着传承缅甸文化、保护缅甸文化遗产的重任。

考古与国家博物馆司是缅甸最主要的文化遗产保护职能部门，设立的主要目的包括：探索搜寻缅甸文化遗产；完善缅甸文化遗产物品保护纲领；探寻并发掘古城及历史遗迹；保护和保存与缅甸文化遗产相关联的历史建筑和文化物品；建造考古博物馆、文化博物馆和图书馆等；推广传承缅甸文化并向民众普

① 李美霖．缅甸传媒业发展现状研究［D］．北京印刷学院，2019.
② 多达温毕松，王晓波．缅甸数字媒体逐渐发展［J］．中国投资（中英文），2019（11）：43.

及缅甸文化相关的知识信息等。此外，根据《文化遗产区保护与保存法》的规定，考古与国家博物馆司还负责在国内开展文化遗产区的划设和保护工作。

艺术司是缅甸非物质文化遗产保护的主要职能部门，在非物质文化遗产保护方面主要担负着六大职责：研究、发掘与缅甸少数民族传统文化相关的文字、弹唱、哭演、说唱、民间歌剧、戏剧、群舞、阿迎舞等艺术形式，并加以保护；发掘并保护"缅甸传统手工技艺十朵花"；开展国与国之间的文化合作与交流项目；制定、审查并发布符合缅甸历法的日历等。

缅甸两大国家剧院即仰光国家大剧院和曼德勒国家大剧院亦隶属于艺术司。艺术司还负责每年举办国家级"缅甸各民族传统文化歌唱、舞蹈、创作和演奏大赛"，大赛分为业余兴趣级、专业级、高级等级别，还专门设儿童组（5—10岁）、少年组（10—15岁）及青年组（15—20岁），对提升缅甸民众保护传统民族艺术文化的意识起到了促进作用，对缅甸非物质文化遗产的保护、传承、传播和发展有着十分重要的意义。

宗教事务与文化部下辖两所国家文化与艺术大学——仰光国家文化与艺术大学和曼德勒国家文化与艺术大学，是缅甸文化遗产保护人才培养的主要职能部门。1993年4月20日，缅甸颁布实施《文化大学法》，其中指出了成立文化大学的目的：保护、提升和传播缅甸文化遗产；开展研究与培训，发展和传播缅甸文化艺术，培养优秀的艺术家；推动联邦少数民族的文化与民俗传统在大学、学院、高中、初中等院校实现开课教学；助力联邦精神、爱国精神的弘扬；培养德艺双馨的艺术家。①

## 【特色优势产业】

### 文化旅游业

缅甸自然资源丰富，具有独特的人文景观，尤其是佛教资源丰富，这些得天独厚的条件使缅甸的旅游资源颇具吸引力。但以往受政策、基础设施等方面

---

① 列国志数据库．缅甸文化遗产保护研究报告．［2020－08－25］．https：//www.lieguozhi.com/skwx_lgz/book/initChapter Detail？siteId＝45&contentId＝6869663&contentType＝literature.

的影响，缅甸旅游业的发展远远落后于周边国家。2011年缅甸新政府成立后，高度重视旅游业，把工作重心放到了发展经济和旅游业上，实施了一系列的改革措施。2012年3月，缅甸重新加入联合国世界旅游组织。同时，缅甸政府也公开表示要大力发展本国旅游业，吸引外国投资以促进经济发展。

（一）入境旅游将继续保持较高增长态势

近年来，缅甸已成为全球旅游业发展最快的国家之一。随着西方发达国家逐步减轻对缅甸的制裁，将有更多海外游客赴缅旅游。根据《缅甸旅游总体规划（2013—2020）》中所确立的目标，缅甸计划2020年实现入境旅游接待总量750万人次。同时，缅甸国内及海外航空公司将新增多条国际航线，以方便海外游客赴缅甸旅游。

（二）政府层面将更加重视国家旅游形象的宣传

缅甸复杂多变的国内局势、频发的公共安全问题等阻碍了客源市场的进一步开发。因此，缅甸政府将更加重视树立良好的国家旅游形象，以吸引更多潜在的海外游客。缅甸政府希望通过大规模的宣传活动，在海外游客心目中塑造全新的国家旅游形象。

（三）旅游产品将朝多元化、个性化方向发展

近年来，缅甸政府积极推动本国旅游产品的多元化、个性化发展，生态体验游、民俗体验游、游轮度假游等旅游产品获得逐步推广。同时，缅甸政府还将开放多个新兴旅游地，其中计划投资12亿美元将南部丹老群岛打造为滨海度假胜地。丹老作为原生态群岛也可满足部分游客"荒岛探险""潜海探秘"等个性化需求。

（四）本土旅游经营主体将获得更多政策支持

由于缅甸旅游产业基础还十分薄弱，吸引外资进入将在很长时间内依然是其旅游业政策制定的重点。然而，随着缅甸政府的民生导向日渐突出，如何使旅游业的发展成果更多地惠及本国民众将成为其下一阶段政策制定的主要出发点。其中，服务技能培训是当下许多缅甸旅游从业者与企业的迫切需要，缅甸政府希望通过加强与国际培训机构的合作为他们提供学习机会。

（五）缅甸对外旅游合作注重多方联动

近年来，缅甸与周边邻国以及部分西方发达国家的双边旅游合作取得了较大成效。在此基础上，随着区域经济一体化的发展，缅甸对外旅游合作的思路将逐渐由"双边互动"向"多方联动"转变。其中，东盟是缅甸开展区域旅游合作的首要对象，中国"一带一路"倡议也将在提升缅甸旅游相关基础设施水平等方面发挥重要作用。根据相关问卷调查结果，缅甸各阶层对中缅旅游合作的支持度最高。

## 【产业经典案例】

### 蒲甘的世界遗产之路

蒲甘位于缅甸中部，伊洛瓦底江中游东岸。由于毗邻良乌镇，隶属于良乌县，常被合称为"蒲甘—良乌"或"良乌—蒲甘"。今天所见的蒲甘主要是在蒲甘王朝时期（1044—1287）建造的。蒲甘王朝是缅甸历史上第一个统一的封建王朝，蒲甘作为王朝的都城长达 240 余年。经过 900 多年的发展传承，蒲甘现已成为缅甸最重要的文化遗产。缅甸有俗语云："不到蒲甘，不懂缅甸，枉为缅人。"这充分说明了蒲甘在缅甸文化中的重要地位，也说明了蒲甘对于探索、研究、解读缅甸历史文化的重要意义。为了更好地保护蒲甘，也为使本国历史文化获得国际社会的认可，缅甸政府自 1996 年起就积极向联合国教科文组织相关部门申请，希望将蒲甘列入《世界遗产名录》。其间，由于种种原因，蒲甘申遗一直未获成功。2014 年，缅甸政府再次启动蒲甘申遗程序，并积极做好准备。2019 年第 43 届世界遗产委员会会议在阿塞拜疆首都巴库市举行，在此次会议上，蒲甘古城遗产项目顺利通过审议，被列入《世界遗产名录》。

蒲甘申遗成功，缅甸受益良多。首先，蒲甘的文化遗产将得到科学、专业的保护和管理。佛教文化是缅甸文化的核心，蒲甘是缅甸佛教文化的中心，保护蒲甘，实际上是在保护缅甸文化的根本。申遗成功之后，蒲甘地区的文化遗产，无论是物质的还是非物质的，都将获得科学、专业的保护，所需的资金和技术也将更有保障。同时，相关的研究也将进一步深入，这对缅甸历史文化的发掘、研究、保护、传承、弘扬都有重要的意义；其次，当地的经济民生发展也会被带动。申遗成功后，蒲甘的国际知名度会进一步提高，这将直接带动当地旅游业及相关产业迅速发展。2018 年全年，缅甸共接待外国游客 355 万人次，较 2017 年的 344 万人次增长了 3.15%。其中，到蒲甘旅游的外国游客为250907 人次，约占来缅旅游外国游客总数的 7.1%。

申遗成功后，将有更多的外来文化输入蒲甘，全球化、工业化、现代化对蒲甘的影响也会愈加明显。随着旅游业的发展，很多传统工艺可能在商品化、工业化过程中受益，也可能惨遭淘汰。如何做到取其精华，去其糟粕，保持蒲甘当地优秀传统文化的本质特色，将是一个长期课题。

蒲甘成功入选《世界遗产名录》，对缅甸的文化遗产保护与本国文化事业的发展具有里程碑式的意义。

## 【中缅文化贸易】

两国向来情谊深厚，但是也曾有过因缅甸排华而断交时期，总体说来友好时期较多。目前，中国是缅甸最大的贸易伙伴国，也是最大的外资来源国。两国有着共同的利益诉求——维护边境稳定，推进两国跨境合作以兴边富民。两国在经济、文化方面的合作正处在良好的历史发展机遇期，各种文化交流活动丰富，文化贸易也渐入佳境。

中缅积极推进"一带一路"和中缅经济走廊建设，政府间的合作日益加深。与此同时，越来越多的企业、机构和民间组织也在不断寻求合作的机会，为两国在政治、经济、文化等各领域的合作与交流注入新的动力。

2017 年 1 月，主题为"旅游合作——中缅全面战略合作伙伴关系的新动力"的中缅旅游合作论坛在缅甸内比都举行。从 2018 年开放了对中国的落地签开始，缅甸成了我国游客的主要旅游地之一。2019 年全年，缅甸的游客人数增长迅猛，达到了 436 万人次，而在 2017 年是 344 万人次，2018 年是 355 万人次。可见，2019 年的增长是非常多的，其中排名第一的中国游客大约占三分之一。

中缅双方在广电传媒领域的合作取得了比较大的成果，在相关部门的积极推动下，更多的中国优秀影视作品"走出去"了，然后"走进去"了。2012年，缅甸语版《金太狼的幸福生活》制作完成，这部电视剧是首部缅甸语配音的外国电视剧，打破了之前在缅甸播出的外国电视剧只配以字幕的传统。2016年，中国国际广播电台在缅甸设立中缅影视译制基地，大量引进中国影视作品进行缅甸语译制配音，并推动中国影视剧在缅本土译制形成常态化，为中方与缅甸主流媒体进行更深入的合作提供了大量的译制片储备。缅甸瑞丹伦传媒集团是缅甸最大的私营媒体，旗下的天网电视台播出了多部由中缅影视译制基地配音的中国电视剧与纪录片。近年来，随着越来越多优秀的中国影视作品在缅甸译制完成，相应的推广与播出渠道也在不断扩展。

腾讯、阿里、百度等互联网巨头也在积极开拓缅甸市场，2015年腾讯旗下社交媒体微信发布了缅文测试版。虽然也有部分民众特别是华人使用微信，但是 Fackbook、Twitter 和 Instagram 等在缅甸更为流行。

## 【商务往来禁忌】

1. 在缅式餐厅用餐，不要询问牛肉菜肴。
2. 尊重当地习俗，不要以任何方式批评政府、佛教、寺庙和僧侣。
3. 交流时不要跷着二郎腿，把脚对着别人是不礼貌的行为。

# 泰 国

泰王国，简称泰国，是一个有两千多年佛教史的文明古国。泰国被称为"千佛之国""黄袍佛国"，是一个以小乘佛教为主，伊斯兰教、天主教等众多宗教共存的国家，其人民社会生活中形成的价值观和传统习惯也有着独特的个性，浓郁的佛教文化氛围使其文化内涵更加丰富和深刻。首都曼谷。

泰国政府为提高国际竞争力与稳定泰国的社会经济发展，不断从创意与设计方面来推动泰国的产业升级。经过十多年的发展，其创意产业类型可分为四大类，总计 15 个门类。第一大类是文化遗产，包括手工艺、历史与文化观光、泰国料理、泰国传统草药 4 项；第二类是艺术，包括表演艺术、视觉艺术 2 项；第三类是媒体，包括电影、出版、广播、音乐 4 项；第四类是创意，包括设计、时尚、建筑、广告、软件 5 项。[①]

媒体以私营为主，按市场规则运作。泰文媒体是主流媒体，英文、华文媒体居辅助地位。主要泰文报纸有《民意报》《泰叻报》《经理报》《每日新闻》等。主要华文报纸有《新中原报》《中华日报》《星暹日报》《亚洲日报》《京华中原》和《世界日报》等。主要英文报纸有《曼谷邮报》《民族报》等。泰国广播电台为国家电台，设有国外部，用泰、英、法、中、马来、越、老、柬、缅、日等语言广播。无线电视台都设在曼谷，大部分电视节目通过卫星转播。电视网覆盖全国。

## 【文化产业管理】

泰国文化部是泰国负责监督文化、宗教和艺术的政府机构，另外，泰国国家广播电视通信管理委员会、泰国旅游和体育部等亦是重要业务主管部门。

2001 年，他信·西那瓦上台，开始从政府层面上大力推动文化产业的发展。2002 年中期，在国家竞争力大师迈克尔·波特的建议下，选出五大竞争力的产业：观光业、时尚业、食品业、电脑动画业、汽车业。在政府的挑选下，文化产业成为带领泰国经济复苏的重要策略性产业。与之相关的计划包括：曼谷时尚城市计划、泰国创意设计中心、一村一品计划、泰国世界厨房中心计划等。

2008 年 12 月 15 日阿披实·维乍集瓦当选为泰国总理，推出多项文化产业计划。2009 年 8 月 31 日，"创意泰国"正式展开，并立即于 9 月 10 日成立国

---

① 戴承良. 泰国文化创意产业发展与大学标杆［J］. 上海经济，2014（04）：57.

家创意经济政策委员会,由阿披实担任主任委员。另外,泰国政府宣布2010年为泰国"创意经济年",这些都显示泰国政府对于文化产业的重视。支持创意泰国与创意经济年的实际举措之一是"泰坚强计划"中对文化产业的财政支持。① 可惜,由于泰国仍存在风险的政治问题以及一些客观存在的问题,导致一些投资项目无法落实。

2011年8月5日,英拉·西那瓦当选为泰国第28位总理,成为泰国历史上首位女性政府首脑。英拉的家族拥有多个文化产业领域的实业,而且英拉本人担任过泰国国际传媒集团子公司彩虹传媒总经理,所以她对文化产业极为了解,非常重视文化产业的发展。英拉在任期间,泰国文化部按照她的要求,完成了7大国家文化产业发展项目计划的制定工作,其中包括5个国家发展战略项目和2个东盟战略项目。

2014年8月21日,泰国国家立法议会召开会议选举总理,曾发动5月22日军事政变的陆军司令巴育以全票当选。之后总体经济受到政局动乱、全球经济复苏乏力等国内外诸多不良因素的影响,政府希望用旅游这一重要的经济手段促进泰国落后地区的发展。

## 【特色优势产业】

### 电影业

亚洲金融风暴之后,跌落谷底的泰国电影业重整旗鼓,用先进的电影视听语言讲述传统文化,迅速崛起为电影世界不可小觑的国度。

1999年朗斯·尼美毕达执导的《鬼妻》上映,一举击败《泰坦尼克号》获得年度票房冠军,吹响了泰国电影复苏的号角。之后,泰国电影人又齐心协力创造出一批制作精良的国产电影,有的取材于泰国古老的历史故事或民间传说,有的取材于泰国青年人触手可及的现实生活。本土电影取得了越来越好的票房收益,甚至走出国门赢得了一定的国际声誉。比如《初恋这件小事》《小

---

① 戴承良.泰国文化创意产业发展与大学标杆[J].上海经济,2014(04):57.

情人》等浪漫清新的本土电影在中国也很受欢迎。

在泰国电影里,我们可以看到泰国本民族的神秘文化。宗教和巫术元素在泰国恐怖电影中被运用得恰到好处,这也是泰国电影行销国际市场的最受"期待"的品牌类型。传统的泰国恐怖片之所以可以吸引人是因为它具有本国的民族特色,以本国特有民俗文化为土壤,体现了本国宗教文化信仰和民族价值观念。

泰国电影的复苏得益于拥有一个具有创造性、使命感和熟悉国内外潮流的编剧、导演和制作群体,当他们经过海外学习重新回归泰国影坛后,带回了先进的电影理念和新兴技术,以商业化的模式包装展现泰国民族文化的本土认同,掀起了被称为"新浪潮"的泰国电影复苏运动。

## 旅游业

泰国地处亚洲中南半岛中部,由于地形和气候的原因,有很多热带的经济作物和动物,在北部和中部分布了数不胜数的极富东南亚特色的名胜古迹,南部则有很多风景优美的沙滩度假胜地。爽朗的气候、迷人的热带风情以及独具特色的传统文化更是吸引游客的重要元素。

泰国素有"微笑国度"之称,对游客礼貌耐心,处处提供便利是泰国旅游服务的一大特色。在泰国的酒店、餐饮、休闲、娱乐、观光和购物等各种旅游场所,游客随处都可以享受到一流的服务。为了随时为游客排忧解难,泰国旅游局在全国各地都设立了旅游服务专线电话,提供多种语言的服务。

为了更好地服务于游客,泰国还大大简化了入境手续,对多个国家实行免签政策等,这些措施进一步便利了国际游客。

除了交通设施的建设,泰国的宾馆、饭店、餐饮、购物、会展等其他旅游配套设施也很齐全。在泰国注册的酒店超过 6500 家,拥有约 30 多万个客房,闻名世界的曼谷东方饭店以其优质的服务连续多年位居世界著名酒店之首。同时,在泰国的每一个景点,都设有购物中心、医疗中心、大型停车场、游客休息室和游客服务中心,能够充分满足游客的各种需要。

进入新世纪后,为了使旅游业的内容更加充实丰富,泰国在特色旅游项目开发方面做出了相当大的努力。除了城市旅游、跨城市旅游、探险旅游、人造景观之外，泰国的特色专项旅游项目还有海岛潜水游、古迹寺庙游、森林生态游、泰式美食游、学泰拳、享受泰式按摩和泰草药疗法的健身游等。

另外，泰国旅游业还高度重视细分市场，如妇女旅游者、家庭旅游者、背包旅游者以及来自日本、中东、澳大利亚和斯堪的纳维亚等不同国家和地区的旅游者等，泰国旅游业对这些旅游群体都力求做到区别对待，根据他们的特点和需求，提供多元化的旅游产品和旅游项目。

## 广告业

近年来，泰国广告业异军突起，充满了想象力和渴求突破传统的元素。从广告公司的前端创意，到制片公司的后端执行，在整个亚太地区，泰国被公认为是一个拥有高水平广告创意的国度。泰国广告以独特的创意和独具匠心的制作，在亚洲乃至世界刮起了一股"泰国旋风"。纽约广告奖、戛纳广告奖、伦敦广告奖、克里奥广告奖、莫比广告奖等全球五大广告奖中，无一没有泰国广告的身影。

幽默豁达是泰国广告的一大特色，天马行空的创意，令人捧腹。泰国人大多豁达开朗，没有太多禁忌，在广告中往往用自嘲调侃的心态对待生活中的麻烦事。

平民化是泰国广告具有强大生命力的另一重要原因。大多是平常人的日常生活场景，以大众认同取代偶像崇拜，以平民演绎取代明星代言的形式，用人情味冲淡了商业味，符合产品的大众化定位。

泰国广告还具有真情实感。泰国是一个佛教国家，悲悯之心自然流露，经常会体现一些人与人、人与动物之间的感人故事。

泰国的优秀广告不是夸大也非虚饰，而是有一定的抒情化、故事化处理，使信息尽量单纯化、清晰化，加上拟人、夸张、联想等手法的使用，以真挚的情感和缜密的情节打动人心。泰国广告里有许多这种抒情性与故事化完美结合的精彩之作，他们将消费者的情感诉求拿捏得相当到位，搞笑广告让人忍俊不禁，感人广告又如同催泪炸弹。①

## 【产业经典案例】

### "东方夏威夷" 芭提雅

芭提雅位于首都曼谷东南 154 公里，中南半岛和马来半岛间的暹罗湾处，是泰国政府规定的春武里府的特别管理区，是世界闻名的国家旅游城市。芭提雅城可分为四个区，分别是：南芭提雅、北芭提雅、中芭提雅和卓木天海滩。芭提雅旅游区素以阳光、沙滩、海鲜名扬天下，被誉为"东方夏威夷"，是世界著名的新兴海滨旅游度假胜地。芭提雅风光旖旎，气候宜人，拥有长达 15 公里的连绵避暑海滩，不仅舒缓平展，而且海水纯净透明、清澈见底。

芭提雅极富热带风光，终年温差不大，年均温度 20 摄氏度左右，即使进入所谓的"凉季"，温度也不低，各种花卉依旧绚丽多姿，魅力不减，这使芭提雅拥有了丰富多样的旅游资源。除了延绵数十公里的避暑海滩吸引着国内外的游客在此驻足，艺术遗产类景观（瓶子博物馆、迷你芭提雅博物馆、信不信由你博物馆、迷你泰国城市模型等）、宗教圣地（真理圣殿、奇珍山大佛雕等）、水域风光（格兰岛、克罗岛、萨克岛和竹岛乔木提恩海滩、月亮湾海滩、邦萨列湾等）、风土人情（芭提雅象村、从萨姆伞渔村、四区水上市场、海味市场等）都独具特色。

在这里，游客既可以欣赏到风景旖旎的海洋景观，品味到鲜香味美的海鲜，观赏到泰国的各种传统表演，也可以体验各式各样的娱乐游戏。

## 【中泰文化贸易】

中国提出并积极实施的"一带一路"倡议与"泰国 4.0 国家战略"高度契合，合作可实现优势互补，有利于中泰两国实施的发展战略互相促进。

---

① 郑晓君. 泰国广告业异军突起的原因 [J]. 新闻实践，2012（02）：73–74.

近几十年，去泰国的中国游客数量一直在稳步增加，在去泰国的游客中，中国游客连续多年排第一位。2018 年中国赴泰国游客人数达 1035 万人次，创历史新高，2019 年约为 1098 万人次，同比增长 4.2%。

家喻户晓的正大集团是泰国最大的商业集团，亦是第一批进入中国的世界五百强企业。1990 年首播的《正大综艺》是中央电视台第一个外资介入（与泰国正大集团合作）、第一个以企业冠名的电视栏目。2018 年中国举办首届进博会，正大集团带来了来自泰国及海外分公司的 400 多种产品，以实际行动响应"一带一路"倡议，为全球经济一体化和贸易自由化发挥了积极作用。

中泰双方除版权交易外，还推进合制合拍以及整个影视产业链的深度开发与合作。2003 年 CCTV - 8 频道引进了第一部泰剧《俏女佣》，之后也陆续引进了《凤凰血》《卧底警花》《甜心巧克力》等多部泰剧。泰国也引进了很多中国热播的电视剧，《将军在上》《择天记》《醉玲珑》《寻秦记》《无心法师》等也深受泰国观众喜欢。《匆匆那年》《王子变青蛙》等知名国产 IP 反向输出，翻拍成"泰版"，中泰剧集合作进入模式创新、业务开发新阶段。

阿里、京东、苏宁等大型电商平台纷纷布局泰国市场，先后把东南亚公司总部设立在曼谷。现在，大街小巷的便利店都可以使用微信、支付宝付款，非常方便。

## 【商务往来禁忌】

1. 言谈切勿批评王室及君主制度，泰国法律严禁言语冒犯君主。

2. 泰国是佛教国家，佛教地位神圣，禁忌在佛寺衣冠不整或者做不合时宜的举动，不得喧哗以及触摸佛像，不要随意踩踏或用脚触碰寺庙里的物品。

3. 不可随意触碰他人头部，也不要弄乱他人头发。

4. 泰国禁赌，即使在宾馆或旅社也不要玩牌或打麻将。

5. 在泰国有付小费的习俗，但是不要给硬币，硬币只能买东西或者施舍给乞丐。

# 老　挝

老挝人民民主共和国是一个位于中南半岛北部的内陆国家，北邻中国，南接柬埔寨，东临越南，西北毗邻缅甸，西南毗邻泰国，首都万象。其人口为733.8万（2021年），共50个民族，分属老泰语族系、孟—高棉语族系、苗—瑶语族系、汉—藏语族系，统称为老挝民族，通用老挝语。居民多信奉佛教。华侨华人约7万。

老挝经济基础薄弱，起步较晚，广电传媒乃至出版等文化产业发展滞后。执行革新开放政策以来，情况有了很大改变，2019年服务业增长6.6%。全国各种报刊约20种，《人民报》为老挝人民革命党中央机关报，创刊于1950年8月13日，用老挝文出版。此外还有《巴特寮报》《新万象报》《人民军报》等。外文报刊有英文报《万象时报》《KPL新闻》和法文刊物《革新周刊》。其中《人民报》《万象时报》等作为国家主流媒体，在老挝国内有着较高的公信力，在与中国的媒体合作中，这几家媒体也起着重要作用。

## 【文化产业管理】

老挝人民革命党"七大"政治报告提出，要加强国家文化建设，进行精神文明建设，使老挝人民树立正确的世界观、人生观和价值观。之后，老挝政府加强对各种文化遗产和自然风景区的保护和恢复开发，并把它创造的价值运用到发展社会经济当中去。加强对文化的管理，使之适应市场经济体制的要求。老挝新闻旅游文化部是老挝文化政策制定和文化产业管理部门。

老挝对文化产业的开发，目前还处于文化旅游开发阶段，特别针对旅游产业发展制定了较为系统和科学的战略规划。老挝政府还针对本国外汇收入偏低的现状，允许外资投资本国旅游产业，加快设施建设。

## 【优势特色产业】

### 旅游业

老挝素来就有"中南半岛的屋脊"之称，意指该国众多的山地环境，而且老挝本身就具有一定的历史文化底蕴，拥有比较丰富的文化遗产。老挝本国政府对旅游业的支持也使得该国的自然资源保护情况较好，所以老挝的旅游资源比较丰富。老挝琅勃拉邦、巴色县瓦普寺、川圹石缸平原已被列入世界文化遗产名录，著名景点还有万象塔銮、玉佛寺、琅勃拉邦的光西瀑布等。

革新开放以来，旅游业成为老挝经济发展的新兴产业。提出了旅游产业的发展目标：以旅游产业作为国家经济发展的支柱产业，提高旅游产业在国民经济中的地位，优先发展旅游业；保护旅游资源及与之相关的自然环境、人文环境等；实施更加有利于旅游业发展的税率政策，降低关税，刺激入境游的发展；通过旅游业的发展来减少国内贫困人口。这些都是老挝政府为旅游产业发展提出的长期目标。此外，还有一系列的短中期目标，诸如实施旅游项目的开发、旅游设施和基础设施的建设、制定旅游产业发展规划、改革旅游企业的管理体制、加强老挝旅游的宣传和营销工作、开发旅游人力资源、加强国际经济合作等。

积极的政策取得了良好的成绩，老挝的旅游市场近十年来呈现出了高速发展的态势，旅游市场的规模增长了数倍之多。近年来，老挝与超过 500 家国外旅游公司签署合作协议，开放 15 个国际旅游口岸，同时采取加大旅游基础设施投入、减少签证费、简化边境旅游手续等措施。2017 年老挝共接待游客423.9 万人次，2018 年接待 410 万余人次，前三大游客来源国为泰国、越南和中国。2013 年 5 月，老挝被欧盟理事会评为"全球最佳旅游目的地"。2019 年为中老旅游年，全年中国赴老游客 100 万人次，同比增长 25%。

老挝在诸多场合的外交谈判中通过经济、文化、政治交流合作和相关协定，改善老挝与其他国家的外交关系，以此达成了更多的与旅游产业相关的合作协议。比如老挝政府与东盟于 1996 年签订了旅游相关的合作协议，加入了东盟的旅游经济体系。此外，老挝还十分注重外交政策在吸引入境游客方面的作用，比如老挝政府制定了"旅游年"，大力宣传老挝入境游的特色，并且老挝还与周边经济实力较强的国家，如中国、越南等国一起制定了相互免签的政策，允许这些合作国家的游客在大使馆、领事馆、国际机场以及边境办事处等各个地方办理签证，降低入境游的签证门槛，使得入境游客的签证办理更加便利，拓展了旅游产业客源。

## 【产业经典案例】

### 塔銮节与老挝塔銮国际商品交易会

塔銮是佛塔的名称，位于老挝首都万象东部，是 16 世纪中叶起在一座古塔的基础上历经多年扩建而成的一组群塔建筑。老挝语中，"銮"意为"大"或"皇家"，"塔銮"意为"皇塔"或"大塔"。塔銮是老挝的佛教圣地，相传，这里供奉着释迦牟尼的舍利和国王赛雅舍塔提拉的骨灰。建成至今，屡经毁坏和修葺，塔銮一直被视为老挝人精神和灵魂的圣地，是老挝佛教徒和民众礼拜的中心，也是老挝的象征，塔銮也因此成了老挝国徽上的图案。

塔銮节在每年佛历 12 月（公历 11 月）举行，是老挝最大的传统民俗节日，也是最大的佛教节日之一。塔銮节也叫"光明节"，因在塔銮举行而得名。在过去，除了举行传统的宗教仪式，还有来自老挝各地的土特产品和美食展销。如来自华潘省的全手工织的布料，琅勃拉邦的纯手工丝巾和手工纸（一般用于制作灯笼或台灯灯罩），川圹的桧木手工艺制品，万象的金银首饰以及巴色的纯手工丝绸和咖啡等。

1986 年革新政策出台以后，老挝政府看到了振兴旅游业和经济发展的契机。塔銮节由最初的民间自行筹办改为由万象市政府主办，不但吸引了来自老挝各地的民众，外国游客也对这个传统的老挝民俗节日有着浓厚的兴趣。从 2000 年开始，老挝政府决定由万象市政府与老挝工贸部联合，把塔銮节打造成区域有影响力的国际商品交易会。主办方还把塔銮节的节庆时间从原来的 3 天延长到现在的 10 天，除了传统的庆典和仪式，以及传统体育活动外，在塔銮广场还增加了文艺表演、各种选美活动、美食节、啤酒节、电影节等活动。

全球化背景下，随着经济和旅游业的发展，老挝传统节日从形式到内容都发生了很大变化，塔銮节等传统节日也受到了商品经济的影响和冲击。老挝政府正在采取措施保护和传承好传统的节日民俗。① 政府把老挝塔銮国际商品交易会放到老挝国际会展中心举办，取得了双赢的效果。

## 【中老文化贸易】

目前，中国是老挝的第一大投资来源国、第一大出口市场、第二大贸易伙伴。2014 年 11 月 3 日，老挝中国文化中心正式揭牌成立。两国人员互访及交流活动丰富多彩，涵盖媒体合作、影片展映、艺术展览、文艺演出、太极培训等各个文化领域。

赴老挝旅游的中国游客成为老挝旅游业重要的客源市场。老挝《万象时报》援引报告数据说，2012 年，有 20 万人次中国游客赴老挝旅游，随后逐年上涨，至 2017 年达到 63.9 万人次。2019 年是"中国—老挝旅游年"，双方签署合作文件，举办贯穿全年的旅游推介、论坛、培训、文艺演出、美食推介等交流与合作项目，还为两国地方旅游主管部门和旅游企业搭建对话平台，推动双方共同设计旅游线路，打造老挝旅游品牌，促进中老双向旅游人数增长。老挝 2019 年 12 月 31 日上午在首都万象瓦岱国际机场迎来 2019 年第 100 万位中国游客，标志着 2019 老中旅游年目标圆满完成。

2005 年由国务院新闻办主管、云南省委外宣办主办的《占芭》杂志创刊。目前杂志每期发行 11500 份，发行覆盖老挝的 17 个省，在老挝各级政府和各航空线上，均能看到《占芭》杂志的身影。②

---

① 卫彦雄. 全球化背景下的老挝传统节日——以塔銮节为例 [J]. 东南亚纵横，2015 (11)：73 - 74.
② 李庆林，张帅. 中国与老挝媒体合作探究 [J]. 对外传播，2019 (05)：33.

中老两国在各领域的合作取得可喜成绩，尤其在影视行业有了多项合作。广西人民广播电台与老挝国家电视台合作打造了《中国剧场》和《中国动漫》栏目。另据《人民日报》报道，老挝 MV 电视台目前播放的影视剧中，大约有65% 来自中国，吸引了上百万观众收看。2018 年 2 月，中国与老挝两国合作的首部电影《占芭花开》在老挝万象进行首映，标志着两国在影视合作上有了新突破。

**【商务往来禁忌】**

1. 老挝人认为白色是不吉的，商务活动中避免白色着装及使用白色物料。

2. 老挝是一个佛教国家，对于寺庙和僧侣方面的礼仪比较看重。进寺庙着装要端正，不能用手脚触碰佛像，以及做其他不合时宜的举动。

3. 在老挝是绝对禁止触摸他人头部的。

4. 老挝认为左手是不干净的，需要给老挝人递送某些东西，要用右手。

5. 不要用脚指人指物，坐着时也不要将脚搭在高处物品上，这类举止被视为是非常无礼的。

# 柬埔寨

柬埔寨王国，简称柬埔寨，位于中南半岛南部，与越南、泰国和老挝毗邻。其人口约 1600 万（2021 年），高棉族占总人口的 80%，华人华侨约 110万。官方语言为柬埔寨语（又称高棉语）。首都金边。

柬埔寨作为一个经济落后的传统农业大国，有丰富的文化资源，但文化产业发展不足。受现实条件的限制，柬埔寨的科学技术发展相对缓慢，投入少、人员少、成果少，没有完善的科技系统。除此之外，它的体育产业和新闻出版亦处于起步阶段。

　　目前，柬埔寨共有 15 个电视台，两个调幅广播电台和至少 65 个调频广播电台，12 种在全国发行的日报，7 种英文报纸，3 种中文报纸，15 种英文杂志，2 种法语报纸，6 家网络新闻网站。还有一些传媒机构，提供有线电视服务。其中，第一卫视是柬埔寨国内第一家数字地面电视运营商，由柬埔寨皇家集团公司与俄罗斯卫星公司合资组建。① 柬埔寨国家电视台是柬埔寨最早的电视台之一，1999 年起通过泰国卫星向国外进行电视节目的转播，覆盖面达亚洲、欧洲、美洲、大洋洲等的 126 个国家和地区。

## 【文化产业管理】

　　国家文化财产的相关政策，特别是关于保护和推动国家文化遗产的政策，一般由国家文化最高委员会负责制定，文化艺术部负责执行。文化艺术部与其他相关部门之间的职责分工协调应另由法令规定。

　　在暹粒省的吴哥景区，该景区的国家文化遗产保护和推动工作由吴哥景区保护和管理机构负责，该机构简称为"仙女国家机构"。

　　柬埔寨政府将旅游业作为政府优先发展领域，并将其作为吸引外资的重点鼓励领域，给予在该领域投资相关的优惠政策。此外，柬埔寨政府简化了机场的入境手续，在新加坡、泰国、马来西亚、法国和澳大利亚等地设立了旅游办事处。

## 【优势特色产业】

### 高度依托文化遗产的旅游业

　　柬埔寨地处中南半岛南端，旅游资源丰富：依山傍水，拥有迷人的热带风光和奇异的白色沙滩；世界文化遗产吴哥窟、柏威夏寺和三波坡雷古寺都是闻

---

① 翁卡纳卡，褚骁骥. 柬埔寨媒体概况［J］. 中国投资，2017（21）：87.

名遐迩的热门旅游景点。2003 年实施"柬埔寨旅游年"，向世界各国敞开大门，使柬埔寨成为东南亚旅游线路上重要的一环。每年数百万国外游客前来观光旅游，旅游业成为柬埔寨的主要经济支柱之一。

柬埔寨政府将旅游业定为政府优先发展领域。目前柬埔寨全国的旅游景点有 1300 余处，其中包括 100 余处自然景观，1161 个历史文化景点和约 40 个休闲胜地。其中吴哥窟是柬埔寨的核心旅游资源。

吴哥窟又称吴哥寺，位于柬埔寨西北方，它是吴哥遗迹中保存得最完好的庙宇，以建筑宏伟与浮雕细致闻名于世。1992 年，根据文化遗产相关遴选标准，联合国将吴哥遗迹列入世界文化遗产，此后吴哥窟作为吴哥遗迹的重中之重，成了柬埔寨旅游胜地。

柬埔寨首都金边市，素有"东方小巴黎"之美誉。金边王宫是一组金色屋顶、黄墙环绕的建筑，包括曾查雅殿、金殿、银殿、舞乐殿、宝物殿等大小宫殿二十多座，回廊上是仿吴哥寺的浮雕。皇宫内除皇家居住区不对游人开放，大部分建筑物都可以看到，主要有：加冕宫、银殿、银殿内花园、拿破仑三世阁、检阅台、前花园等。

近年来，沿海地区逐步成为继吴哥景区之后又一重要的旅游目的地。柬埔寨的白马市、山城卜哥市、避暑胜地基里隆布、天然良港磅逊市等，都是旅游度假的上乘场所。目前，借着"旅游热"，柬埔寨正在积极开发旅游资源，希望挖掘更多旅游热点，打造更多热门城市。

## 【产业经典案例】

### 《华商日报》

柬埔寨目前有《华商日报》《星洲日报》《柬华日报》《高棉日报》《金边晚报》五家华文媒体，但大多经营状况不佳。

《华商日报》创刊于 1993 年 12 月 17 日，是柬埔寨战后第一份华文报纸。《华商日报》的本地新闻有两版为柬埔寨新闻，内容多为游行示威、政治人物动态等。《华商日报》为了突破销量下降的困局，开设了网站，但是革新只流于表面，收效甚微。2013 年 5 月，《华商日报》率先在柬埔寨开启了微信公众平台，在微信上传播新闻信息，将报纸的重要和有用内容放到微信平台。

《柬中时报》于 2018 年 1 月正式上线，是唯一由柬埔寨华裔青年创办的中文新媒体，通过多元化的数字传播方式，提供即时、详尽和深入的新闻资讯，其用户群除了在柬埔寨的华裔、华侨、外国投资者外，也包括众多海外读者。《柬中时报》传播资讯平台多元化，包括新闻网站、手机应用程序等多种线上平台，另外也于近期出版了柬埔寨唯一中文财经月刊，推出了税务 App。

2019 年 11 月，《华商日报》和《柬中时报》正式合并，致力于打造柬埔寨最大的中文媒体集团。传统媒体《华商日报》与新媒体《柬中时报》在企业策略和营运活动上拥有高度互补性，双方整合将可充分利用双方资源，从而提升营运效益。双方整合的目的之一，也是为了把握新媒体带来的发展机遇，推动传统媒体转型。双方也希望能吸引一批华裔青年人才加入，推动柬埔寨中文媒体发展。


## 【中柬文化贸易】

柬埔寨发展迅速，凭借"一带一路"国际合作和各类优惠政策，吸引了世界投资者眼光，成为全球最受欢迎的投资目的地之一。

中国游客是柬埔寨外国游客主力军，2019 年中国访柬游客总量继续取得突破。2019 年是"中国—柬埔寨文化旅游年"（简称"文旅年"）。两国文化和旅游部门举办了形式多样、内容丰富的文化旅游活动，推动了柬埔寨旅游资源的开发。旅游部为了促进中国游客赴柬埔寨旅游，采取了一系列措施。包括鼓励使用人民币、调整饮食和住宿选择、提供办理签证所需的中文标识和文件。在"文旅年"的带动下，2019 年前 10 个月，中国访柬游客已突破 202 万人次，同比增长 24.4%，占外国游客总量的 38.3%。

在世界知名的吴哥窟景区，有一部备受游客关注和喜爱的驻场旅游演出——《吴哥的微笑》，由中国华侨城集团旗下云南文投集团出品。《吴哥的微笑》由中柬艺术家共同参与创作，内容、情节、音乐、舞蹈、服装、道具采用原汁原味的柬埔寨元素，融入了宾博音乐、博格道武术、仙女舞、孔雀舞、湿婆舞等柬埔寨文化艺术的精髓，致力于社会效益和经济效益"双提升"。一方面，《吴哥的微笑》被观众誉为"柬埔寨鲜活的文化艺术博物馆"，柬埔寨国家旅游部授予其"旅游特殊贡献奖"和"最佳演艺奖"；另一方面，2011 年至 2019 年，《吴哥的微笑》连续 9 年被评为我国的"全国文化出口重点项目"，成为中国文化走出去的范例。自 2010 年 11 月首次公演以来，已演出近 4000 场次，吸引了来自 50 多个国家和地区约 200 万人次的游客观看，成为中国国有文艺院团在国外驻场演出时间最长、场次最多、观众最多的项目，为"一带一路"倡议和"面向南亚东南亚辐射中心建设"等战略的进一步实施，起到了良好示范效应。集团在做好《吴哥的微笑》演艺主事业的同时，还斥资 1000 多万元人民币，经营中式旅游自助餐馆——"微笑餐厅"，该餐厅是目前柬埔寨最大的中式餐厅，共接待世界各地游客 20 多万人次，成为"滇菜进京入沪下南洋"的示范基地。

## 【商务往来禁忌】

1. 在柬埔寨，白色象征死亡，所以不要穿白色的裤子和衣服。

2. 柬埔寨人常用手势表示特定意思，交流时避免手舞足蹈乱用手势。

3. 柬埔寨人认为星期六是不吉利的，出门要小心，建议会务等活动避开这个时间。

4. 交流时不要夸奖女性漂亮，这被认为是一种冒犯。

5. 柬埔寨人认为左手是不洁的，所以忌讳用左手拿东西；不要触碰别人的头部。

6. 进入庙宇时着装要端正，不要喧哗以及做不合时宜的举动。

# 越　南

越南社会主义共和国，简称越南，位于中南半岛东部，北与中国接壤，西与老挝、柬埔寨交界，东面和南面临南海。其人口为9734万（2020年12月），有54个民族，京族占总人口的86.2%，岱依族、傣族、芒族、华人、侬族人口均超过50万。主要语言为越南语（官方语言、通用语言、主要民族语言）。主要宗教包括佛教、天主教、和好教与高台教。首都为河内。

越南是传统农业国，农业人口约占总人口的75%。越南经济发展迅猛，服务业保持较快增长，2019年服务业占GDP比重为45%，增长率达7.3%。

越南对文化产业的定义是：以工业化、信息化、商品化的方式进行的通过文化服务和文化产品的生产、再生产和传播的文学艺术、电影、电视、录像、文化研究、报纸出版、信息咨询、设计规划等，包含了文化资产、文化设备和传载工具这三方面。在文学艺术这一领域，又可细分为表演艺术、信息服务、娱乐、文化教育和艺术作品营销等门类。①

越南新闻出版法规定报纸由国家控制，中央及地方新闻单位共450家。主要出版社有国家政治出版社、文化出版社、文学出版社、科技出版社、教育出版社和世界出版社等。各种出版物13515种，年发行量2.18亿册。报社约150家，其余为行业小报。主要报刊有《人民报》《人民军队报》《大团结报》《西贡解放报》（越文和中文版）等。越南网络服务不断提升，互联网应用的功能和类型也越来越多样化。越南网络媒体覆盖的人群范围不断扩大，尤其是在青年人群体中，网络媒体的价值和作用不断凸显。越南青年人最常用的网络功能分别是获取信息、在线娱乐、在线交流以及网上购物。

---

① 杨然.越南文化产业现状及与广西合作建议［J］.东南亚纵横，2006（11）：23－25.

## 【文化产业管理】

2001 年越共九大确定建立社会主义定向的市场经济体制，并确定了三大经济战略重点，即以工业化和现代化为中心，发展多种经济成分，发挥国有经济主导地位，建立市场经济的配套管理体制。

越南文化体育旅游部是负责文化政策制定及文化产业管理的政府部门。越南文化产业的发展遵循着社会效益与经济效益相结合的原则，在坚持文化的社会主义方向的同时，也争取获得更高的经济效益。各文化企业本着自主经营管理、自负盈亏、自主发展和自律的原则参与市场竞争。政府除行政管理手段外，也运用财政、税收、银行信贷和价格管理等经济杠杆来管理文化产业。除博物馆、图书馆、科研机关、艺术院所等公益性文化基础单位外，其余的文化领域各单位都正在改造成文化企业。越南文化部所属的国有文化企业，都正在进行股份制改造。①

文化政策渐趋开放。以电影为例，越南 2017 年开始实行新的电影分级制度。越南过去审核条件相当严格，审核某部电影的内容与相关情节，再决定能否在电影院放映。新的电影分级制度，用 4 级分级取代原有的 2 级分级制。在新的分级制度下，P 级面向普通观众，不限观影人群；C13 级限 13 岁以上人群观看；C16 可供 16 岁以上观众；C18 则年满 18 岁的成年人才可观看。此前，越南的电影分级制度只包括 G 级（非限制级）和只有年满 16 岁以上才能观看的 NC16 级。越南电影 4 级分类制度取代过去"可放映"和"不可放映"二级的制度，有助于越南电影业的发展。②

## 【产业经典案例】

### 旅游业

越南旅游资源丰富，下龙湾等多处风景名胜被联合国教科文组织列为世界

---

① 杨然 . 越南文化产业现状及与广西合作建议［J］. 东南亚纵横，2006（11）：23 – 25.
② 张霖，崔军 . 近两年的越南电影观察［J］. 电影评介，2018（10）：11 – 16.

自然和文化遗产。近年来旅游业增长迅速，经济效益显著。

近五年来，越南旅游产品开发主要集中在海岛旅游、文化旅游、自然景观和都市旅游4个领域，产品开发投资主要集中在7个区域（北部的中部及山区地区、东北部的红河三角洲及沿海地区、中部的北部地区、中南部的沿海地区、西原地区、九龙江平原地区、东南部地区），分别打造各具特色的旅游产品，逐步形成了河内—广宁—海防—宁平、广平—承天顺化—岘港—广南、庆和—林同—平顺—巴地头顿—胡志明市—坚江（富国岛）等特色旅游线路，并以此为主轴形成了地区、地方的旅游放大效应。

众多文化遗址、名胜古迹已经成为旅游区的招牌景点，不断地提升旅游行业的生产总值。除了达到经济效果，越南旅游行业通过越南各地的文化遗址和名胜古迹的旅游服务产品向世界各国的游客和人民推广，塑造越南和越南人形象，弘扬越南传统文化，发扬越南各民族的文化传统特色。①

## 电影产业

进入新世纪之后，特别是越南加入世界贸易组织前后，越南电影开始有了长足进展。从2013年开始，越南政府也制定了争取到2020年成为东南亚电影强国、到2030年成为亚洲电影强国之一的发展规划，各种电影节和电影推广活动相继开展。越南文化体育旅游部电影局积极推动"2030年越南电影发展战略规划"的实施。2008年越南票房收入仅为600万美元，2013年增加9倍，达6000万美元，2015年超过7000万美元。

近年来，越南国内外投资商投资建设了国家电影城、韩国乐天电影城、天河电影城等多个电影城。韩国是越南最大投资来源国，投资资金达500亿美元。三星、乐金、乐天、希杰、大象公司等韩国跨国集团正拟扩大对越南的投资规模，包括旗下娱乐公司对越南电影发行制作产业的投资。

就越南本土电影而言，战争电影逐渐被市场冷却，商业消费电影备受青睐。越南进口的外国商业电影在本土电影市场都有可观的票房成绩。越南电影

---

① 陶海朝．越南文化遗产对旅游可持续发展的影响 [J]．美与时代（城市版），2020（04）：91－92.

市场电影类型丰富，多元化发展的电影产业展现出了稳步前行的状态，涌现出一批实验电影、社会问题剧以及女性视角的作品。① 政府支持的主旋律电影继续深耕，表现范围和深度都更趋向于人性视角；艺术电影在继续保留欧洲味道的同时，也开始注重民族审美情趣的追求；商业类型电影多元化，"喜剧"和"惊悚"成为最受市场青睐的类型。越南女性导演的艺术电影创作和海外越裔导演更为丰富的多元电影创作，既是当代越南电影创作理念和电影政策的产物，同时也昭示着越南电影更为宽阔的创作视野及其在全球化时代电影文化自身更新的内在动力。

## 手工业

越南的传统手工业较为发达，手工艺品远近闻名，是其旅游业发展中的重要资源。到越南旅游的外国游客，大多会选购当地的木器、丝绸、刺绣和陶瓷等手工艺品作为纪念品。同时，越南手工艺品也远销全球 160 多个国家和地区。

越南采用了手工艺村这一极具特色的模式来保护和发展传统手工艺。手工艺村，就是专门从事一种或多种手工艺品生产的村庄。越南目前约有 5400 个手工艺村，涵盖约 50 类行业，如金属工艺、陶瓷、漆器、石雕、木雕、织绣、民画工艺，专擅藤织、竹编、纸扎、绸花、扎染等工艺的乡村，以及专门生产河粉、米纸、糖果、各类酱料等食品的乡村，此外还有其他制作家具、玩具以及生活用品的乡村。

越南政府于 2006 年 7 月出台《第 66/2006/ND－CP 号关于发展产业农村的议定》，为手工艺村的发展提供了保障和助力，调整和优化了手工艺村的产业结构。越南各级政府和职能部门在资金、土地、环境治理等方面予以政策扶持，确保原材料供应，建立后继人才培养机制，此外还积极为手工艺村建立稳定、多元的销售渠道。越南党政领导人就曾多次亲自为本国的手工艺品推销，如钵场瓷器就被作为国礼赠送给外国客人。②

---

① 张霖，崔军. 近两年的越南电影观察［J］. 电影评介，2018（10）：11－16.
② 唐璐璐. 亚洲四国乡村传统手工艺集群化发展策略的比较研究［J］. 文化遗产，2019（03）：40－42.

近年来,越南多个手工艺村积极提升新技术和自动化技术应用能力,以提高产品的一致性、缩短生产时间、提高劳动效率并减少费用;开展联合生产与销售,主动参与国内外企业的供应链,这正成为越南手工艺村的新方向。如今,各个手工艺村不仅在商店出售产品,还有了在线贸易网、社交网等方式。越南各个手工艺村也重视营造现代电子商务环境,加强与客户的在线互动,让客户一同参与产品款式设计。

## 【产业经典案例】

### 世界自然遗产下龙湾

下龙湾位于越南东北部广宁省的群岛海湾区,是越南著名旅游景点之一,以审美价值和地质地貌价值被联合国教科文组织确认为世界自然遗产。2012年3月,下龙湾被评选为世界七大新自然奇观之一。下龙湾因其秀丽的山水风光被称为"海上桂林"。

在1500平方公里的海面上,山岛林立,星罗棋布,姿态万千,这里究竟有多少岛屿和山峰,至今没有精确的统计数据。其人文旅游资源包括文化、艺术类作品,例如凯旋门、范妙富国土和西宁教廷等;名胜古迹主要有香水宝塔、谭槟城、涂颜等。

目前,下龙湾有着相对良好的基础设施,包括公路、铁路和航空等多种交通运输形式。此外,下龙湾的电力和供水系统也非常好。电力系统安全稳定。在城市供水和污水处理系统方面,海湾地区非常发达,确保了清洁水的供应。网络通信亦较为良好,确保能更好地满足客户的信息需求。

下龙湾的餐饮设施非常丰富和多样化,最高档的餐厅位于白斋地区和各大酒店。餐厅主要供应海鲜菜肴。

### 北宁木雕

北宁省是越南面积最小的省份,其面积只有越南平均省份的六分之一,现为外商投资热土,成为越南经济比较发达的省份。

北宁数百年来一直以许多传统的工艺村闻名天下，生活在这片土地上的人们世世代代传承和发展祖先留下的木雕艺术，形成了悠久的文化。在北宁，有很多著名的木艺村，如同忌、扶溪、香莫、联河、云河等，主要集中在慈山市，这些木艺村对京北乃至越南木雕艺术的传承与保护做出了重大贡献。同时，这些做工精美的木雕产品远销国内外市场，给当地带来了巨大的财富。

扶溪是越南北宁省木艺的发源地。扶溪过去称作"扶潭"，这里走出了很多著名的木艺大师。扶溪人制作的这些木制工艺品一直以来都以极具个性著称，木制工艺品的每一个线条、样式都尽量做到精益求精。从产品的外形设计到选料都非常讲究，每一件作品都十分精致。最著名的就是床、柜子、桌椅等家居用品，以及木雕等系列产品。越南历史上不管哪个时期、哪个朝代，都有扶溪的能工巧匠在宫廷或城郭建筑中留下自己的杰作，尤其是龙雕作品，非常精致。今天，扶溪的世代能工巧匠继承了祖辈的木艺技术，生产出了许多高质量的产品。作品做工更加精美，具有极高的艺术价值。

同忌木艺村比，其他地方形成木雕工艺品村的时间要晚，但同忌很快成了著名的木雕工艺品之乡。因为这里不仅有技艺高超的木匠，还能很好地把握市场需求，成了很多国家的主要供应商。

## 【中越文化贸易】

中越两国既有地理和文化上的接近性，又有各具特色的自然与人文风情，在旅游观光领域具有较强的合作便利性与互补性。随着中越经济社会快速发展和人民生活水平不断提升，两国在旅游观光方面的交流与合作也进入了发展的快车道。如今中越两国间每周的直达航班已达百次以上，在旅游旺季时两国旅行社还与航空公司合作，增开旅游包机。根据越南统计总局的数据，2019 年是标志着越南旅游业成功的一年，来越的国际游客逾 1800 万人次，同比增长 16.2%，创下历史新高，其中中国游客占三分之一。

长期以来，艺术团体的互访和演出是中越文化交流中的重要内容。历年来，两国互访的歌舞团、杂技团、武术团等数量众多。2016年，越南歌手杜氏青花还登上中国中央电视台《星光大道》节目并获得了月冠军的荣誉。广西、云南等边境省份与越南的文艺联欢活动也十分频繁。

影视剧是中越间文化交流的重要纽带，中国的影视作品多年来都在越南具有广泛的社会影响力，早先的《西游记》《渴望》《还珠格格》《雍正王朝》等知名电视剧都曾在越南掀起过收视热潮。进入21世纪以来，中国影视作品引入越南的数量持续上升，题材也不断拓展，如《英雄》《赤壁》等电影以及《欢乐颂》《人民的名义》等电视剧都在越南广受欢迎。此外，中越两国近年来还联合摄制了《阮爱国在香港》《河内，河内》等电影，两国影视文化的交流得到了进一步加强。

手机视频、电子游戏等数字业态也是两国文化贸易热点。据统计，2017年前后有22家公司可以在越南经营游戏，供应了93种游戏，其中有77个代理来源于中国（占80%市场），如《剑侠情缘》《天龙八部》等。据不完全统计，每年有约百部中国游戏进入越南市场。①

## 【商务往来禁忌】

1. 相见时一般行合十礼，双手合十齐唇或齐额，向对方致意。

2. 餐前向主人说"您先请"或"不客气了"，餐中勿倒扣酒杯或倒放酒瓶。

3. 年初或者月初不要穿白色或者靛蓝色衣服。

4. 越南人忌讳三人合影，不能用一根火柴或打火机连续给三个人点烟。

5. 南部越南人认为左手不洁，因此不要用左手行礼、进食、送物和接物。

---

① 阮秋香（Nguyen Thu Huong）．中越文化交流现状研究及发展建议［D］．辽宁师范大学，2017.

# 文　莱

　　文莱达鲁萨兰国，简称文莱，位于加里曼丹岛西北部，北濒南中国海，东南西三面与马来西亚的沙捞越州接壤，并被沙捞越州的林梦分隔为东西两部分。其人口为 45.95 万（2019 年），其中马来人占 65.8%，华人占 10.2%，其他种族占 24%。马来语为国语，通用英语，华人使用汉语较广泛。伊斯兰教为国教，其他还有佛教、基督教等。首都斯里巴加湾市。从 17 世纪起成为文莱首都，原称"文莱城"，1970 年 10 月 4 日改为现名。

　　为长远计，文莱政府一直致力于将本国经济由单一结构向多元化方向转型，并提出了"2035 宏愿"发展战略。旅游业是文莱近年大力发展的产业之一。

　　主要的英文报纸为《婆罗洲公报》，此外还有马来文报纸《PERMATA》。中文日报包括《联合日报》《诗华日报》和《星洲日报》等。

　　文莱电视台从 1975 年 7 月开始进行彩色电视播放业务，以英语和马来语为主。新的电视中心于 1984 年开始使用，文莱电视节目的发射范围覆盖全国及邻近国家。此外，还建有两个电视转播站，除一些娱乐性节目外，文莱电视台的节目大多为新闻、歌曲和讲经等，较为单调枯燥。国际新闻主要转播由卫星收录的英国广播公司制作的节目。音乐节目多数来自欧洲、美国和东南亚一些国家和地区的音像公司制作的作品。

　　目前文莱有两家电视台，一家是政府广播电视台，另一家是转播外国电视节目的私营水晶电视台。文莱的电视台还与政府教育部合作，开设电视教学节目，为初级中学的学生提供学习英语和科学常识的机会。

　　1994 年以后，文莱放宽了对外国电视节目的控制，晚上收看电视节目已成为文莱居民主要的放松、休闲方式。

## 【文化产业管理】

文莱全国的新闻出版和文化工作由首相府及文化、青年和体育部分别统一管理。

首相府是文莱行政系统的中心，由正部级的苏丹特别顾问具体负责。指导和协调各部门工作，协助苏丹处理日常行政事务。苏丹的行政命令一般都通过首相府宣布。首相府还直接管辖14个部门，其中包括文莱广播电台、文莱电视台和文莱新闻局。

文莱媒介的政策制定者是文化、青年和体育部，主管文化艺术。下设语言文学局、语文图书局、体育与青年局、文莱国家博物馆，另设一个文莱历史中心和文莱艺术与手工艺中心。其中语言文学局负责推动文莱的马来语、文学和文化的发展，举办马来语、马来文学与诗歌的研讨会。语文图书局负责向全国提供图书服务，出售各种刊物、杂志和儿童读物。国家语言文化局负责向国民提供图书借阅。该局在全国4个区均设有分支机构，并提供图书借阅的城乡流动服务。该局拥有30多万册藏书，其中英文和马来文的图书各占一半，其余文种的图书只有1000多册。

文莱法律规定新闻自由，但政府对新闻媒介的管理比较严格。文莱政府强调，新闻自由应该以"马来伊斯兰君主制"为基础。文莱政府强调文莱人生活的核心就是伊斯兰教信仰、忠君思想和文明礼貌，任何人不得破坏这一生活方式，并制定了一系列法律条文作为保障，如本地报纸法、出版法，以及社团法、暴乱法、国内安全法、公共秩序法等。

## 【优势特色产业】

### 旅游业

文莱素有"和平之邦"的美誉，有丰富的旅游资源、安全稳定的社会环境、独具特色的民俗风情和源远流长的宗教文化，发展旅游业有得天独厚的优势。

　　旅游业是文莱近年来大力发展的产业，政府将其作为促进经济多元化发展的重要内容。文莱旅游资源非常丰富，主要体现在天然的自然条件、独特的民俗文化及正宗的宗教传承等三个方面。自然条件方面，文莱属于热带雨林气候，年平均气温为 28 摄氏度，具有独特的热带雨林景观，生态环境保持原始，文莱森林保护区占国土面积的 39%，其中 86% 为原始森林，森林里珍贵的动植物种类繁多，并且文莱有长约 161 公里的海岸线，海域面积广阔，海域旅游资源丰富；民俗文化方面，文莱是个多民族国家，其中马来民族占 66.4%，华人占 9%，其他民族约占 22.6%，各民族文化风俗既各具特色又相互交融。文莱还有独特的君主文化和奢华的皇宫，此外文莱还保有号称“东方水上威尼斯”的有 1000 多年历史的世界上最大的传统水上村，民俗风情浓郁；宗教传承方面，伊斯兰教在文莱传播已有 500 多年的历史，被奉为国教。伊斯兰教教俗纯正浓厚，清真寺气势恢宏、金碧辉煌。丰富的旅游资源为文莱的旅游业发展奠定了坚实的基础。

## 【产业经典案例】

### 水晶公园

　　斯里巴加湾市有一座现代化的大型豪华游乐场——水晶公园。作为国王送给全国人民的礼物，“水晶公园”建造工程至今仍在进行，目标是建造一个可以容纳 8000 名游客玩乐的综合性公园。这座被誉为东南亚最大的游乐场，1994 年对外开放，这里有美丽的自然景色也有刺激的娱乐项目。过山车、跳楼机、飞天滑水车、360 度摩天轮、动感影院、高空旋转观光塔、卡丁车等应有尽有。

### 水上村落

　　艾尔水村是世界上最大的传统水上村落，被誉为东方威尼斯。人们把柱子支撑在水面上搭建房子，30多栋排列有序的木屋由蜿蜒的栈桥相连组成40个水村群。栈桥纵横交错，七拐八弯，总长达36千米，形成了独具特色的街市。清早鱼市上就开始售卖种类繁多的鱼类。

水村有1000多年的历史了。为了生存，文莱人想出在水上建屋的主意，利用水边唾手可得的红树搭建房屋，形成了最初的水上村落。最初的几位文莱国王就在这里度过了一生，死后才被葬到陆地上，因此水村被文莱人看作是王国的发源地。现在，大多数房屋都采用坚固耐用的钢筋混凝土桩做基座，屋顶和室内的装修也有了巨大的变革。

水上村除了普通的民居，还有学校、清真寺、警察局、邮局、消防队、诊所、村委会等公共机构，水上村大约有3万名左右的居民，约占文莱总人口的10%。


# 【中文文化贸易】

文莱一直是"一带一路"倡议的积极响应者，并作为创始成员国加入了亚投行。"一带一路"倡议致力于推动基础设施建设，与文莱"2035宏愿"增强基建能力和改善通信基础设施的规划高度契合。

文莱政府日益重视开拓中国旅游市场，希望更多中国游客能到文莱旅游观光。2016年，文莱给予中国公民落地签待遇，中国赴文莱游客数因此快速增加。此外，文莱皇家航空等航空公司扩大对中国城市的航线覆盖，带动了中国游客数量的增长。文莱初级资源与旅游部公布的统计数据显示，2018年中国成为文莱最大的外国游客来源地。2020年"中国文莱旅游年"是文莱和中国启动的旅游年，旨在为两国旅游合作和人文交流提供新平台，将为两国开拓旅游以外更广泛的经贸合作创造机遇。

文莱政府正努力将经济由过去单一的油气行业扩展到更多领域，包括清真产业、创新科技与创意产业、商务服务业、旅游业以及下游油气业，鼓励欢迎中国企业到文莱进行投资。

**【商务往来禁忌】**

1. 文莱人主要信奉伊斯兰教，注意尊重伊斯兰教的相关风俗。

2. 赠送给马来人的礼物和纪念品不应有人物或动物图案。

3. 文莱禁烟禁酒，勿带酒水入境。

4. 正式场合，不要跷二郎腿或两脚交叉。

5. 不要主动与异性握手。

6. 指人或物时，不能用食指，而要把四指并拢轻握成拳，大拇指紧贴在食指上。

# 菲律宾

菲律宾共和国，简称菲律宾，位于亚洲东南部，共有大小岛屿 7000 多个，北隔巴士海峡与中国台湾遥遥相对。其人口约 1 亿 800 万（2020 年）。马来族占全国人口的 85% 以上，其他还包括他加禄人、伊洛人、邦邦牙人、维萨亚人和比科尔人等。少数民族及外来后裔有华人、阿拉伯人、印度人、西班牙人和美国人，还有为数不多的原住民。国内有 70 多种语言，国语是以他加禄语为基础的菲律宾语，英语为官方语言。约 85% 的国民信奉天主教，4.9% 信奉伊斯兰教，少数人信奉独立教和基督教新教，华人多信奉佛教，原住民多信奉原始宗教。首都大马尼拉市。

在菲律宾，发展文化创意产业已经被放到了重要战略位置上。2014—2016 投资优先计划中列出了创意产业。2017 年 3 月，杜特尔特总统签署了"2017—2019 年投资优先计划"，其主题是"扩大和分散机会"，战略服务被视为"首选"投资领域，战略服务又包括集成电路设计、创意产业、飞机维修、电动充电站、工业废弃物处理、电信业等子领域。

菲律宾的艺术和工艺品这两个子类发展较好，而在其他类别的创意商品方面，如视听器材（教具）、设计、音乐、新媒体、视觉艺术和出版等都还只是其潜在的成长领域。

如今在菲律宾诸种传媒中，影响力最大的仍然是报纸，两家古老的英文报纸《马尼拉时报》和《马尼拉公报》仍然是具有威望的报纸，但敌不过发行量最大的两份报纸《菲律宾每日问讯者报》和《菲律宾星报》。《菲律宾每日问讯者报》创刊于 1985 年 12 月 9 日，发行量平日 25 万份，周末版 27 万份。《菲律宾星报》创刊于 1986 年 7 月 28 日，发行量平日 25 万份，内容主要涉及菲国政治、经济、文化等领域的焦点信息以及国际热点和时事评论。该报内容比较严肃，着重理性分析，立场保守。菲律宾华文媒体目前形成了"五朵金花"的格局，即《世界日报》《联合日报》《商报》《菲华日报》《华报》。

## 【文化产业管理】

菲律宾国家文化和艺术委员会是国家文化政策制定及文化产业管理部门。另外还有旅游部、游戏娱乐委员会、赛马委员会等有部分涉及文化产业的职能。

旅游部于 1973 年成立，其首长为旅游秘书（部长级），下设财务管理司、行政管理服务司、国际旅游促进局、国内旅游促进局、旅游发展规划办公室、产业调研与发展办公室、旅游协调办公室、旅游信息办公室、旅游标准办公室、首都与地区办公室。旅游部隶属于政府行政部门，负责制定旅游业的规章制度以及推广菲律宾作为旅游目的地的宣传工作。

## 【优势特色产业】

### 特色旅游业

作为一个群岛国家，菲律宾政府非常重视海洋旅游业的发展。海洋旅游业是菲律宾旅游业发展最快的领域，已成为外汇主要来源之一。菲律宾前 25 大旅游景区有 18 个位于沿海，沿海自然景观类旅游胜地包括沙滩、海底公园、潜水等。其中 70% 是沙滩，22% 是岛屿，其余 8% 是钓鱼和潜水地、海峡公园、海湾等。与海洋有关的主题旅游有户外探险、阳光海岸、水上活动等。[1]

2011 年菲律宾移民局针对国际游客推出特殊医疗签证，允许游客无须申请延期即可在菲停留 6 个月。2012 年菲律宾普罗维登斯医疗集团在首都区奎松市投资 12 亿比索，兴建了一座有 500 个床位的医院，主要面向国际医疗旅游者，菲律宾投资署已批准为该项目提供税收激励政策。[2]

博彩业在菲律宾是合法的，是菲律宾的支柱产业之一。近年来，外国游客大量来菲参与博彩，推动了菲律宾博彩业的发展。博彩业的繁荣也带动了当地的旅游、地产置业以及零售业的发展。

## 电影产业

东盟国家中，菲律宾电影是一个不容忽视的存在。早在 20 世纪 50 年代，随着菲律宾电影业进入黄金时代，看电影逐渐成了菲律宾人最喜欢的娱乐方式之一。有数据显示，目前菲律宾全国电影院超过 1200 家，每天观众约 165 万人，电影院可以说是菲律宾人最喜欢的娱乐场。无论是在首都马尼拉的购物中心，还是全国各省市或城镇的大中型购物中心，一般都设有电影院，而且每个购物中心的电影院至少有 4—7 个放映厅，每个放映厅都可容纳 300—400 人，部分购物中心还设有豪华影院、IMAX 厅。

但是菲律宾电影受到了海外影片尤其是好莱坞影片的冲击，外加高税负和盗版等原因，近十年来，本土电影产量大幅下滑，平均每年只有 70 部左右的本土制作电影，还不到其电影全盛时代的一半。而且，在各种因素影响下，菲律宾基本没有称得上大制作的电影。压力之下，独立影片有了很大突破，为菲律宾电影业带来了全新的活力和气象。2008 年，拉夫·达兹凭借《忧郁症》

---

①  严琳霞. 菲律宾海洋旅游业发展研究［C］//. Proceedings of 2017 7th ESE International Conference on Management Science, Education Science and Human Development（ESE – MEH 2017），2017：359 – 367.

②  同上

获得了第 65 届威尼斯电影节地平线单元最佳影片,《悲伤秘密的摇篮曲》在 2016 年的柏林国际电影节上获得了银熊奖,拉夫·达兹的《离开的女人》获得了 2016 年威尼斯国际电影节的金狮奖,保罗·维拉拉纳导演的《三轮浮生》获得 2017 年上海国际电影节的最佳影片奖。[1]

创办于 1975 年的大马尼拉电影节是菲律宾电影业的一大亮点。大马尼拉电影节是为鼓励和表彰本土电影艺术而设。每届电影节跨越圣诞节和新年两大休假节点,而且只播放菲律宾本土电影。经过 30 多年的发展,该电影节已成为菲律宾电影业的重大年度庆典。

## 【产业经典案例】

### 稻米科学馆和文化稻景

在菲律宾,稻米的符号价值已经远超其基本用途,它的象征意义使之成为一张文化名片。许多菲律宾艺术家都将乡村稻田作为自身创作的背景。这一常见元素深刻影响了菲律宾的多种景观。

菲律宾稻米研究所稻米科学博物馆位于穆尼奥斯科学城,主要介绍了稻米文化、历史背景、科学研究和技术创新等方面的内容。稻米科学博物馆一方面进行科学研究,一方面大力推动对于菲律宾丰厚稻米传统和稻米文化的保存与保护,同时也向公众宣传正在进行的保护工作。

稻米科学博物馆于 2014 年 9 月重新向公众开放,还举办了"稻米,让生活更精彩"的展览,回顾了菲律宾的稻米栽培历史。

菲律宾的科迪勒拉水稻梯田,是人类世界最大规模的梯田,是当地伊富高部落的人民为了谋生而在裸露的山地上开垦出来的高山梯田,被世人誉为"通往天堂的天梯"的稻米梯田,1995 年入选世界文化遗产名录。这片梯田融汇了 2000 年前的人类智慧,除了是一种文化现象,还是一种信仰,是古老的伊富高部落人民对自然与人和谐共处的信仰。

---

① 中国一东盟传媒网. "相爱相杀"中崛起的菲律宾电影业. [2021 - 02 - 01]. http://www.china - asean - media.com/show - 42 - 15882 - 1.html#.

**【中菲文化贸易】**

2020 年是中菲建交 45 周年，两国作为友好邻邦，传统友谊源远流长，合作关系取得了长足发展。两国在文化、科技、司法、旅游等领域的交流与合作不断深化，各领域合作成效显著。

商务部数据显示，2019 年，中菲双方进出口贸易总额达 609.5 亿美元。中国是菲律宾第一大贸易伙伴、第三大出口市场和第一大进口来源国。2019 年，中国企业对菲投资 6037 万美元，增长 56.5%。在菲新签工程承包合同额达 62.4 亿美元，增长 102%。此外，中菲在基础设施建设合作中也取得众多突破，特别是在港口合作方面。

旅游业是菲律宾重点发展的产业之一，中国是全球最大的出境游市场，双方在这一领域的合作如火如荼。菲律宾与中国地理位置相近，旅游资源丰富，菲律宾海岛尤其受到中国游客青睐。在 2015 年杜特尔特总统就职前，只有不到 50 万中国游客，到 2017 年这一数字上升到 96.8 万人次。而截至 2018 年 10 月，已有约 106 万人次中国游客抵达菲律宾，同比增长约 31%。目前，中国稳居菲律宾第二大游客来源地。尽管如此，菲律宾尚未最大限度发掘中国游客的潜力。中国游客在菲律宾平均花费 233 美元（11900 比索），仅为中国游客在其他地方消费的四分之一，合作潜力巨大。

中菲两国政府积极推进影视交流合作，搭建交流合作平台。2018 年 6 月 13 日，国家新闻出版广电总局与菲律宾国家电视台在马尼拉举行《中国剧场》开播仪式，受到菲律宾政府、业界和民众的广泛欢迎。中国驻菲律宾大使赵鉴华称《中国剧场》为"影视共圆中菲梦"项目，菲律宾总统府新闻部部长安达纳尔称开播启动对中菲两国关系和中菲媒体交流都是"创造历史的一天"。2018 年，《鸡毛飞上天》在 PTV4 与当地观众见面，这是中国影视节目首次译成菲律宾语在当地播出。菲律宾影响力最大的私营媒体 ABS-CBN 购得《致我们单纯的小美好》（以下简称《小美好》）版权，这是 ABS-CBN 播出的第一部中国现代剧。鉴于《小美好》的不俗口碑和收视表现，ABS-CBN 主动与华策等国内影视机构对接，愿进一步加大与中国开展商业合作。[①] 广播电视领域的广泛深入合作，拉紧了两国人文交流的纽带，为中菲关系行稳致远并推向新的历史高度夯实了民意基础。

## 【商务往来禁忌】

1. 在菲律宾收受或者赠送礼物不要当众打开，否则客人会有被当众羞辱的感觉。

2. 菲律宾人很忌讳 13 这一数字和星期五。凡遇 13 定设法避开。

3. 宴请餐会等注意，他们不爱吃生姜，也不喜欢吃兽类内脏和腥味大的东西，对整条鱼也不感兴趣；很多菲律宾人不喝牛奶和烈性酒。

4. 忌讳左手传递东西或抓取食物。

5. 交谈时要避免菲国内政治纷争、宗教、菲律宾近代史等话题。

---

① 人民日报海外网. 深化中菲影视合作："影像中国" 在菲律宾举行推介会. ［2021 - 02 - 01］. http：// m. haiwainet. cn/middle/3542185/2018/1120/content_ 31441604_ 1. html.

# 第三篇

# 南亚沿线

# 印　度

印度共和国是南亚次大陆最大的国家。东北部同中国、尼泊尔、不丹接壤，孟加拉国夹在东北国土之间，东部与缅甸为邻，东南部与斯里兰卡隔海相望，西北部与巴基斯坦交界。东临孟加拉湾，西濒阿拉伯海，海岸线长5560公里。世界各大宗教在印度都有信徒，其中印度教教徒和穆斯林分别占总人口的80.5%和13.4%。

目前印度官方认可的文化产业及相关产业被称为"娱乐与媒介产业"，涵盖报刊产业、图书产业、电影产业、电视产业、唱片产业等。近些年随着技术的发展，媒介的范围不断扩展，数字内容产业等新兴产业也被划为文化产业。电视和出版印刷产业都保持着较高的发展速度。此外，网络、游戏、数码广告、动画和广播等也实现了较快的发展。特别是新兴的动漫产业，近年来总产值的年平均增长率为25.6%，超过了6亿美元。研究认为，动漫等新兴创意产业所占的份额今后还会大幅提升，信息技术将成为印度传媒娱乐业发展的核心阵地。[①]

## 【文化产业管理】

印度宪法中有保护民族文化、促进文化发展的专门规定，从中央到地方的政府文化部门每年都有专门的经费来支持文化产业的发展。在政府方面，主要由文化部和信息与广播部对文化产业进行管理，另外还有一些国有媒介组织对文化产业的发展享有自治权。

---

① 王学人. 文化创意产业发展：印度的实践与借鉴 [J]. 南亚研究季刊, 2012 (03)：81 - 82.

印度文化部的职责是保护、促进和传播印度的文化艺术，具体包括：保护和维护文化历史遗产和古迹；促进文学、视觉艺术和表演艺术的发展；管理图书馆；举行重大人物及事件的纪念和庆典；促进佛教和藏学机构及组织的发展；促进文化艺术领域非官方活动；与世界各国签订文化合作协定和执行计划。文化部主要致力于对有形和无形文化遗产的管理和保护。办公机构的最高官员为常秘（相当于副部长），下设司局级，官员设若干，包括辅秘和联秘。下属机构包括：印度考古局、国家档案馆、中央政府秘书处图书馆、印度人类学调查局、中央参考图书馆、国家图书馆、国家现代美术馆、国家博物馆、国家保护文化财产研究实验室等9个直属机构以及全国各地由政府全额拨款的36个"自治"文化机构。

印度信息与广播部包括四个司：信息司、广播司、电影司和经济整合司，它管辖的领域包括广播、电视、电影、出版以及传统印度舞蹈和戏剧，不仅是印度传媒的管理机构，也是面向公众的服务机构。信息司作为印度政府的代理，对印刷与出版媒体进行管理，并处理政府的宣传需要，相当于政府和媒介之间的桥梁。信息司管理的机构有：出版机构，包括出版信息署、影像署和宣传署等；宣传机构，包括首脑广告与视觉宣传署、歌曲与戏剧署等；新闻法律工作机构，包括印度报刊注册处和印度报刊委员会；人力发展与培训机构，包括印度大众传媒研究所。广播司负责处理电子媒体的相关事宜，包括公共广播服务、有线电视网络的建设、私有电视频道的开播以及调频广播频道的开播等。广播司直接管辖印度广播公司，下设三个独立的国有公司。电影司参与印度电影的每个环节，包括电影的分级、保管、宣传、进出口与纪录片的制作等。其下设有多个机构：电影署，负责纪录片和新闻杂志的制作，向影剧院和其他机构、组织提供纪录片和新闻杂志，并向国内外出售印刷品、摄影带、纪录片和电影短片的发行权；中央电影认证委员会，主要负责电影的认证；印度国家电影档案馆，负责追踪、获取并保存印度电影遗产，分类、归档数据并进行电影相关的研究；电影节办公室，负责组织国内和国外电影节，安排印度国内的外国电影项目和印度电影在国外的项目；电影审查委员会，负责实施电影分级管理，认证电影是否适合公开放映。

近年来印度政府对文化产业的投入慷慨，除了政策上的调整、改革以外，还采取了其他一系列扶持措施，并投入大量资金用于对外宣传和向全世界推广印度的文学、音乐、舞蹈、电影等。在 2008 年以来的国际经济危机冲击下，印度政府表示将毫不犹豫地为促进媒体和娱乐业发展创造更好的商业环境，并且立即采取了一系列针对各领域的刺激措施。这些措施有：增加政府广告支出，将支付给各媒体的广告费提高 34%；出台数字化政策以促进电视业发展；继续对私人企业放开广播业；免除印刷媒体业新闻用纸的进口关税；统一规范电影业税收，增强电影业的世界影响力等。①

## 【优势特色产业】

### 电影产业

印度被誉为当今世界的"电影王国"。据统计，数十年来印度每年的故事片产量都保持在 900—1000 部左右，电影在印度有重要的社会地位。印度电影极具浪漫色彩，严重脱离社会现实。服装、背景非常华丽，男女主人公载歌载舞，幸福欢快。歌舞是印度电影中必不可少的元素。在一部标准的 3 小时印度电影中，平均每隔 30 分钟就会有一段歌舞场面。印度每年也生产少量严肃的贴近现实生活的影片，人们称之为"艺术电影"或"作家电影"。这类电影在印度的市场很小，但在西方国家常常获奖。

印度电影基本上可以划分为 5 个主要的电影工业区域，分别是孟买、马德拉斯、海得拉巴、加尔各答和班加罗尔。印度无疑是世界上极少能将其文化和语言的独特性完全融入电影的国家，印度有哲学、音乐、舞蹈、小说、神话等悠久而丰富的文化和独特的宗教信仰，也有各地多样化的风俗，一方面为其电影提供了取之不竭的灵感，另一方面使得印度影片呈现出各种语言版本，和专属的"方言"作品，这些都使印度电影无论在内容上还是风格上都异彩纷呈。②

① 王学人. 文化创意产业发展：印度的实践与借鉴 [J]. 南亚研究季刊，2012（03）：85 – 86.
② 付筱茵，董潇伊，曾艳霓. 印度电影产业经验——大众定位、集群运营、制度支持 [J]. 北京电影学院学报，2012（05）：2.

孟买是印度最大的电影生产基地，那里有印度最大的电影城宝莱坞，相当一部分印度影片就在这里生产，印度的主要电影演员也都居住在这里。除孟买外，马德拉斯和班加罗尔也已经成为印度电影的重要生产基地，这两个城市都建起了现代化的电影城。

印度电影的出口体量比较大，然而其电影的国外市场范围较小，主要是出口到受印度文化影响较深的东南亚国家和有着大量印度打工者的西亚北非地区以及北美和英国等印裔较多的国家和地区。为扩大印度电影的国际影响，振兴印度电影产业，印度政府采取了很多的优惠政策以帮助实现电影发展。世纪之交，印度政府将电影业纳入官方认可的产业范围，从而使电影行业可得到合法的银行贷款。由印度国际电影协会主办的"国际印度电影颁奖典礼"自 2000 年开始，每年在不同国家举办盛大的颁奖仪式，宝莱坞大牌明星纷纷亮相，这也是印度电影界为吸引更多国际目光而采取的举措之一。

## 演艺产业

印度歌舞与戏剧表演艺术有着悠久的历史，音乐歌舞是窥探印度文化的最佳窗口。20 世纪 80 年代以来，随着经济的发展和社会的进步，部分文艺演出特别是现代流行表演逐步走上了商业化的发展道路。

目前印度的演艺活动主要分为五类：商业推介活动、文化娱乐活动、体育竞技活动、节日庆典活动以及旅游娱乐活动。

印度商业性文化艺术演出的经营一般有三种模式：一是文化经纪人组织，直接向市场发行销售，这类演出活动的版权归经纪人所有。二是由商业公司或电视广播机构委托办理，在负担全部演出费用的前提下，获得全部版权，策划人和实施者获取劳动报酬。三是由电视台组织，电视台在拿到版权的同时向策划机构支付报酬和制片费。

随着文化市场的逐渐成熟，从事文化经纪业务的公司越来越多，有的专门从事艺人统筹，有的经营摄像、音响、舞美器材，加剧了演艺行业的竞争，也使得经营透明度越来越高。演艺公司在保证消费者利益的同时，需要通过创新观念和严格控制预算等方式来保持自己的利润增长。在印度，文化艺术演出的收入主要来源于活动资金、门票收入、电视与广播转播费、音乐和录像版权费以及互联网版权费等。

**【产业经典案例】**

## InMobi 成功之道

InMobi 是印度最大的移动广告公司，现在总部在班加罗尔，目前已经跻身全球前三大移动广告公司之列，另外两家是大名鼎鼎的谷歌和 Facebook。其创始人 Naveen 在印度赫赫有名，在中国业界也享有很高的声誉。该公司的业务模式是原创的，它并不是某一个国际互联网巨头的印度版。另外，InMobi 虽然在印度，但是其 95% 以上的收入来自印度之外的市场。

2007 年，InMobi 成立，最初公司希望做搜索引擎，总部设在孟买，但与谷歌的竞争使得公司陷入困境。2008 年，公司成立不久，Naveen 在公司提出"移动是未来，要立足于全球市场"的发展战略。2009 年，InMobi 开始向全球扩张，与其他企业海外扩张首选北美等成熟市场不同的是，InMobi 选择从印度周边市场试水，很快就进入了印度尼西亚、马来西亚、沙特阿拉伯、南非等市场。2010 年 1 月，InMobi 进军美国市场，并于 6 月在美国全面开展业务，同时开始计划进军日本市场，迅速在全球建起了 17 家以上的分支机构，业务遍及全球 200 个国家和地区。

作为一家移动优先的广告平台，InMobi 正引领着新一代基于人工智能的广告和用户体验，覆盖全球超过 15 亿用户。一方面，帮助广告主将正确的信息在正确的时间精准传递给全球的移动消费者，做到"千人千面"的实时广告推送，同时根据精简并规模化的核心原则，为客户提供一整套解决方案，高效提升用户参与度，留存并发展用户基数；另一方面，帮助媒体、流量主、开发者提供更多的商业变现渠道，创造更多收入。InMobi 平台支撑的不只是 InMobi 自身的业务，还支撑着全球移动互联网行业的生态系统和 3 万多家主流移动应用开发商的广告变现商业模型，以及 15 亿最终用户的广告体验。

InMobi 将用户体验视为核心要素，致力于提升用户对广告的满意度，让用户从移动端获得最有价值的内容。目前，InMobi 已囊括了原生广告、视频广告、插屏广告等在内的几乎所有主流移动广告形式，并于 2017 年在中国市场率先推出了移动原生视频广告，受到了业界的广泛关注。并以大数据、AI 技术为基础，以智能理解用户、智能场景投放为目标，建立了一套完整的产品和技术体系。InMobi Video 4.0 品牌广告解决方案，带来全时域、全地域、全空域的移动视频广告智能触达，帮助品牌广告主 "找到对的人"，"触达到对的人"，从而 "深入影响对的人"。

## 【中印文化贸易】

除个别年份外，中国一直是印度第一大贸易伙伴。印度青壮年人口比例大，对文化消费需求的增长迅速，带动了文化产业不断发展。

中印两国在电影、演艺等文化领域有着巨大的合作潜力。2003 年的《印度往事》是新世纪中国引进的第一部印度电影，印度电影在华传播迎来了春天。随后在 2011 年，一部《三傻大闹宝莱坞》让印度电影获得了中国观众的青睐。2013 年是个重要的开端，印度本土电影在 "一带一路" 倡议背景下，在中国的传播进度明显加快，《幻影车神 3》《新年行动》《我的个神啊》等在中国上映后反响热烈。2017 年《摔跤吧！爸爸》在中国席卷 13 亿票房，创造了印度电影在中国的 "奇迹时刻"，越来越多的印度电影，如《小萝莉的猴神大叔》《神秘巨星》等也在中国电影市场屡创佳绩。中国和印度都是电影大国，中印电影有着许多共通之处和合作潜力，中印合拍电影也一度掀起高潮。2014 年 9 月 18 日，中印签订了《中华人民共和国国家新闻出版广电总局与印度共和国新闻广播部关于视听合拍的协议》，这为两国在电影领域加强合作、深入交流指明了方向，极大地鼓舞了中印电影业界，开启了中印电影交流的新起点。中印合拍片项目正式开展，《大唐玄奘》《功夫瑜伽》《大闹天竺》均为中印合拍。①

旅游业是印度的重要外汇来源。根据印度旅游部发布的 "2019 年印度旅

---

① 宋璐佳．印度电影在华传播研究［D］．湖南大学，2019．

游统计数据"，2018 年，印度外国游客数量从 2017 年的 1004 万人次增加到 1056 万。2018 年外国游客入境数量比 2017 年增长 5.2%，2017 年比 2016 年增长 14.0%。2018 年，中国是印度旅游业的第八大市场，占总入境人数的 2.67%，但是相对于中国庞大的出境游人数来说，所占比例极小，印度旅游主管部门热切希望扩展中国客源市场。

印度软件服务公司 Infosys、塔塔咨询服务、Wipro 等，已经在中国运营了十多年，InMobi 是其中的佼佼者。早在 2015 年，公司联合创始人 Abhay 接受网易科技的专访时就透露，目前 InMobi 的中国业务营收占比达到了 30%，中国市场是 InMobi 未来业务的重点之一。目前中国排名前 500 的应用中，大部分都集成了 InMobi 的移动广告。基于在本行业的领先地位和先进的服务水平，InMobi 中国获选"2019 中国经济十大影响力企业"。由腾讯安全天御、腾讯防水墙和 InMobi 联合制作的《2020 中国移动广告反欺诈白皮书》正式发布。InMobi 在中国获得的高度认可，证明了全球性的互联网外资企业也可以在中国取得成功。

很多中国企业，包括阿里巴巴、腾讯、华为、小米等互联网科技企业都已经进入了印度市场。2019 年印度市场排名前五名的智能手机中，除了韩国三星之外都是中国的企业，整体市场占有率超过 70%。在印度的 20 家独角兽公司，超过 10 家公司都有中国的投资方，其中阿里巴巴累计投资超过 30 亿美元，腾讯的投资金额也超过了 20 亿美元。可见，中国的互联网公司在印度的影响力还是比较大的。但 2020 年，印度政府禁止了数百种中文应用程序，放慢审批中国投资案的速度，给中国企业在印度的发展带来极大的不确定性。

尽管如此，2020 年印度仍从中国进口了 587 亿美元的商品，排名重新回到第一，进口额是排在第二位和第三位的美国与阿联酋的总和。中印经贸合作空间广阔，互为所需。

## 【商务往来禁忌】

1. 印度人喜欢红色、蓝色、紫色、金黄、绿色等鲜亮颜色，忌讳黑色、白色、灰色，参加商务活动时需要注意。

2. 左手被认为是肮脏的，十分忌讳用左手取递物品，也不要用双手。

3. 宴请印度商人时，一定事先问好饮食禁忌，在孟买超过一半的人是素食主义者。

4. 印度人表示同意的姿势是把头左右倾斜，看起来像是摇头，注意准确理解他们的意思。

5. 印度人逢节假日一般不再进行各种商务活动。

6. 与印度人交谈时，不要谈及他们的私事、印度的贫困状态等，以免引起不悦。他们喜欢谈论印度的文化传统、历史文明，以及外国的概况。

# 巴基斯坦

巴基斯坦共和国位于亚洲南部，南亚次大陆西北部，其人口为 2.08 亿（2020 年 4 月）。巴基斯坦是多民族国家，其中旁遮普族占 63%，信德族占 18%，普什图族占 11%，俾路支族占 4%。乌尔都语为国语，官方语言为乌尔都语和英语，主要民族语言有旁遮普语、信德语、普什图语和俾路支语等。95% 以上的居民信奉伊斯兰教（国教），少数信奉基督教、印度教和锡克教等。

目前，以电视和广播为主的电子媒介是巴基斯坦国内最受欢迎的媒介形式。电视台和电台节目都是强有力的舆论制造者，颇具社会影响力。随着时代的进步，由于亏损且时效性低等原因，纸媒正逐渐丧失其影响力。比起电视，报纸已经不再是大多数人获取最新消息的来源。尽管纸媒已不占主导地位，但目前在巴基斯坦国内还是有许多国家级和地方级的报纸在发行中。① 英文报纸有《新闻报》《黎明报》《国民报》等，乌尔都文报纸有《战斗报》《时代之

---

① 穆罕默德·扎米尔·阿萨迪，李丛. 巴基斯坦电子媒体发展迅猛 [J]. 中国投资，2017 (15)：63.

声》和《东方报》等。

## 【文化产业管理】

巴基斯坦电子媒体管理局成立于 2002 年 3 月，负责监管全国所有官方和私营广播电台、电视台，具体职责包括审查境内广播、有线电视和 IP 电视的资质，审查境外电视频道在巴基斯坦有线电视网络落地的资格，负责广播频率的分配，颁发运营许可证，以及监督播出节目的内容等。[①] 自从设立了巴基斯坦电子媒体监管局，国内现已涌现出 143 家商业电台及 45 家非商业电台频道、89 家卫视、2346 家有线电视运营商，中国国际电视台、天空新闻台、美国有线电视新闻网及英国广播公司等 28 家海外媒体也在巴基斯坦国内落地。巴基斯坦电子媒体监管局的职责之一即提高咨询和娱乐节目的质量，并提供包括新闻、时事、宗教知识、艺术、文化及科技等多样化节目内容供观众选择。为更好地履行其监管职责，巴基斯坦电子媒体监管局允许民众通过电邮、电话等方式对播出的节目进行投诉。

20 世纪 70 年代以来，巴基斯坦政府采取了有力措施来促进旅游业的发展。主要措施有：成立旅游发展公司，管理旅游发展事务。1972 年，巴联邦政府正式成立旅游部，标志着巴旅游业发展进入了一个新时期。此外，巴基斯坦政府还大力投入资金发展旅馆服务业以及旅游航空业。"五五"和"六五"计划分别投入 27 亿卢比和 40 亿卢比用于航空运输业的发展。目前巴航空公司已有 71 条旅游航线。巴基斯坦政府注意提高旅游业质量，对旅游业实行优惠政策，减免部分税收，降低旅游费用；增加民风民俗、雪山狩猎、沙漠旅游等项目；出版宣传物，提高旅游景点的知名度；培训旅游服务人员；放宽对私人旅游业的限制；简化外国游客的入境手续等。[②]

① 李宇. 巴基斯坦电视业发展现状研究 [J]. 现代视听，2019 (04)：76.
② 列国志数据库. 巴基斯坦的旅游业发展概况. [2021 – 02 – 25]. https：//www. lieguozhi. com/skwx_ lgz/book/init ChapterDetail？ siteId = 45&contentId = 549880&contentType = literature.

## 【优势特色产业】

### 手工艺业

巴基斯坦的手工艺品以技术精湛、历史悠久著称。巴基斯坦的骆驼皮和鹿皮制品、地毯、缟玛瑙制品等历经匠人们几千年的琢磨，制作技术已日臻完善。

巴基斯坦的手工艺是该国宝贵的文化遗产，具有浓郁的伊斯兰宗教和民族特色。手工艺品种类繁多，其中铜雕、石雕、手织地毯及民族服装饰品最具代表性。

铸铜雕刻手工艺品制作工艺的历史可追溯至几百年前。雕刻而成的瓶、壶、盘以及各种造型的生肖动物，形象逼真、栩栩如生。巴基斯坦铸铜雕刻手工艺品制作工艺可分为十五种，每件工艺品根据雕刻的需要铜含量约为 60%，其他金属合金含量约占 40%，制作程序可分为七大步骤：模具翻砂；零部件焊接；打磨修整；抛光电镀；划线雕刻；刻花处理；喷、烤漆成型。雕刻手法有：侧刀刻、立刀凿、平刀削。其生产方式以家庭手工作坊为主，子承父业、代代相传。学徒从五六岁开始学艺，直至十五六岁技艺娴熟另立门户，终身从事铜制手工艺品雕刻。

巴基斯坦的高山地区生产羊毛，所以巴基斯坦的手工羊毛毯是比较有名的。手织地毯、挂毯、服饰主要由巴基斯坦妇女手工编制而成。地毯、挂毯加工从羊毛纺线到编织成成品均由手工精心编织完成。

木雕手工艺品，使用的木料为巴基斯坦独有的红木，雕刻工艺精湛，品种繁多，代表性产品木花架，是由整块木头雕凿而成。整体环环相扣，收缩自如，顶部以骆驼头为装饰，底部雕刻有骆驼脚，从远处看恰似骆驼队在茫茫大漠中缓缓前进。①

---

① 手工艺业资料的部分内容来自新浪微博平台上的相关资料。

## 巴基斯坦生态旅游

巴基斯坦有丰富的旅游资源，但旅游业起步很晚，同世界上一些旅游业发达的国家相比差距也很大。经过 30 多年的发展，现在巴基斯坦的旅游业是发展得较好较快的产业，在巴基斯坦国民经济中占有相当重要的地位。尤其是伊姆兰·汗新政府上任后实施全新政策，促进全国旅游业发展，吸引了国内外游客，取得了良好效果。据中国驻巴基斯坦使馆经济商务参赞处消息，巴基斯坦旅游业发展迅速，近年来巴旅游人数大幅增加，2014 年全巴接待游客 160 万人次，2018 年达 660 万人次，5 年中游客总数增幅达 317%。其中博物馆和名胜古迹参观人数从 2014 年的 170 万增加至 2018 年的 270 万人，增幅达 50%。旁遮普省是巴境内最大的游客目的地，接待游客数量占全国的 95%，其中拉合尔古堡、巴德夏希清真寺、沙利马尔花园等名胜，深受国内外游客喜爱，旅游业发展潜力巨大。

近年来，以"走向保护区、亲近大自然"为主题的"生态旅游"在全球兴起，巴基斯坦自然资源丰富，发展生态旅游有得天独厚的优势。从喀喇昆仑山脉险峻的山峰到富饶的印度河平原，凭借高原、平原、湿地、海洋等多种地貌，巴基斯坦有着令人难以置信的地理风貌和生物多样性，为全球游客提供了多种观光选择。在巴基斯坦中南部平原及沿海地区，人们除了可以在波涛汹涌的印度河中航行，参观全球著名的信德省活跃泥火山群外，还有机会观看各种野生动物，目睹被称为"失明海豚"的印度河海豚逐浪嬉戏，大海龟在卡拉奇海岸筑巢，信德豹子、蜜獾和印度穿山甲等闻名于世的野生动物在欣戈尔国家公园穿梭。奇特的地貌与生物多样性在这里巧妙地融为一体。目前非政府组织巴基斯坦可持续旅游基金会致力于在该国促进生态旅游，已经取得了很大进展。巴基斯坦生态旅游尚处于"婴儿期"，经过努力，有望在未来三四年内成为一个生态旅游大国。生态旅游委员会已经在全国范围内确定了 100 多个景点，这些景点未来几年在当地政府的帮助下将发展为旅游目的地，当地也将从生态旅游中受益。①

---

① 赵中文. 巴基斯坦生态旅游了解下? ［N］. 经济日报，2019 年 12 月 15 日第 08 版.

## 【产业经典案例】

### 卡拉奇文学节

卡拉奇文学节于 2010 年创立，是巴基斯坦一年一度的国际文学节，也是世界上最年轻、发展最快的文学节之一。卡拉奇文学节旨在复兴巴基斯坦文学和文化精神，为了在当今数字网络流行的时代，让大众不要放弃阅读图书的习惯。2010 年第一届文学节的参会作家为 30 名，2011 年第二届参会作家为 90 名，2012 年第三届文学节共有来自巴基斯坦、印度、美国、英国等国家的 140 名作家参加，举办了数十场作家座谈会、研讨会，还举办了新书发布、签售会等活动。

巴基斯坦裔英国作家哈尼夫·库雷西和伦敦大学国际关系与恐怖主义研究系主任阿纳托·列文等知名作家、学者的出席，彰显了文学节的国际化特质，这与英国文化协会和牛津大学出版社的大力资助密不可分。卡拉奇文学节因依托英国资助，得以走向国际舞台。但无论是活动主题，还是嘉宾阵容，都仿佛贴着"英国制造"的标签。①

## 【中巴文化贸易】

中巴两国一直都是联系密切的朋友。相较于政治关系，经贸联系还有很大的提升空间。中巴两国对经贸关系都相当重视，也为此付出了很多努力。近几年来，随着中巴经济走廊的建设，中国与巴基斯坦在影视文化领域的交流快速发展。2013 年，据《中国日报》特派伊斯兰堡记者张陨璧报道，中国电视剧在巴基斯坦荧幕中是缺席的。尽管中国和巴基斯坦之间有不少交流项目，当地电视台放映过多部带有字幕的中国纪录片，但是电视剧尚不多见。

2015 年 4 月 20 日，正在巴基斯坦进行国事访问的中国国家主席习近平和

---

① 潘珊. 俗世多险阻　文学无藩篱——2012 西南亚文学年度报告 [J]. 中国图书评论, 2013 (04): 21-23.

巴基斯坦总理谢里夫在首都伊斯兰堡巴基斯坦总理府共同为中国文化中心揭牌。巴基斯坦中国文化中心是中国在南亚设立的第二个文化中心。2017 年中国国际广播电台与巴基斯坦国家电视台在巴基斯坦首都伊斯兰堡签署了相关的播出合作协议。根据协议，由国际台译制的 36 集乌尔都语版电视剧《北京青年》将在巴基斯坦国家电视台晚间黄金时段播出。中国电视剧落地巴基斯坦有助于促进两国人民之间的友好交流，对夯实两国人文交流的基础具有重要意义。之后，很多中国热播剧也得到了巴基斯坦观众的青睐，2018 年，中国电视剧《扶摇》在巴基斯坦受到观众的强烈欢迎，成为现象级电视剧。

2017 年，巴基斯坦艺术委员会成立电影俱乐部文化机构，面向在巴广大电影爱好者，计划每月放映两部世界各国的优秀影片，开播的首场电影就是中国 1999 年由潇湘电影制片厂摄制的优秀影片《那山那人那狗》，通过影视促进两国人民的文化沟通和相互了解。2015 年 11 月，在昆明举办的中国—南亚国家旅游部长圆桌会议上，中国国家旅游局与巴基斯坦旅游发展公司首次进行旅游方面的谈判和合作，这体现了中国与巴基斯坦在旅游合作方面的新探索和新进展。

2018 年 7 月 25 日巴基斯坦举行了大选，正义党候选人伊姆兰·汗在胜出后立即发表电视演说，表示将继续支持中巴经济走廊并学习中国的发展经验。近年来，两国围绕着中巴经济走廊建设逐步深入，包括电影合拍在内的文化合作也逐渐展开。2018 年 2 月，巴基斯坦新闻、广播与国家遗产部部长玛丽亚姆·奥朗则布女士率团来华修订了关于中巴两国文化与电影合拍等方面的协议，并向中方表示了改善巴基斯坦电影业基础设施及拍摄首部中巴合拍片的愿望，得到了中方的支持。

2020 年，一部名为《翱翔雄心》的电影在中国上映，这是时隔 45 年之后，中国再次引进巴基斯坦电影。复旦大学巴基斯坦研究中心主任杜幼康在接受俄罗斯卫星通讯社采访时表示，引进这部电影可以看作是 2021 年中巴建交 70 周年庆祝活动的一部分，也说明中巴双方越来越重视除了政治、外交、经济之外的文化领域的交流。

**【商务往来禁忌】**

1. 97% 以上的巴基斯坦人信奉伊斯兰教，交往中注意避免触犯相关禁忌。

2. 在巴基斯坦禁止饮酒，入境不要携酒。

3. 巴基斯坦人不喜欢黄色，认为黑色是消极的，绿色、银色、金色及其他鲜艳的颜色倍受当地人的欢迎。

4. 认为手帕是悲伤时擦眼泪用的东西，不要赠送别人手帕。

5. 重要商谈必须亲自访问对方，不要电话交流。

6. 非常注重契约，任何约定都必须立书面的字据。

# 孟加拉国

孟加拉国位于孟加拉湾北面，东、西、北三面与印度毗连，其人口约 1.6 亿（2021 年 2 月）。孟加拉族占 98%，另有 20 多个少数民族。孟加拉语为国语，英语为官方语言。伊斯兰教为国教，穆斯林占总人口的 88%。

首都达卡是孟加拉国最大的城市以及南亚主要城市之一，全球城市实验室发布了 "2020 年全球城市 500 强榜单"，达卡由 2019 年的 148 名升至 147 名，和同年榜单中中国西安、日本长崎的位次接近。达卡是个富有艺术气息的国际化城市，除了承办各种工业展会，还承办了多个国际艺术节（展），如影响力巨大的亚洲艺术双年展，还举办了一些新会展，如国际哑剧节、达卡国际电影节、孟加拉国际摄影展、室内外国际家具展等，各种现代艺术的画廊和小型展览数量众多。达卡也是孟加拉国的报业中心和电影中心，达卡的电影创作集中地就被称为 "达莱坞"，达莱坞基本只生产孟加拉语影片。

孟加拉国共有报刊 1000 多种，它们以日报和周报（刊）为主体，主要以孟加拉文和英文出版。大多数日报是内容严肃的大开本报纸，但也有少量通俗小报，所有主要日报均有可以免费阅读的网络版。每个地区的主要城市，如吉大港、库尔纳、拉杰沙希、锡尔赫特、巴里萨尔、兰格普尔也都有自己的日报。

## 【文化产业管理】

孟加拉国于 1971 年 12 月 16 日独立，1972 年就首次在教育部中设立了负责文化发展的相关部门，并于 1988 年 8 月正式设立文化部，主管全国的文化工作，负责孟加拉国文化传统、艺术、语言和文学、历史、传统和文化遗产、民间艺术和手工艺、书籍和图书馆以及美术等的保存、维护、宣传、推广，鼓励国家级考古学家、艺术家和文学家在特殊领域的实践活动，保护其优秀作品的所有权。2006 年制定并通过了文化领域的专门法规，强调必须采取各种措施，发展、保存物质和非物质文化遗产。

孟加拉国的文化政策由严格趋向宽松。过去政治动荡时期，报纸内容会受到一定限制。在军人执政时期，政府曾对报纸实行审查制度。1991 年国家恢复议会民主制度之后，为了保证言论自由和巩固民主政体，政府放弃审查制度，报刊种数大幅增加。孟加拉国电影的业务和行政管理也隶属于新闻部，下属机构有电影发展公司、电影与出版局、电影学院与档案馆、电影审查委员会。

## 【优势特色产业】

### 手工艺

孟加拉国地处南亚，具有悠久的文明历史和深厚的文化传统，丰富多彩的民间传统手工艺是该国文化遗产的重要组成部分，代表作品有沙丽、平纹细布、绣花被、地毯、装饰扇，以及利用椰壳、竹、藤、草、陶和金属等材料制作的种类繁多、做工精湛的工艺品。

政府在立法保障、机构设置、部门职责、政策措施等方面所做的顶层设计为保护和振兴民间传统手工艺搭起了坚实的框架。作为保护和振兴民间传统手工艺的重要举措，孟政府近年来加大了该国民间传统手工艺申报世界非物质文化遗产的力度。妇女儿童部通过"城市贫困妇女发展项目"和"农村妇女发展项目"，为该国数万名贫困妇女提供传统针织、刺绣、扎染、绣毯、皮革工艺品以及其他方面技能的培训。

民间资本和市场化运作也有很大的影响。孟加拉国农村发展委员会（BRAC）是目前孟加拉国乃至世界最大的非政府组织之一。其小额信贷项目是向低收入人群提供低额度的持续性信贷服务，打破了当地的传统社会习俗，以穷人，特别是妇女为放款对象。BRAC 的社会企业项目与小额信贷相互配合，穷人从 BRAC 银行贷出小额资金，获得相关的培训，然后从市场上购买原料，制成产品贩卖，从而在资金、技术和销售环节上给予支持，带动了贫困人口的就业和创业。Aarong 品牌连锁店就是其社会企业中一个非常成功的案例，采取市场化的经营模式，经过近 40 年的努力，Aarong 现已发展成拥有 15 家连锁店、超过 100 个服装和家居产品系列的生活用品企业，共有 32 万人直接或间接从中受益。Aarong 现已成为孟加拉国传统手工艺复兴和发展的标志，它还激励了很多类似的企业为贫困手工艺人提供支持。①

## 电影产业

二十世纪七八十年代，孟加拉国电影业发展迅猛，形成了两家官办的电影制片厂和四家私人制片厂，近两万从业人员，影片产量逐年攀升，全国建立影院 60 多家，一年观众观影高达两亿多人次，平均每人每年至少进一次影院。孟加拉国学习宝莱坞的产业模式，建立了电影制片、发行、审查、放映的标准流程，从导演、演员、制片人到发行商，都有自己的同业组织。在电影创作的商业元素运用中，也学习了宝莱坞的风格和表现形式。

为了促进电影业的健康发展，激励电影艺术家生产高质量的电影，孟加拉

---

① 黄磊．试论孟加拉国保护和振兴民间传统手工艺的措施与启示［J］．湖南省博物馆馆刊，2017（00）：643
–648.

国政府设立了国家电影奖，建立了电影档案馆。此外，政府还成立了一所电影学院，以培养更多优秀的电影人才。[①]

　　孟加拉国 20 世纪 80 年代商业片的一窝蜂盛行，促使孟加拉国导演阿拉姆吉尔·卡比尔倡导现实主义和自然主义的"平行电影运动"。之后又由穆斯塔法·法萨尔瓦·法鲁奇等更年轻的导演接棒，掀起了孟加拉国的电影新浪潮，将现实主义电影风潮带到这片土地，平衡了创作中商业性的空想和传统创作中过于沉闷的现实主义。[②]

**【产业经典案例】**

### 孟加拉亚洲艺术双年展

　　孟加拉亚洲艺术双年展于 1981 年正式成立，是孟加拉国独立后国家层面最重要的文化活动，面向亚洲和大洋洲所有的艺术家，讨论亚洲创造力及强化亚太地区的艺术身份。

　　在主办方的苦心运营下，孟加拉亚洲艺术双年展的影响力越来越大。2010年第 14 届孟加拉亚洲艺术双年展有来自亚太地区 27 个国家 144 位艺术家的300 多件油画、雕塑、版画、木刻等艺术作品参展。到 2016 年第 17 届孟加拉亚洲艺术双年展，全球共有 54 个国家和地区的艺术家参加本次展览，各国艺术家的作品从各个角度呈现了全球化下的当今世界，从不同角度讨论了地缘、文化、历史、族裔、社会以及个体的"共同性与差异"，特别是在城市化进程中，艺术与社会、历史、城市、个体的关系。从亚洲历史的语境中叙述城市与变迁、传统与现代、人口与迁移、互联网与传媒等诸多关于城市与艺术的关系。孟加拉亚洲艺术双年展在亚洲双年展系统中坚持了本区域的艺术文化与定位，是一个以开放包容的姿态对全球化发展保持着融合与独立的艺术系统，在亚洲当代艺术板块中有着广泛的历史影响和地位。

---

①　列国志数据库.孟加拉国的电影发展概况.［2021-02-28］.https：//www.lieguozhi.com/skwx_ lgz/book/initChapter? siteId=45&contentId=114014&contentType=literature.
②　屠玥.寻找与摸索　孟加拉国电影的 70 年起落［J］.北京电影学院学报，2018（03）：67.

中国的艺术家们在孟加拉亚洲艺术双年展的表现非常亮眼，中国对外文化集团、中国对外艺术展览有限公司和北京亚洲现场艺术中心合作的《迁徙中的现场》项目，参加了第17届孟加拉国亚洲双年展，是一次艺术在南亚的迁徙和相遇。参展的中国艺术家包括：何晋渭、郭晋、孔亮、王朝刚、何剑、李演和邓大非，他们通过《迁徙中的现场》走进双年展主题"艺术与城市"，探讨城市的现代化与地缘之间的差异。①

## 【中孟文化贸易】

中孟两国长期保持着友好关系，近年来两国均保持较高的 GDP 增长，促进了两国的经贸合作。2016 年 10 月，中国国家主席习近平对孟加拉国进行国事访问，对中孟关系发展具有里程碑式的意义。

2019 年 3 月 19 日，中国电视剧《鸡毛飞上天》在孟加拉国 ATN 电视台正式播出。这是孟加拉国电视台首次播放中国电视剧，也是第一部孟语配音的中国电视剧。ATN 电视台是孟加拉国排名第一的私营电视台，节目信号覆盖孟加拉国全境。孟加拉国联合通讯社、英文日报《每日太阳报》、孟语日报《我们的时代》等媒体报道了中国电视剧首播的消息。

2019 年中国驻孟大使馆与当地的友协组织、华侨华人和孔子学院（课堂）联合举办了一系列文化、旅游、教育、体育等活动。北京大学戏剧社和达卡大学戏剧学院在开幕式上分别上演了泰戈尔的经典剧作《齐德拉》和泰戈尔歌舞，受到现场观众的一致好评。

孟加拉国成了中国公司的热门投资地。孟加拉国《每日星报》2019 年 8 月 28 日报道，孟加拉国电力、能源和矿产资源部国务部长哈米德称，大量中国投资者正在快速涌入孟加拉国，每个星期都有至少 20 家企业联系能源部门。2019 年 12 月 30 日，孟加拉国中资企业协会揭牌仪式在孟首都达卡举行。

自 2020 年 7 月 1 日起，中国政府对原产于孟加拉国的 97% 税目产品，适

① 艺术中国.《迁徙的现场》登陆第 17 届孟加拉亚洲艺术双年展.［2021-02-25］. http://art.china.cn/haiwai/2016-12/27/content_ 9251477. htm.

用税率为零的特惠税率，两国的贸易额有望大幅增长。

## 【商务往来禁忌】

1. 孟加拉国人大多数信奉伊斯兰教，交往中注意避免触犯相关禁忌。
2. 与孟加拉国商人初次见面要交换名片，名片应用右手递接。
3. 忌讳跷拇指这个手势，孟加拉国人认为这不礼貌。
4. 孟加拉国人时间观念较强，注意准时赴约，不要迟到。
5. 交谈时他们向左摇头表示赞同、尊重或认可，点头则表示不同意。
6. 忌讳数字 13，认为是不吉祥的数字。

# 阿富汗

　　阿富汗人口约 3220 万（2020 年），普什图族占 40%，塔吉克族占 25%，还有哈扎拉、乌孜别克、土库曼等 20 多个少数民族。普什图语和达里语是官方语言，其他语言有乌兹别克语、俾路支语、土耳其语等。逊尼派穆斯林占 86%，什叶派穆斯林占 13%，其他占 1%。阿富汗是多民族国家，伊斯兰教是阿富汗最重要的宗教。95% 以上的居民都信奉伊斯兰教。迄今为止，伊斯兰教在阿富汗的政治、经济、文化和社会生活等方面都发挥着重要作用。历经三十多年战乱，阿富汗经济体系被破坏殆尽，交通、通信、工业、教育和农业基础设施遭到的破坏最为严重，生活物资短缺，曾有 600 多万人沦为难民。2002 年以来，阿富汗国民经济呈现"低水平的快速增长"，经济逐步恢复发展。

　　阿富汗的文化产业主要包括旅游业、报刊通信、广播电视、戏剧电影等传统产业，受邻国的文化影响较大，由于战争的影响，其文化产品中有大量的战争元素。拥有各类报刊 1336 种，主要报纸有《喀布尔时报》《喀布尔周报》《祖国报》《阿尼斯报》等。阿富汗广播电台成立于 1925 年，对外用 9 种语言广播。阿富汗电视台于 1978 年建立，用波斯语、普什图语播音。

## 【文化产业管理】

近年来，阿富汗政治与经济重建工作虽取得了积极进展，但安全局势持续不靖。阿富汗政府对于文化产业的关注与管理较为有限，文化产业仍处于起步期，主要集中于旅游和出版两个领域。1958 年，阿富汗建立了阿富汗旅游组织，它积极发展与国际旅行机构的商业联系和业务往来。为促进旅游业发展，阿里亚娜航空公司也积极拓展航线，不断增加国际航班。巴克塔尔航空公司的建立，一部分原因也是出于促进国内旅游事业的发展。与此同时，私人宾馆以及一些国际大酒店的建立和建设，比如喀布尔洲际酒店，也促进了旅游业的发展。

十九世纪末期，阿富汗有了出版机构和报刊。1923 年宪法明确规定公民有出版书籍和订阅刊物的权利。1924 年，阿富汗通过了出版法，准许私人出版报纸、杂志和开办印刷厂。随后，阿富汗报纸和杂志数量明显增加，喀布尔之外的其他大城市也出现了出版物。1939 年，阿富汗创建了新闻社"巴赫塔尔"，现为国家通讯社。第二次世界大战后，阿富汗政府于 1951 年 1 月颁布新出版法，准许私人出版报纸和杂志。随后，阿富汗出现了大约 10 家报社。不过，许多影响较大的反对派报纸相继遭到政府查禁，不久即停刊。1964 年宪法再次规定出版自由。1965 年 7 月，阿富汗政府再次颁布新的出版法，允许私人出版报纸和杂志，因此在 60 年代涌现了更多的私人办的报纸。阿富汗 2004 年的宪法规定，言论自由不可侵犯，阿富汗每位公民都有印刷和出版的自由。[①]

---

① 列国志数据库. 阿富汗的报纸与通讯社的发展概况. ［2021 - 03 - 04］. https：//www. lieguozhi. com/skwx_lgz/book/init ChapterDetail？ siteId = 45&contentId = 96919&contentType = literature.

## 【优势特色产业】

### 战争旅游业

旅游业是阿富汗的新兴产业，截至 20 世纪 70 年代，旅游业仅得到初步发展。2001 年底阿富汗新政府建立后，旅游业也在积极重建。

战争是阿富汗旅游的最大卖点。战争旅游业是近几年兴起的旅游热潮，阿富汗的风景地貌及古城遗迹堪称一绝，但它们几乎都处在危险的战乱地区。美丽与危险并存，吸引着许多有冒险精神的游客前来参观。他们认为，到冲突地区或非传统旅游景点游览的收获比到一般国家丰富，能够体验到鲜为人知的生活及文化。小说《追风筝的人》在全世界畅销，这给阿富汗带来更大的关注度，侧面上给阿富汗旅游带来了一定的积极影响。如今，战争旅游业是阿富汗非常重要的收入来源，阿富汗政府也在不断完善酒店、交通等基础设施，为旅游业的发展创造良好的发展环境。

### 文博业

阿富汗在曲折、困难中对文化遗产保护工作的努力令人们赞叹。阿富汗地处中亚、南亚和西亚之间的交通要道上，是多元文化的交汇点，在人类文明史上具有特殊的地位。悠久的历史积淀了丰富的历史文化，让当地民众引以为傲。然而，一系列战乱给这些珍贵遗存带来了灭顶之灾。在阿富汗，盗掘和走私文物的现象屡禁不止，很多文物或遭损毁，或流落他乡。阿富汗对文物保护问题十分重视，一方面严厉打击走私行为，一方面呼吁国人主动上缴散落于民间的文物，同时尽力完善各地博物馆的安保措施，取得了一定成效。历经战火的阿富汗，面临着繁重的重建任务，急需增加政府财政收入，即使在这种情况下，阿富汗仍坚持文物保护与铜矿开发并重，甚至为了保护文物做出了经济牺牲。

始建于 1919 年的阿富汗国家博物馆，曾经是世界上藏品最丰富的博物馆之一，保存了大量中亚地区的历史文物。令人痛惜的是，许多珍宝在 30 多年战火纷飞的动荡时期被破坏或丢失，博物馆建筑本身也历尽劫难。阿富汗政府在国际社会的支持下，花重金将博物馆修葺一新，并不断整修幸存的文物。如今，博物馆浴火重生，每天都有许多人前来参观。博物馆还选送文物到欧美巡回展出，让世界了解阿富汗文化。阿富汗国家博物馆门前立着一块石碑，上面写着：只有它的文化活着，这个国家才活着。[①]

## 【产业经典案例】

### 鸡街、 花街商业街

鸡街古玩市场长约 500 米，非常狭窄，有商店 200—300 家，以经营各种古董、珠宝、工艺品为主，是外国人经常光顾的地方。在这里可以买到阿富汗特有的青金石工艺品、皮毛、地毯、各国古董，包括一些中国的瓷器、银圆等。

花街食品饮料市场的布局和规模同鸡街古玩市场差不多，但要冷清一些。这里的商店很像国内的小超市，以食品为主兼营小百货。商品大多来自周边国家。

在鸡街和花街的东北部，目前已有近 10 家电脑配件商店，并有增多的趋势，将来有可能形成电脑一条街。由于品牌电脑价格高，在阿市场不好，这些电脑店一律销售组装机。许多电脑配件，如机箱、键盘、鼠标、扬声器、网卡等来自中国，其他主板、显示器、硬盘、光驱等则来自韩国、日本等国家。同其他进口商品相比，当地电脑零配件价格不算高。组装一台奔 4 – 1.8G、128 兆内存、40G 硬盘、15 寸显示器的电脑，大约要 500 多美元。当然，这样组装起来的机器质量也比较差。[②]

### OMAR 地雷博物馆

OMAR 地雷博物馆位于阿富汗首都喀布尔，它收藏有近几年来使用在阿富

---

① 静水. 阿富汗：文化活着，国家才活着［N］. 中国文化报，2015 年 1 月 26 日.
② 中华人民共和国商务部. 阿富汗对外贸易及中国商品在喀布尔市场情况. ［2021 – 02 – 26］. http：//af. mofcom. gov. cn/aarticle/ztdy/200306/20030600103588. html.

汗的 53 种地雷中的 51 种。藏品中包括使用在 2002 年美国入侵战斗中的未爆炸弹、集束炸弹和空投炸弹。OMAR 代表阿富汗复兴与地雷清除组织。

除了地雷，博物馆还展示了一些近十年使用在阿富汗战争中的其他军用器材，包括火炮、地对空导弹和苏联军用飞机藏品。

在很多旅游网站，地雷博物馆被列为阿富汗十大旅游景点之一。但是因为安全的原因，博物馆不对临时的参观者开放，所有参观申请都必须通过 OMAR 的总部批准。

## 【中阿文化贸易】

2002 年以来，中阿经贸合作发展迅速，在电信、输变电线路、水利建设、道路建设等领域的工程承包合作发展势头良好。中国对阿主要出口食品、纺织服装、机械设备等，自阿主要进口甘草、羊毛、松果等。

阿富汗政府和媒体对与中国媒体合作持开放态度。"一带一路"倡议提出后，作为双边交流的重要组成部分，中阿两国媒体在影视播出以及合拍方面取得了积极进展。2015 年 7 月，中国首部普什图语百集纪录片《你好·中国》登陆阿富汗喀布尔新闻电视台，获得广泛赞誉。2016 年和 2017 年，阿富汗喀布尔新闻电视台与中国国际广播电台普什图语部合作，播出了《阿富汗商人在中国》《中国与阿富汗"一带一路"故事》等多部纪录片，讲述中阿经贸和人文交流的故事。

中国人民对阿富汗文化也非常感兴趣。像阿富汗图书《追风筝的人》中译本自 2006 年引入中国后，如今已过去了十余年。这十多年间，图书市场大浪淘沙，《追风筝的人》却一路高歌猛进，在中国图书畅销排行榜上名列前茅，并受到了大批年轻读者的青睐。2017 年 3 月，北京故宫博物院举办了《浴火重光：来自阿富汗国家博物馆的宝藏》展览，这 231 件阿富汗的珍贵文物来到了中国。然而，原本计划在故宫博物院展毕之后赴美国芝加哥大学展出的这批文物，由于种种原因被临时取消了展览安排。在此情况之下，中国人民对外友好协会积极与相关单位商议，在后续资金尚没有落实的情况下，积极协调日本黄山美术株式会社、阿富汗国家信息文化部、阿富汗国家博物馆、阿富汗驻华使馆、中国驻阿富汗使馆、中国文物交流中心等单位，做出了一个大胆的抉择：让这批文物在中国继续巡展。于是，在大家的共同努力下，展览相继在敦煌、成都、郑州、深圳、长沙、南京顺利展出，观众近 150 万人次。[①]

**【商务往来禁忌】**

1. 阿富汗人普遍信奉伊斯兰教，交往中注意避免触犯相关禁忌。

2. 不要边来回踱步边与阿富汗人说话。

3. 大多数阿富汗人不喜欢数字 13 和 39。

4. 不要与阿富汗人谈论战争、疾病等话题，他们喜欢的话题是生意场上的逸闻趣事，对景点、文化古迹也很感兴趣。

5. 喝茶是阿富汗人的嗜好，待客有三杯茶的礼仪，第一杯解渴，第二杯是表示友好，第三杯是礼仪展现。

# 斯里兰卡

斯里兰卡是南亚次大陆以南，印度洋上的岛国，西北隔保克海峡与印度相望。其人口为 2192 万（2021 年）。僧伽罗族占 74.9%，泰米尔族 15.3%，摩尔族 9.3%，其他 0.5%。僧伽罗语、泰米尔语同为官方语言和全国语言。居民 70.1% 信奉佛教，12.6% 信奉印度教，9.7% 信奉伊斯兰教，7.6% 信奉天主教和基督教。

1983 年斯里兰卡内战爆发，国家安全形势严峻，旅游业发展受阻。2009 年，随着猛虎组织的剿灭，斯里兰卡国内安全形势缓和，政府宣布停止内战，

---

① 周建平.阿富汗国宝在华九百天［N］.海外网，2019 年 12 月 23 日第 11 版.

斯里兰卡经济逐步复苏。旅游业是斯里兰卡经济的重要组成部分，其在国民经济中的占比达到 20% 左右，游客主要来自印度、欧洲、东南亚等国家和地区。

斯里兰卡有报刊 200 余种，4 个报业系统：锡兰联合报业公司，1918 年创办，1973 年由政府接管，《每日新闻》是斯最大的英文日报，《每日太阳报》是最大的僧伽罗文日报；乌帕里集团报业公司，1981 年 11 月创办，主要报刊《岛报》为英、僧伽罗文日报，发行量很大；维贾亚报业公司，1990 年创办，主要报刊有僧伽罗文日报《兰卡之光》和英文报《每日镜报》《星期日时报》；快报报业公司，1930 年创办，私营，出版泰米尔文报刊，《雄狮报》为最大的泰米尔文日报。

## 【文化产业管理】

总统大选和议会选举导致政府部门发生变动，斯里兰卡文化部门一直是斯内阁的组成部门。2019 年斯总统大选后，现任佛教、文化和宗教事务部部长由现任总理马欣达·拉贾帕克萨兼任。政府各部沿袭英式文官体制，文化部部长和副部长均为执政党议员，作为政府代表把握政策。部内日常工作由常秘为首的多级文官负责。文化部下设文化事务局、国家博物馆局、考古局、中央文化基金会、公共演出委员会、国家档案馆、国家艺术委员会等机构。

斯里兰卡政府高度重视文化在国家政治和社会发展中所扮演的角色，充分发挥文化在展现斯里兰卡独特魅力、促进民族和解、实现繁荣发展的重要作用。

斯里兰卡的宪法规定了思想和言论自由，打下了该国新闻自由的基础，但是这些自由又被限制在所谓的国家权利之下。除了宪法以外，报业、广播、电视等行业都有相关法规，对媒体组织的规定是较为严苛的，政府还有一些针对新闻传播业的管制措施。该国广播电视方面的相关法律有 1966 年通过的斯里兰卡广播公司法案和前面提到的 1982 年公共电视公司法案。广播法案第 37 条要求所有的广播节目要保持庄重、正直，不得在宗教信仰和公众情感方面引发骚乱和冲突；主题要保持适当的平衡；坚持高质量的标准；新闻节目要保证准确公正。法案还要求公司按照政府政策行事，公司要贯彻当政部长指出的总体或特定方向；赋予相关政府部门维持广播电视行业秩序，以及对节目进行指导的权利；广播电视公司的董事会及高层管理人员由大众传媒部长任命；在民营资本进入广播领域之后，大众传媒部长有权控制执照的颁发。电视法案在节目要求方面与广播法案相似，此外还赋予公共电视公司在政府指导下监管和控制进出口节目及电视节目光盘制品生产的权利。行业规章方面，1973 年第一届共和党全国州议会制定了斯里兰卡出版委员会规章。规章设定了七个委员负责维持新闻传播行业的秩序，其中六个由政府指定，另外一个是政府信息部总监。①

斯里兰卡独立后，为了发展旅游业，政府在 1948 年重新建立旅游局，更名为"政府旅游局"，起初在商务部下，后来归到国防部下。1995 年建立的卡图纳亚国际机场助推了斯里兰卡旅游业的发展，一些殖民地建筑物成为国际酒店。1960 年，锡兰旅游局和酒店培训学校的建立也是斯里兰卡旅游业发展的重要里程碑。斯里兰卡的旅游业在 1966 年成立了锡兰旅游局后正式制度化，现称斯里兰卡旅游局。②

斯里兰卡非常注重文化创新与中国的经贸往来，积极参加中国组织的进博会，第二届的主题就是"创意之岛"。

## 【优势特色产业】

### 旅游业

斯里兰卡旅游业的开发项目主要是以城市旅游和乡村旅游为主，城市旅游带动了乡村旅游的发展，乡村旅游促进了城市旅游的繁荣，这两种方式紧密结合在一起，形成了一种和谐的城乡旅游体系。斯里兰卡的经济和交通不发达，他们用公路、铁路、水路将文化资源与丰富的乡村旅游目的地连为一体，充分发挥了可利用的交通媒介的作用。恰是这些具有历史感的交通媒介，如殖民时

---

① 陈力丹，刘名美. 从严控到开放的斯里兰卡新闻传播业 [J]. 新闻界，2014 (03)：77－78.
② 徐坤，李剑蓝."马欣达愿景"视角下斯里兰卡旅游发展战略研究 [J]. 旅游论坛，2017，10 (04)：89.

期的铁路与火车，讲述着历史，传递着信息，增加了游客的真实体验，打造了文化体验结合乡村休闲的绿色度假模式。自20世纪60年代起，斯里兰卡旅游业逐步发展。乡村文化反映了乡村的风貌及其历史文化传承与精神创造，也提高了村民们的文化自信，夯实了文化自觉，二者相辅相成。保留特色文化是乡村旅游可持续发展的重要条件，城乡旅游一体化，彼此共同发展，成就了当前斯里兰卡旅游业的发展模式。总体而言，斯里兰卡城乡旅游资源具备以下特点：

第一，特色文化鲜明，具有强烈的文化自觉。乡村旅游是以乡村风光和活动为吸引点，来满足旅游者娱乐、求知和回归自然等方面需求的一种旅游方式，其本质是让游客体验异地乡村文化，获取精神享受，因而特色文化是乡村旅游的灵魂。

第二，发展城乡一体化趋势。斯里兰卡的公路是沿村落而建，所以城乡旅游的分布往往成长条形。以城市为中心，沿着道路辐射到沿路的村庄，继而促进乡村旅游的发展，也促进了城乡一体化的形成。

第三，文化与自然资源的紧密结合，提高城乡旅游体验的真实性。例如，斯里兰卡每年一度的佛牙节是依托非物质文化遗产开展的节庆文化旅游项目，即在每年的艾萨拉月，约在公历7—8月之间的月圆之夜（每年的具体日期都会有一定的变动）会举行佛牙节，由象王驮着装有佛牙的佛龛游街和开展系列仪式。除此之外，斯里兰卡有大量古迹景观，如文化三角、工业时代的茶厂、宝石矿、内战遗址、殖民时期的遗址等，都是依托文化遗产资源开发的文化旅游。

## 【产业经典案例】

### 科伦坡国际书展

科伦坡国际书展由斯里兰卡出版商协会主办，是斯里兰卡最大的书展，也是南亚地区的重要书展之一。

2014年第16届书展，中国为主宾国，共展览了6000多种中国优秀图书，集中反映了中国的文明史、文化史、科技史，以及中斯多层次文化交流的轨迹。活动期间，中国作家阿来、徐则臣等与斯里兰卡作家进行了面对面交流。

2017年第19届的展会，来自中国、美国、英国、日本、印度等国和斯里兰卡本土共计400多家出版商参加，系中国图书第4次参加科伦坡国际书展。

2018年第20届书展，本次"中国图书展"共展出9个类别、500余册精品图书，其中包括《习近平谈治国理政》等展现当代中国发展道路和中国价值观的主题类图书。

2019年，"阅读中国"主题书展在科伦坡国际书展上亮相。中国展台不仅有书籍，还有泥塑十二生肖、木版年画、传统灯笼、中国结等富有中国特色的文化产品。在展会现场，很多热情的观众体验木板年画印制技艺，品味月饼、驴打滚、豌豆黄、麻花等中国特色美食，感受中国文化。

## 【中斯文化贸易】

1957年中斯建交以来，两国各方面的友好关系顺利发展。

相较于其他国家，两国出版业的合作成绩非常抢眼。20世纪50年代，中国唯一从事对外出版与发行的国际书店就与原锡兰共产党所属人民出版社建立了业务合作关系，中国出版的《中国建设》《中国画报》等一些外文书刊开始在斯里兰卡发行。受20世纪60年代中苏关系破裂的影响，锡兰人民出版社曾与国际书店中断了业务关系，但同时一些新发行网却不断发展，如斯中友好协会所属的，由古达瓦达那夫人主持开办的普拉加出版社（后改为黎明出版社），由中国书刊的读者创办而逐步发展起来的维纳斯书店等，成为六七十年代发行中国书刊的主力。从20世纪60年代建立起来的斯里兰卡发行网，一直与中国保持着良好的合作关系，到了中国改革开放之后的1980年3月，还和中国外文出版社合作出版僧伽罗文儿童读物，黎明书店一次性每种包销2万册。21世纪以来，斯里兰卡每年都有出版商参加北京国际书展，中国也每年定期组团参加斯里兰卡的科伦坡国际书展。2019年，中原出版传媒集团分别举行了中原传媒斯里兰卡联合编辑部挂牌仪式、《中国三十大发明》等28种图书版权输出签约仪式，以及涉及少儿和武术等题材的 20 种僧伽罗语版新书发布会等活动。总之，斯里兰卡与中国新闻出版业之间存在着巨大的合作空间，中国新闻出版业完全可以借助"一带一路"倡议实施的契机输出数字化、产业化的经验，提升彼此新闻出版业的合作水平。①

2009 年内战结束后，斯里兰卡经济和旅游业发展迅速，今天已经成为斯里兰卡四大外汇收入来源之一。2003 年，斯正式成为中国公民出国旅游的目的地国，两国旅游主管部门 2005 年签署旅游合作谅解备忘录。斯里兰卡政府为了维持经济的增长，高度重视旅游业的发展，把旅游业打造成斯里兰卡国民经济的龙头产业，且根据市场的风向标把对中国市场的开发摆到头等重要的位置，以期盼全面提升斯里兰卡的旅游发展水平。② 印度是斯里兰卡最大的游客来源国，2017 年中国成为斯里兰卡第二大游客来源国，全年共有 26.8 万人次中国游客赴斯旅游。2019 年 4 月 21 日复活节恐怖袭击沉重打击了该国的旅游业，斯里兰卡政府从 8 月 1 日起免除包括中国在内 40 多个国家的游客入境签证费用，政策有效期为 6 个月。

斯里兰卡是世界上最大的茶叶出口国，锡兰红茶作为世界四大红茶之一（其他三大为中国安徽祁门红茶、印度阿萨姆红茶、印度大吉岭红茶），被誉为"献给世界的礼物"。还有宝石、珠宝、香料作为斯里兰卡标志性的产品，未来在中国市场应该有巨大的机会。

## 【商务往来禁忌】

1. 约 70% 的居民信奉佛教，其他多种教派间冲突较为严重，交往中注意避免触犯宗教禁忌。

2. 在斯里兰卡打招呼的方式为握手或双手合十微笑，但注意不要在双手合十的时候点头。

---

① 佟加蒙，何明星. 斯里兰卡新闻出版业的现状以及与中国的合作空间［J］. 出版发行研究，2016（01）：90 +108.

② 余媛媛，刘启英，秦莹. "一带一路"背景下斯里兰卡城乡旅游发展景观模型探析［J］. 百色学院学报，2019，32（01）：84－85.

3. 斯里兰卡人点头和摇头的含义与中国相反。点头表示不是，摇头表示是。

4. 给斯里兰卡人送礼物不要送花。

5. 在斯里兰卡火是非常神圣的，大部分人喜欢用燃灯的方式来庆祝开业、奠基等。

# 马尔代夫

马尔代夫是印度洋上的一个群岛国家，由 26 组自然环礁（包括珊瑚岛、珊瑚礁及周围浅水海域），共 1192 个珊瑚岛组成，其中 198 个岛屿有人居住，其余为无人岛。其人口为 55.7 万（2021 年 8 月），均为马尔代夫族。民族语言和官方语言为迪维希语。伊斯兰教为国教，属逊尼派。

马尔代夫人口稀少，国内市场小，曾经是世界上最贫困的国家之一。受环境和人口的限制，这个国家的工业和农业都无法发展，各种资源也非常匮乏。但在过去的 20 年当中，得益于旅游业的发展，马尔代夫的经济一直处于迅猛发展的阶段，年均增长率高达 7%，并且是南亚国家当中人均 GDP 最高的国家。因此，马尔代夫的文化产业以旅游产业为主导，同时文博业和展会服务也在旅游业的带动下有了较快发展。传统纸质媒体逐渐退出市场，主要媒体纷纷走网络化发展道路。"马尔代夫之声"电台建于 1962 年，用英文和迪维希语进行全国广播。马尔代夫电视台于 1978 年 3 月建成使用，同年修建了卫星通信站，可通过卫星转播世界各地的节目。

## 【文化产业管理】

旅游业原来由旅游和民航部管理，现在政府设立旅游、艺术与文化部统管旅游、文化、艺术等相应业务。

马尔代夫一直践行绿色旅游理念，采取了许多措施来保护旅游资源：不使用塑料制品，限制工业，使用绿色的发电技术等。1989 年，马尔代夫通过制定法案限制对自然资源的过度开采。2005 年提出要建立一个高标准的环境保护系统，以维持和保护生态环境，保持旅游业的持续增长。同时，马尔代夫还设立了岛屿度假村开发和管理的环保标准，并对从事旅游业的村民进行培训。马尔代夫旅游业的成功，除了优良的旅游资源和环境外，政府政策的支持也起了很大作用。

马尔代夫实行公私共同经营的策略。私营部门的投资和管理集中在度假胜地，同时，公共机构如马尔代夫旅游发展部和马尔代夫高等教育学院的管理集中在硬件和软件基础设施的发展上。实践证明，成立公私共同经营开发系统的行动相当成功。

加强了旅游业与其他产业的联系。旅游产业关联度大，综合性强，涉及面广，包括食、住、行、游、购、娱六要素，这六个要素分别有自身的关联产业。旅游业的发展能直接或间接地带动这些产业的发展。①

2007 年的金融危机对马尔代夫的旅游业造成了不小的影响，致使高中端市场游客大幅减少。2007 年 8 月，马尔代夫发布了第三次旅游权威计划，其目的是促进马尔代夫旅游业的发展，进而带动经济的发展。计划强调了旅游业的可持续发展路线，重视环境保护和社会责任。计划着重强调人与自然的和谐发展，创造更好的就业机会和多样化的市场和服务。此次计划与以前两次计划的不同之处在于，强调其经济发展的责任和旅游业的全球化发展。2008 年，马尔代夫举行大选，新上任的民选纳西德政府采取旅游新战略来促进旅游业的发展，包括对处于发展中的旅游度假岛屿，推迟 12 个月收取租金，向国际金融机构贷款来支持这些岛屿的发展；参加欧洲旅游营销会议，拓展马尔代夫在欧洲的旅游市场；多样化旅游产品，加强中端市场开发；扩充旅游专业人员队伍。②

---

① 李燕，黄正多. 马尔代夫旅游业的发展及其原因 [J]. 南亚研究季刊，2009（04）：69 - 70.
② 蒋茂霞. 云南与斯里兰卡、马尔代夫开展旅游合作的障碍及前景 [J]. 保山学院学报，2011，30（03）：84.

## 【优势特色产业】

### 海洋旅游

马尔代夫是位于印度洋阿拉伯海上的一个群岛国家，它由两串南北朝向的26组自然环礁组成，首都马累位于印度和斯里兰卡的西南方向，与印属米尼科伊岛相隔600公里，与斯里兰卡相隔750公里。自1972年马尔代夫第一座度假村落成，马尔代夫的旅游业开始蓬勃发展。优越的地理条件对于发展旅游业无疑是一个巨大的优势。现在，马尔代夫已经成了"印度洋最佳旅游胜地"，被称作漂浮在"印度洋上的花环"。旅游业也已经与渔业、船运业一起成了马尔代夫的三大支柱产业。[①]

对接国际市场需求，定制旅游与高端旅游逐步兴起，马尔代夫旅游业的住宿方式主要有度假村、酒店、民居和观光游轮四类。其中度假村是马尔代夫旅游业中最大的吸引点，超过80%的游客在马尔代夫旅游时选择入住度假村，这得益于马尔代夫实施的一岛一村开发模式。

马尔代夫拥有丰富的海洋资源，有各种热带鱼类、龟类、珊瑚、贝壳等海洋生物。马尔代夫的资源特色很鲜明，有人曾这样形容：99%晶莹剔透的海水＋1%纯净洁白的沙滩＝100%的马尔代夫。也有人形容马尔代夫是上帝抖落的一串珍珠，拥有白色沙滩的海岛就像一粒粒的珍珠，而珍珠旁的海水就像一片片美玉。每一座岛屿被开发成了不同风格的度假旅馆，风情各异。2006年世界旅游大奖会上，马尔代夫获得"印度洋最佳旅游地"的称号。2007年马尔代夫获得"全球最浪漫的游览地"的荣誉称号。

马尔代夫在其旅游资源的基础上开发了时尚且参与性强的活动。水上活动主要有水上摩托车、香蕉船、冲浪、拖曳伞、风浪板、轻艇等。马尔代夫还是潜水爱好者的天堂，它以其优美的自然环境和良好的水下能见度成为全球三大潜水胜地之一，并在2006年世界旅游大奖会上，被授予"世界最佳潜水地"

---

①　李燕，黄正多.马尔代夫旅游业的发展及其原因［J］.南亚研究季刊，2009（04）：65.

称号。此外，马尔代夫还是钓友的乐土。①

**【产业经典案例】**

### 新颖印刷和出版公司

新颖印刷和出版公司原名为新颖印刷厂，成立于 1965 年，坐落在马累，是马尔代夫最老的印刷企业。它以 1 台租借的 Gestetner264 型誊印机和 1 台锁线装订机起步，裁切采用普通刀片人工进行。至 1971 年达到一个令人满意的水平。1975 年获赠 1 台凸印机和压凸印机，新颖公司由此获得了现代印刷方式。

1977 年，《月光》周报印刷厂引进了马尔代夫的第 1 台胶印机。在印刷了近两年的报纸后，这台机器被转给了新颖公司，这是新颖公司印刷技术进步的新开端。至 1988 年，新颖公司提供的服务已包括：覆膜、压凸、排版、烫金和彩色印刷。使用的机器包括：双色胶印机、装订机、折页机、凸版印刷机和锁线机。

现在，新颖公司已发展成马尔代夫最著名的印刷出版企业，能为用户提供一整套的图像文字印刷服务，包括设计、分色、胶印、装订及印后整饰。从带有压凸印的名片到四色工艺印制的画报出版物、图书、杂志和数码摄影图片。其标志性的产品是艺术明信片、马尔代夫天然美景的全彩色画册，其中最出色的是 Adrian Neville 的《马尔代夫的度假胜地》一书，体现了该公司最好的印刷水平。目前，新颖公司也已成为马尔代夫最主要的出版商，该国的图书出版物大多经由新颖公司出版印刷。例如马尔代夫政府主持翻译出版，面向全国大量发行的迪维希文版《圣经》，以及《马尔代夫电话号簿》和《马尔代夫黄页》等。

**【中马文化贸易】**

中马自 1972 年正式建交以来，双边关系发展和谐，在经济、政治等方面

---

① 李燕，黄正多．马尔代夫旅游业的发展及其原因［J］．南亚研究季刊，2009（04）：68．

有着较为深入的合作。

中国是马尔代夫旅游的最大市场国。2010 年赴马中国游客接近 12 万人次，占马接待的外国游客总数的 15%，中国首次成为马尔代夫最大客源国，之后一直保持这一名次，占比不断提高，接近四分之一。

2014 年习近平主席对马尔代夫进行国事访问，表示支持中国企业参与马方经济发展计划和青年城等项目的建设，投资马尔代夫旅游服务业，鼓励更多中国公民来马旅游。2016 年中马贸易和文化协会在马尔代夫首都马累成立。2017 年 12 月 7 日，两国政府签署《中华人民共和国政府和马尔代夫共和国政府自由贸易协定》。2020 年马尔代夫国家航空公司获批在西咸新区空港新城正式成立马尔代夫西安办事处，这是马尔代夫国家航空公司在中国设立的首家办事处，必将进一步扩大两国的文化经贸合作。

马尔代夫驻华大使艾莎特·阿兹玛 2020 年 11 月接受《人民日报》（海外版）采访时表示，马尔代夫高度重视发展对华关系，中国过去、现在、将来都是马尔代夫重要的政治、经济伙伴。

## 【商务往来禁忌】

1. 伊斯兰教为国教，交往中避免触犯相关禁忌。

2. 祈祷在马尔代夫人的生活中占很重要的地位，超过工作和娱乐。一天五次祈祷，每到礼拜时间，当地电视频道停止播放节目，公司电脑屏幕全部转换成清真寺，唱经楼上会响起呼唤祈祷的声音，商店、政府部门关门 15—30 分钟。在祈祷时间尽量不要叨扰当地人，特别是准备祈祷的人。遇到在地上铺小毯子祈祷的穆斯林，不要从毯子前边走过，尽量绕行不注视。

3. 在马尔代夫，高声讲话、指手画脚、跷二郎腿都被认为是不礼貌的举动。在招呼人时忌讳随便用手，尤其是食指。

4. 星期五的伊斯兰教安息日是法定假日，商店、学校和公共场所都会在这天关门歇业，避免在这天安排商务事宜。

5. 在街上行走时要特别注意避开当街排列的祭祀用品，千万不可踩踏。

# 尼泊尔

尼泊尔，南亚内陆山国，位于喜马拉雅山南麓，北邻中国，其余三面与印度接壤。其人口约3000万（2020年）。尼泊尔语为国语，系多民族、多宗教、多种姓、多语言国家。86.2%的居民信奉印度教，7.8%信奉佛教，3.8%信奉伊斯兰教，2.2%信奉其他宗教。

尼泊尔经济落后，为世界上最不发达国家之一。20世纪90年代初，开始实行以市场为导向的自由经济政策。但由于政局多变和基础设施薄弱，收效不彰。发展旅游业是尼泊尔当下营收与发展的主要手段，独具特色的山地旅游被越来越多的人喜欢，手工艺产品也是重要的出口产品之一。

尼泊尔注册发行的报刊约6000余种，尼泊尔语报刊占90%以上，其次是英语、印地语。发行量最大的两种日报均为官方报纸，《廓尔喀报》，尼泊尔语，1902年创刊；《新兴尼泊尔报》，英语，1965年创刊。此外还有《加德满都邮报》《喜马拉雅时报》《共和报》《康提普尔》等多种日报。

## 【文化产业管理】

尼泊尔设文化旅游部，负责管理文化及旅游相关事宜。尼泊尔是税收相对较低的国家，税种大致分为收入所得税、关税、消费及生产间接税等，并且与印度、挪威、泰国、奥地利、巴基斯坦和中国签订了避免双重征税协定。鼓励外资投资工业，但是文化投资政策较为保守，不允许外资涉足电影业（尼泊尔语）、家庭手工业、旅行社、咨询服务等产业。

## 【优势特色产业】

### 山地旅游

在尼泊尔各经济部门中，旅游业是一个有着相对优势的部门。2017 年旅游业已为尼泊尔贡献了 29% 的国内生产总值，提供了 50 万直接就业岗位。2018 年尼泊尔接待的外国游客首次突破 100 万人次。尼泊尔正计划开发多元化旅游，其中山地旅游是其一大特色。

尼泊尔是位于喜马拉雅山脉中段南麓的内陆国家，地形复杂，境内多高峰，有"山国"之称。安纳布尔纳山脉位于尼泊尔西部，因其壮丽的自然景观、简单朴实的人文建筑、原汁原味的山地景观吸引了世人的关注。2019 年 5 月 29 日，"国际山地旅游日"在尼泊尔首都加德满都正式启动。被誉为"徒步者天堂"的尼泊尔，拥有荣登"世界十大徒步路线"榜首的安纳布尔纳大环线徒步线路。境内有 200 多座 6000 米到 8000 米的高山，是登山爱好者的向往之地，每年约有 7 万多名生态旅游者到此旅游。在尼泊尔国家公园，最受欢迎的旅游形式是徒步旅行，有多条徒步旅行线路供大家选择，而且是当地居民长年累月行走，自然形成的小路，既减少了对自然的破坏，又节约了投资费用。[①]

### 手工艺

尼泊尔手工艺品联合会的数据显示，在 2012—2013 财年，尼泊尔的手工艺品出口额达到 43.6 亿卢比，同比增长了 6%。2011—2012 财年的出口额为 41.1 亿卢比，并且在尼泊尔的总出口当中，大约有 46% 的产品是手工艺品项目。[②] 金铜工艺一直是尼泊尔的强项，在帕坦，这一点尤为明显。

尼泊尔的廓尔喀弯刀也是游客十分喜爱的一种工艺品。廓尔喀弯刀本名叫

---

[①] 腾讯新闻. 山地旅游: 国外经典案例. [2021 - 03 - 07]. https: //xw. qq. com/cmsid/20200518A07BMK00.
[②] 中商情报网. 手工艺品项目出口占尼泊尔总出口 46%. [2021 - 03 - 08]. http: //www. askci. com/news/201312/04/041524231952. shtml.

"库克锐"，本来是尼泊尔山民用于打猎、砍柴、割草的工具。在战争年代，弯刀充分发挥了它的用处，现在不仅仅是尼泊尔的国刀，也是廓尔喀士兵的荣誉象征。廓尔喀弯刀也为广大游客钟爱，但因刀具管制规定以及运输问题，廓尔喀弯刀在旅游商品中并不好售卖。

## 【产业经典案例】

### 尼泊尔国际大象节

尼泊尔国际大象节是每年12月26日尼泊尔南部奇特旺地区为大象举行的一年一度的国际传统节日。该节日旨在推广当地旅游业并增强人们对野生动物的保护意识。从奇特旺国家公园的东部开始，浩浩荡荡的大象队伍，一路摇摆一路舞蹈。大象节有很多丰富的节目，其中包括大象快步走比赛、大象足球赛、大象绘画、谁是吃货大比拼等，大象选美也是必不可少的项目。大象身上也全是装饰、彩绘。

之前，大象节一直被认为是人与动物和谐相处、互惠互利的节日，但是PETA曝光大象节背后的虐象问题后，多家企业终止了与大象节的合作关系。

### 尼泊尔神牛节

"神牛节"是尼泊尔最为著名的节日之一，尼泊尔神牛节又名盖·加特拉节，一般是从尼泊尔年历的8月，即中国的5月开始，要持续8天。节日期间，人们赶着牛在街上列队行进，击鼓奏乐，歌舞狂欢。随着时代的发展，节庆的时间和内容有了变化，但上街游行还是要照例进行的。

至今约有800百年历史的巴德冈，10余万居民，有98%是尼瓦尔人，所有的游行队伍都必须从广场边的王宫前经过。根据传说，古老的马拉王朝的国王们，会在这里通过清点游行队伍，算出每年的死亡人数。如今，这里的宫殿、庭院、寺庙中处处人头攒动，男女老少都在这里尽情狂欢，让人们感受到这个古老国度的"活着的古城"的气氛。

神牛节时，尼瓦尔族的姑娘们身着节日的盛装，表演传统的"击棍舞"。

有人带着色彩丰富的滑稽面具,更有一些男人穿上女人衣服、戴上长长的假发,像"疯婆子"一样在广场上手舞足蹈,吸引游人的注意。一些外国游客也被吸引,加入了游行和跳舞的队伍中。

## 【中尼文化贸易】

中尼两国自建交以来一直保持着良好的关系,两国在经济、技术、文化等领域的交往和合作不断深化和扩大。中国已成为尼泊尔最大的投资来源国和第二大贸易伙伴,现在有很多中国企业在尼泊尔投资兴业。目前尼泊尔政治稳定,奥利总理领导的政府以经济发展为重心,采取一系列措施为国外投资者提供便利,尼泊尔希望未来有更多的中国公司前去投资。2019 年,中尼贸易额15.2 亿美元,同比增长37.9%。其中,中国对尼出口14.8 亿美元,同比增长37.6%;自尼进口0.34 亿美元,同比增长52.4%。2019 年,中国企业对尼投资9869 万美元,同比增长96.1%。

2017 年,在中国与尼泊尔的服务贸易分布中,占比最大的产业为旅游业,占全年服务贸易的41%,而贸易差额相对较小,仅有135.8 万美元顺差,差额是运输服务贸易的十分之一,中尼两国在旅游业拥有良好而广阔的产业合作前景。

近年来,中国川藏两地在与尼泊尔的文化贸易中表现活跃。之前尼泊尔虽然有80 多个有线电视台,但播出的中国内容很少。四川康巴藏语卫视频道2018 年11 月28 日在尼泊尔首都加德满都与多家当地电视台签约,以深化两国人文交流,增进尼泊尔民众对中国的了解。2019 年5 月31 日,"中国西藏特色文化产业之窗"落户尼泊尔,集中展示了西藏香水、藏香、陶瓷唐卡等西藏特色文化产品。这些合作是中尼文化交流的重要成果,也是"一带一路"倡议下促进两国文化产业共同发展的具体措施。2019 年,中国西藏对尼泊尔进出口总值达31.65 亿人民币,同比增长26.7%,尼泊尔依然是西藏第一大贸易伙伴和最大的出口市场。自尼泊尔进口的商品主要包括铜质雕塑像、铜质装饰品、纺织物等传统手工艺品和边民互市商品。

**【商务往来禁忌】**

1. 请按顺时针方向参观寺庙，参观时勿触摸寺庙内的任何供品及前往神龛的信徒。

2. 极其尊崇黄牛，到当地餐厅尽量避免吃牛肉或使用牛皮制品。

3. 尼泊尔人表示同意的姿势是将头从左上向右下摆动，注意准确理解他们的意思。

4. 在尼泊尔，头被认为是非常高贵且神圣的，所以不要去摸小孩的头。

5. 在尼泊尔，火是非常神圣的，所以不要将垃圾丢进火中。


# 不　丹


不丹，位于喜马拉雅山脉东段南坡，其东、北、西三面与中国接壤，南部与印度交界，为内陆国。其人口为 74.9 万人（2020 年）。人口增长率约为 0.97%。不丹族约占总人口的 50%，尼泊尔族约占 35%。不丹语"宗卡"为官方语言。藏传佛教（噶举派）为国教，尼泊尔族居民信奉印度教。

农业是不丹的支柱产业，旅游业是不丹外汇的重要来源之一，1974 年开始对外开放旅游业，但控制较严，一般只接受团体旅游。射箭和摔跤为不丹传统民族体育项目。

不丹人口居住得比较分散，加之识字率不高，人们主要依靠广播电台获取信息。1973 年，成立了不丹广播公司，用不丹语、英语、尼泊尔语等广播。1999 年，不丹广播公司开通电视服务。《昆色尔》为不丹国家报纸，并在互联网上更新。2006 年，私人报纸《不丹时报》和《不丹观察家报》开始发行。另有《德鲁克·洛塞尔》季刊，用宗卡、英语和尼泊尔语出版。

## 【文化产业管理】

不丹政府制定国家发展计划,主要目标是实现社会经济自给自足、包容、绿色发展,因此极其重视环保,并不以经济发展为最高追求。自 1987 年 7 月起,寺院、宗教圣地不再对外开放。

不丹对旅游业采取的是政府主导,国有、私有企业共同参与管理的模式。政府的作用是很重要的,管理非常严格。政府为不丹旅游套餐限定了最低价格,并且,游客须在抵达不丹前以美元为单位缴清所有费用,以此确保不丹旅游产业的高品质和合理规模,确保旅游业私营部门经营活动合法合规,实现可持续发展。国家旅游局负责制定旅游业政策、对旅游经营者进行管理、旅游区管理、入境游客签证发放、入境人数控制和对旅游资源的规划开发等工作。不丹旅游运营商协会,是一个旅游经营者自我控制和自我调节的合作机制,成立于 1999 年 12 月。其总体目标是召集所有私营部门参与旅游业的运营,建立一个使旅游业和旅游部门之间的合作更密切和有效的渠道。旅游发展基金于 1999 年成立,旅游经营者收取每名旅客 10 美元,基金将用于旅游基础设施的维护和开发新的旅游产品。不丹旅游发展委员会由 12 名来自政府机构和私营部门的成员组成,具有以下功能:作为最高机构监督所有与旅游有关的事项;提供咨询和指导旅游部履行其职能;与不丹旅游经营者协会和其他有关机构协商,批准旅游部制定的计划和方案;批准旅游业发展计划和方案年度预算、分配旅游发展基金;作为政府和私营部门的介质,处理旅游产业的各类问题。①

2008 年 7 月 18 日,不丹首部宪法正式颁布,宪法赋予国民言论自由和信息传播方面更多的权利,各种私人媒体在不丹崭露头角,但因为受到政府的严格管控以及资金等方面的影响,媒体行业在不丹没能顺利发展,只能在摸索中前行。1989 年,不丹政府推行复兴传统文化运动,统一民族服饰、语言和信仰,明令禁止观看印度电视节目,1999 年,不丹政府解除了对网络和电视的

---

① 李宁. 试析不丹旅游产业的成就与问题 [J]. 陕西行政学院学报,2014,28(01):99-100.

禁令。①

## 【优势特色产业】

### 民族特色旅游

每年 3 月至 6 月、9 月至 12 月是旅游旺季，游客主要来自日本、美国和中国等地。2012 年，入境游客 105407 人次，同比增长 64.62%。近年来，随着不丹航空线路与公路网络的形成，旅游基础设施的不断完善和政府的大力投入，不丹旅游业也取得了进一步的发展，旅游产业呈现出良好的发展局面和趋势，对不丹经济做出了巨大贡献，成为不丹国民经济第三产业的龙头产业，显示出其作为不丹国民经济新的增长点的生机和活力。②

不丹的旅游资源就其本身而言，具有极为明显的宗教特色、民族特色以及深厚的历史、艺术特色。

宗教特色。由于不丹人普遍信教，所以宗教对不丹人的政治和生活有较大影响，风俗习惯常常带有浓厚的宗教色彩。藏传佛教文化对不丹社会经济生活的影响是巨大的，这里大量的宗教建筑和其中蕴含的宗教内容与氛围，结合周围的自然景观及其他类型的人文景观，构成了或独立或综合的不丹旅游景观。

民族特色。不丹民族有着独特的生活环境和文化气质，也有着不丹民族自己的生活方式、生产方式以及审美标准，产生了具有不丹民族特点的物质文明和精神文明。当这些带有不丹民族风格的物质文明和精神文明成为旅游资源时，必然带有民族性。比如手工制品，不丹的木碗、木摆、木制容器的材料都是杜鹃木和月桂木等珍贵木材，由不丹民族的工匠用踏板车床制作而成，极具不丹民族特色。手工木器是与不丹人的生活关系极为密切的物质形式，富有民族特色，反映了不丹民族的生活方式和民俗特点。

历史特色。在漫长的发展历程中，不丹人通过自身的努力，适应、顺应和改造所生存的自然环境和自然资源，创造了丰富的历史文化成果，以建筑等形

① 白维栋，胡虎. 不丹王国蹒跚前行的新闻传播业 [J]. 新闻传播，2018（07）：44 – 47.
② 李宁. 试析不丹旅游产业的成就与问题 [J]. 陕西行政学院学报，2014，28（01）：96 – 97.

式保存和记录了不丹人的历史发展状况。无论是不丹国家博物馆、虎穴寺之类的古代建筑和历史遗迹，还是不丹人传统的民俗生活和身边的田园风光，都是在漫长的历史条件下逐步形成的，不可能脱离历史而存在。特定历史时期的生产力水平和审美特色造就了不丹独特的旅游文化资源。

艺术特色。不丹旅游资源具有鲜明的不丹艺术特征，很多人文旅游资源本身就是精美的艺术品。比如木雕、壁画等，都具有极高的艺术价值。而在实用性建筑领域，也具备艺术性，如古代建筑帕罗宗被改造为不丹国家博物馆。不丹的寺庙、城堡是为了某些特定的实用或宗教或军事或政治目的而设计建造的，这些历史遗迹最终成了宝贵的艺术作品。

## 【产业经典案例】

### 幸福教育

不丹以"国民幸福总值"为核心的另类发展模式吸引了很多人，"幸福指数"成为热词。"幸福教育"始于 1974 年"国民幸福产值"政策的提出，而制度化、系统化地实施则始于 2010 年"为了幸福的教育"政策的出台。在政策形成之前的 2009 年，不丹教育界人士对过去的幸福教育措施进行了大讨论，并在全国范围内进行实地调研考察，形成了调查报告。在这份文件里，基于过去的实践，不丹提出了在教育系统内应推行与强化的两大改变：其一是要在学校教育的所有课程当中加入与"幸福教育"有关的内容，其二是推广"绿色不丹"计划。不丹政府还强调，各级各类学校应当争相创建"国民幸福学校"，并提出了此类学校在领导与管理、绿色学校建设、课程建设、连贯且全面的学生评估、课程组建设与全面发展、学校—社区关系等六大领域的 97 个具体观测点。在一系列政策框架确定以后，相应的措施自上而下地在不丹全国教育系统内推广开来，总结起来可分为加强课程建设、开展教师教育、构建校园文化、推广绿色教育等四大方面。[1]

---

[1] 陈恒敏. 不丹"幸福教育"：缘起、举措与主要特征 [J]. 南亚研究季刊, 2019 (02)：74 – 82 + 6.

## 【中不文化贸易】

不丹是世界上为数不多尚未和中国建交的国家之一，其对外贸易主要在南盟成员间进行，印度是其最大贸易伙伴。2016—2017 财年，不丹进口额为669.96 亿努，出口额为 372.97 亿努。不丹对印进、出口额分别占总进、出口额的 80.56% 和 84.8% 。其他主要贸易伙伴有中国、韩国、泰国、新加坡、日本等。和中国的文化贸易产品非常少，没有在中国建立大使馆，不能办理签证，前往旅行非常不方便。目前与中国的文化往来主要还是以交流为主，如宗教高僧互访、中国艺术团体出访等。

## 【商务往来禁忌】

1. 不丹全国禁烟，严禁带烟草入境，更不能在当地抽烟。
2. 接受不丹人赠送的礼物不得当面拆开，且须回礼。
3. 对不丹人表示拒绝需要委婉一些，少说"不"字。
4. 不丹人用餐期间一般不说话，餐后不得长久逗留。
5. 在不丹如果购买没有经过政府允许买卖的文物，是违法的。

# 第四篇

# 西亚沿线

# 伊 朗

伊朗伊斯兰共和国，简称伊朗，位于亚洲西南部，同土库曼斯坦、阿塞拜疆、亚美尼亚、土耳其、伊拉克、巴基斯坦和阿富汗相邻，南濒波斯湾和阿曼湾，北隔里海与俄罗斯和哈萨克斯坦相望，素有"欧亚陆桥"和"东西方空中走廊"之称。其人口数为 8165 万（2021 年 8 月），波斯人占 66%，阿塞拜疆人占 25%，库尔德人占 5%，其余为阿拉伯人、土库曼人等。官方语言为波斯语。伊斯兰教为国教，98.8% 的居民信奉伊斯兰教，其中 91% 为什叶派，7.8% 为逊尼派。首都德黑兰。

伊朗有数千年的文明史，自然和古代文明遗产丰富。石油产业是伊朗经济支柱和外汇收入的主要来源之一，石油收入占伊朗外汇总收入的一半以上。近年，伊朗经济总体保持低速增长。相对传统的文化产业，如电影、出版、手工艺等发展相对成熟。基于数字技术和互联网技术的电子商务、移动游戏等新兴业态也有了极大进展，造就了一批本土科技企业巨头，如电子商务 Digikala、出行应用 Snapp、视频应用 Aparat、应用商店 Cafe Bazaar、分类广告 Divar、招聘网站 IranTalent 等。

旅游业本来是伊朗的优势产业，伊斯兰革命前，每年都有数百万人到伊朗旅游。两伊战争后，旅游业遭到了极大破坏。1979—1994 年，到伊朗旅游人数年均不足 10 万。从 1991 年起，政府开始致力于发展旅游业，旅游业逐渐复苏。伊朗全国有各类旅游组织、旅行社约 3000 个。德黑兰、伊斯法罕、设拉子、亚兹德、克尔曼、马什哈德是伊朗主要的旅游地区。与其丰富的旅游资源相比，伊朗旅游业仍处于初步发展阶段，具有很大的发展潜力。

目前，伊约有报刊 1700 余种，大部分在德黑兰出版。主要报纸有：《伊朗报》《消息报》《世界报》《市民报》《东方报》《太阳报》和英文版的《德黑兰时报》《伊朗新闻报》《伊朗日报》（国际版）。《世界报》在伊朗影响力很大，其最大特点是直接接受最高领袖府监督，被称为"伊朗最保守的报纸"。《伊朗报》是由伊朗伊斯兰通讯社出版的官方报纸，被认为是代表政府官方声音的媒体。《信使报》与伊朗独有的巴扎商人阶层有很深的联系，主要读者是保守派和宗教人士。①

## 【文化产业管理】

伊朗设文化与伊斯兰指导部主管伊朗国内文化艺术和对外宣传交流工作，国家声像组织负责管理广播和电视业。另外伊朗文化遗产、手工艺和旅游组织也是涉及文化产业的重要管理机构，近年来在伊朗的文化外交中非常活跃。

1979 年，霍梅尼领导伊朗伊斯兰革命推翻伊朗巴列维王朝后，建立了一个政教合一的伊斯兰共和国。由于伊斯兰革命及随后爆发的两伊战争，伊朗媒体受到了政府的严厉管控和大规模整肃。直到 1997 年，改革派的哈塔米当选总统后，伊朗媒体受到的管控才有所放松。根据伊朗宪法规定，政府有责任正确地利用新闻和群众团体的报刊等工具在各方面提高公民的觉悟水平。所以，伊朗大部分的媒体都是"国营"的，而少数"非国营"的媒体也都由一些机构或协会举办，并受到政府的监管，也就是所谓的"半官方"性质。

总体文化政策比较保守严格。以电影为例，伊朗电影最近几年不断在国际电影节上获奖，电影产业有所发展，但是伊朗的电影电视审查制度还是相当严格。该审查制度为电影电视制定了种种规则。1983 年伊朗神职人员中的改革派代表人物哈塔米出任文化和伊斯兰指导部部长后，采取了一系列放宽伊朗文化艺术方面限制的措施，特别是加强了对伊朗电影业的扶持措施。1997 年哈塔米当选伊朗总统后，进一步放宽了对影片的审查制度。上述一系列改革措施，促进了伊朗电影业的发展，年产各类影片可达 50 部左右。但电影业的发展仍不容乐观，因为遭受着来自伊斯兰政权中保守派的严厉抨击，也不时发生

---

① 易歆. 伊朗新闻环境及主要媒体概述［J］. 西部广播电视，2016（16）：77–78.

禁映令的事件，甚至遭到保守分子的围攻和打击。①

## 【优势特色产业】

### 电影业

伊朗电影已有近百年的历史。在 20 世纪初，伊朗只有放映外国影片的简陋的放映点。二战后，伊朗的电影业得到一定程度的发展，但仍没有摆脱宗教和传统观念的束缚，总体上比较消沉。

60 年代巴列维国王积极推行现代化计划，加上伊朗石油收入大幅度增加，曾促使电影业得到发展，国产片的生产有所扩大，言情片的数量增多，甚至出现了某些性感的镜头，向伊斯兰教规和民族传统观念发出了挑战。当时伊朗电影业的规模还很小，影片的质量也还很低，影院里仍充斥着西方影片，尤其是美国好莱坞的影片。这些影片里的色情、恐怖和暴力镜头，遭到了伊斯兰教神职人士和虔诚的穆斯林的强烈反对，甚至出现了捣毁影院的暴力行动。这也迫使本国影片的制作者在选择题材和表演形式上更为谨慎。

进入 70 年代，伊朗的电影业发生了新的变化，在国外受教育的一批年轻导演决心改变本国电影业的恶劣状况。他们于 1974 年成立了新电影小组，试图为伊朗的电影业打开新的局面，制作出具有艺术性、思想性和民族性的反映社会现实的影片，在电影界刮起了一股"电影新浪潮"的春风。其中的代表作品有达鲁·梅赫朱依执导的《奶牛》、巴赫拉姆的《一个叫巴书的陌生人》、帕尔维兹·沙亚德的《任务》等。

伊斯兰革命胜利后，由于宗教领袖霍梅尼在文教领域大力推行伊斯兰化，伊朗电影业又无奈地陷于瘫痪的境地。1983 年伊朗神职人员中的改革派代表人物哈塔米出任文化和伊斯兰指导部部长后，加强了对伊朗电影业的扶持。

20 世纪 90 年代后期，伊朗电影业出现了意想不到的新气象，伊朗影片在国际影坛崛起，使伊朗的电影从封闭的噩梦中走了出来。2000 年伊朗电影业

---

① 列国志数据库. 伊朗的电影事业发展概况.［2021－03－02］. https：//www. lieguozhi. com/skwx_ lgz/book/initChapterDetail? siteId＝45&contentId＝659742&contentType＝literature.

获得大丰收，不仅获得包括威尼斯电影节金狮奖在内的十多个国际电影节奖项，而且走入了艺术电影的神圣殿堂。伊朗影片频频在国际电影节上获奖，引起了世人的瞩目。

总之，近年来，伊朗电影业有了较大的发展。1979 年生产影片 25 部，在国际电影节获奖 3 项；1997 年生产影片 54 部，在国际电影节获奖 43 项；1979—1997 年共生产影片 763 部，其中 276 部在国际电影节获奖；1997—2000 年有 14 部影片在各种国际电影节上获奖。① 著名的导演有阿巴斯·基亚罗斯塔米、马基德·马基迪、贾法·帕纳西、阿斯哈·法哈迪等。

## 手工艺业

在伊朗长达几千年的历史中，手工艺品堪称其文化长河中的瑰宝，并且借助文化的交流和融合，伊朗手工艺品深深影响着世界上其他国家的制作工艺，生产形式主要是家庭作坊。

在伊朗的巴扎可以找到很多手工印染的桌布、餐垫、沙发布和披肩等。手工艺人在一块白布上用木制的印模，根据图案一层一层上色，每次印制都需要对准位置。

波斯风格的玻璃制品通常是绿色、天青色、浅蓝色或透明略带黄色，并在玻璃上雕刻出花纹。这种艺术在塞尔柱时代达到巅峰，上釉和镀金的玻璃工艺在当时十分发达。萨法维时代的设拉子是重要的玻璃生产中心，玫瑰香水瓶、长颈酒瓶、花瓶和碗碟特别受欢迎。除此之外，还有漆器、金丝刺绣、珐琅艺术等。

## 出版业

首都德黑兰是伊朗的出版中心，全国主要的出版、印刷、发行等公司或机构以及出版专业人员大多集中在这里。伊朗共有 5160 家出版社，其中 3185 家

---

① 列国志数据库. 伊朗的电影事业发展概况. ［2021 - 03 - 02］. https：//www. lieguozhi. com/skwx_ lgz/book/initChapterDetail？siteId = 45&contentId = 659742&contentType = literature.

分布在德黑兰，其余 1975 家分布在其他大城市。伊斯兰革命以来的三十多年间，伊朗出版了近百万种图书，每天大约发布 350 种新书信息，每月出版 5000 多种图书。此外，伊朗全国还有 155 家电子书出版机构，大多分布于德黑兰，最活跃的电子书出版社有 30 家。全国从事出版装帧设计的平面设计师有 352 人，从事出版的专业摄影师有 183 人，这些专业技术人员也大多分布于德黑兰。图书发行和销售方面，伊朗共有 126 家图书批发中心，94 家在德黑兰。共有 3300 家书店，其中 825 家分布在德黑兰。印刷方面，伊朗全国有 570 家印刷公司，250 家在德黑兰。全国有装订企业 171 家，其中 107 个在德黑兰。全国有 241 家纸业公司，绝大多数分布在德黑兰。印刷协会在伊朗出版业中亦扮演着重要角色。

伊朗最受读者欢迎的图书是教育类和故事类图书，电子书在伊朗也非常受欢迎。电子书的普及率很高，尤其受到年轻人的喜欢。

伊朗的出版行业组织或协会众多。全国 51 个被认可的出版行业组织和协会中，14 个设在首都德黑兰。"伊朗文化展览学会"是伊朗最主要的出版行业组织。学会成立于 1992 年，受伊朗文化部的委托，过去 20 年来，学会举办了一系列文化活动，最重要的是每年一届的"德黑兰国际图书博览会"。[①]

**【产业经典案例】**

## 德黑兰国际图书博览会

"德黑兰国际图书博览会"是伊朗规模和影响最大的图书展览活动。1988 年举办首届博览会，之后每年举办一届。这是伊朗最重要的文化活动，也是中东和亚洲重要的图书博览会之一。每届博览会平均有两千多个国内参展商，一百多个国外参展商参加。博览会期间还举办各类图书发布会和作家面对面等文化活动。2017 年 5 月的第 30 届德黑兰国际图书博览会共有来自 29 个国家的参展商参加，有 300 多万人参观，展出外国图书 19 万余种，国内图书 23 万余

① 王立平. "一带一路"视域下的伊朗出版业［J］. 出版参考，2019（02）：24 - 26.

种。2019 年第 32 届书展中国是主宾国，我国相关单位精心准备了 4000 多种 15000 册中国精品图书参展，还举办中国好书推介会、故事演讲会、中国原创插画展、中国出版印刷展等丰富多彩的出版交流活动和文化展览。本届会展为期 11 天，吸引了伊朗国内 2400 家书商以及 800 家其他国家和地区的展商，展出各类图书达 44 万册。

## 曙光旬国际电影节

曙光旬电影节于 1982 年创立，由伊朗文化和伊斯兰指导部负责监督指导，最初每年 2 月举行。从 2015 年开始，电影节包括 2 月份举办的国内电影节和 4 月份举行的国际电影节，是伊朗最重要也是规模最大的电影节。

2019 年 4 月 18 日，第 37 届伊朗曙光旬国际电影节在德黑兰开幕。中国知名导演王小帅成为本届电影节 22 位主评委之一，担任国际竞赛单元的主评委。《红花绿叶》《第一次的别离》《好友》《照相师》《阿拉姜色》《抵达之谜》等 6 部中国电影在电影节期间展映。[1]

## 巴扎应用商店

巴扎应用商店是伊朗最大的安卓应用商店，成立于 2011 年，主要面向中东地区波斯语用户。截至 2019 年 12 月，其用户数超 4000 万，日活跃用户数最高纪录为 820 万人，月活跃用户数 3000 万，与 2.2 万余个开发团队进行合作。有超过 16.4 万个应用，种类繁多，涵盖游戏、在线支付、医疗保健、课程平台、新闻等，其中 3 万种为游戏应用程序，这些应用大多出自当地开发商和工作室之手。

到目前为止，已有 120 余家伊朗境外发行商和开发商通过巴扎商店发布逾 800 款游戏，迅速在伊朗市场占据一席之地的中国厂商有 Tap4Fun、智明星通、游族、沐瞳科技等。

---

① 国际在线. 第 37 届伊朗曙光旬国际电影节开幕中国导演王小帅担任主评委之一. [2021 - 03 - 10]. http：// news. cri. cn/ 0190418/ 1033c6a8 - 37a7 - 4e1b - 119d - 75db2a544235. html.

伊朗手游市场的快速发展促使该公司将目光投向国际游戏品牌，以提升其游戏业务发展。

## 【中伊文化贸易】

1971 年 8 月 16 日中伊建交，2016 年 1 月两国建立全面战略伙伴关系。2009 年中国与伊朗双边贸易额达 212 亿美元，中国成为伊朗最大的贸易伙伴。

出版业是两国文化交流以及贸易比较活跃的领域。中国出版界踊跃参加德黑兰国际图书博览会，伊朗出版界同样积极参加北京国际图书博览会，并且互邀担任主宾国。伊朗图书在中国出版最多的类型是文学作品。20 世纪 80 年代以来，国内大规模翻译和出版伊朗文学作品，主要作家的代表作品基本都被译为中文出版。同时，伊朗也是商务印书馆中华文化图书版权输出的优先合作对象。五洲传播出版社也与伊朗合作比较密切，2017 年与伊朗知识和人文翻译出版中心签订《翻译与出版合作框架协议》，近年来向伊朗输出版权 50 余种。[①] 2019 年 4 月 24 日中国外文局主办、中国国际图书贸易集团有限公司承办的伊朗中国图书中心成立暨中国主题图书展销周揭幕仪式在德黑兰大学举办。4 月 25 日，伊朗首个"中国书架"在首都德黑兰的莎法赫书店正式开设。2020 年，中国出版界向伊朗捐赠防治疫情读物版权，分享中国应对新冠疫情的经验，是中伊版权合作非常高效的一次范例。

新兴业态方面，两国合作潜力巨大，伊朗的应用商店正积极与中国游戏工作室寻求合作关系。

## 【商务往来禁忌】

1. 95% 以上的伊朗人信奉伊斯兰教，交往中注意避免触犯相关禁忌。

2. 伊朗人在与宾客相见时，一般都惯以握手为礼，然后亲吻对方的双颊，但是男性不要与女性握手。

---

① 王立平．"一带一路"视域下的伊朗出版业［J］．出版参考，2019（02）：26.

3. 在说话或跟对方正面对坐时，应将两手平放而不可双手交叉，如果双手交叉着说话，会被认为态度傲慢，甚至被视为有意挑衅。

4. 普遍不喜欢与外国人有身体上的密切接触，勿与伊朗人挎胳膊。

5. 在伊朗微笑和点头是一种礼貌的表示，不能理解为同意。

6. 忌讳数字 13，认为会带来不幸或者灾难。

7. 应邀赴宴时，带一份盆景或鲜花是合乎他们习惯的；礼貌的做法是再三推辞而后接受邀请，赴约要准时。

8. 忌讳用左手递送物品。

9. 不能用竖大拇指的方式称赞伊朗人。

10. 非常忌讳议论婴儿的眼睛或者触摸小孩头部。

# 伊拉克

伊拉克共和国，简称伊拉克，位于亚洲西南部，阿拉伯半岛东北部。幼发拉底河和底格里斯河自西北向东南流贯全境。其人口为 4022 万（2020 年），其中阿拉伯民族约占 78%（什叶派约占 60%，逊尼派约占 18%），库尔德族约占 15%，其余为土库曼族、亚美尼亚族等。官方语言为阿拉伯语和库尔德语。居民中 95% 以上信奉伊斯兰教，少数人信奉基督教或其他宗教。首都巴格达。

2003 年伊拉克战争结束后，伊拉克电影业处于十分不景气的状况，巴格达有 10 多家影院，大都分布在西亚杜大街上，放映的影片弥漫着色情气息，与传统的伦理道德大相径庭。电视剧里也充斥着大量色情内容，美军放映这些黄色剧目冲击着传统的伊斯兰教剧目。2004 年 2 月，伊拉克开始拍摄战后第一部电视连续剧，片名为《再一次成为人质》。2004 年 10 月，伊拉克推出首部影片《会飞的乌龟》，在西班牙举行的第 52 届圣塞巴斯蒂安国际电影节上，获得最佳影片"金贝壳"奖。① 伊拉克全国拥有影院 80 余家，"巴比伦影院"是唯一的国营影院，也是全国最大的影院，拥有 2000 个座位，其余各影院均为私营。影院的设备一般比较简陋，卫生条件均较差。

伊拉克曾经是一个很富裕的国家，凭借着石油资源在中东地区迅速崛起，在旅游业方面也非常具有吸引力。伊拉克旅游资源非常丰富，主要旅游点有乌尔城（公元前 2060 年）遗址、亚述帝国（公元前 910 年）遗迹和哈特尔城遗址（俗名"太阳城"），但是因为战争摧残以及恐怖袭击等问题，其旅游业难以正常发展。

## 【文化产业管理】

伊拉克设有文化部。伊拉克宪法第三十五条规定：国家应以适合伊拉克的文明和文化历史的方式促进文化活动和机构的发展，政府应努力支持伊拉克本地文化导向。

保护历史文化遗产是伊拉克的首要问题。伊拉克拥有辉煌的历史和灿烂的文化。人类历史上最早出现的楔形文字、最早的城市乌尔、最早的法典《汉谟拉比法典》、最早的学校穆斯塔所里亚大学等都记录在伊拉克的历史里。根据伊拉克文物部门统计，目前伊拉克境内有 1 万处重要遗址和遗迹，有 90%的美索布达米亚文明遗址至今还埋在地下。联合国教科文组织对伊拉克战后遗产保护给予了高度重视。据教科文组织文化部门助理总干事布什纳奇·穆尼尔介绍，联合国教科文组织在战后派遣了最资深的专家小组进入伊拉克，考察伊拉克境内古迹遗址，为重要文物建立数据库，并制定了具体的保护现存文物、修缮受损古迹的工作计划。② 这项计划将会由一系列的专家支持，包括芝加哥大学及在伊拉克的美国学术研究中心。作为项目的一部分，在巴格达的美国大使馆已经向国际赈灾及发展项目捐赠了一千三百万美元。同时，国家教育及文

---

① 列国志数据库．伊拉克戏剧电影发展概况．［2021 - 03 - 10］．https：//www.lieguozhi.com/skwx_ lgz/book/initChapter etail？siteId = 45&contentId = 545913&contentType = literature．

② 中国经济网．伊拉克战后遗产保护牵动各国代表心．［2021 - 03 - 10］．http：//www.ce.cn/xwzx/gjss/gdxw/200407/06/ 20040706_ 1176003. shtml．

化事项办公室已经宣布将另外再向 ICHP 项目捐赠一百万美元,并由此开始目标六百万的筹款活动。①

在伊拉克历史上,新闻传播业一直是危险的职业。伊拉克的 1968 年伊拉克复兴党执政后,对全国各大报刊实行严格的管制,设立"群众新闻社""自由出版社""革命出版社"和"国家出版发行局"。伊拉克政府对新闻垄断,记者采访受到很大限制。2003 年伊拉克战争结束后,前萨达姆政府创办的报刊全部取消。美英联军允诺言论自由,提倡无党派办报刊,伊拉克新闻业出人意料地迅速发展,截至 2003 年 10 月,有 139 种阿拉伯文报刊相继诞生,其中包括日报和周刊,仅巴格达就有 60 多份。新创办的这些报刊利用战后的无政府主义状态,也利用"新闻自由"导向,报道的一些消息并不准确,来源不可靠,须认真核对确认,多数报刊处于需要改进的状态。② 2003 年第二次海湾战争后,尽管伊拉克法律上确认了新闻自由,但伊拉克记者的采访自由和表达自由受到各方面的威胁。不仅如此,伊拉克有地位者往往可以凌驾于法律之上,他们对于记者的报复通常能免于法律制裁。在媒介法方面,伊拉克的各种法律之间存在冲突,司法部门难以公正执法。为此,2010 年伊拉克史无前例地成立了媒介与出版法庭,专门处理媒介方面的诽谤官司,目前审判的专业性和公正性有待提升。2011 年,伊拉克通过了《记者保护法》。该法规定,媒介与出版法庭的审判不受刑法管制。这个法律尚存在一些缺陷,例如没有清晰地界定记者的新闻自由,规定所有记者的劳动合同必须在"报业财团"登记,而实际上报业财团向政府负责。③

## 【优势特色产业】

## 文学创作

伊拉克文学发展历史十分悠久,约公元前 2300 年,当文明已达到相当成

---

① 积木.美国宣布伊拉克文化遗产保护计划[J].东方艺术,2008(20):15.
② 列国志数据库.伊拉克的新闻政策.[2021-03-10].https://www.lieguozhi.com/skwx_ lgz/book/initChapterDetail? iteId=45&contentId=545961&contentType=literature.
③ 陈力丹,杨艺.从政治倾轧中走出来的伊拉克新闻传播业[J].新闻界,2014(19):79-80.

熟的地步时，古代苏美尔的诗人和学者们开始撰写他们的远古历史。诗人们创作了创世纪、乐园、洪水等故事。现代伊拉克人继承了祖先的遗传基因，在文学艺术方面取得过很大的成就。当代，伊拉克文学艺术发展得很快。在小说创作方面，一些作品将目光投向现实社会生活。当代最著名的伊拉克小说家是鲁拜伊。

当代伊拉克被阿拉伯作家协会选入 20 世纪 105 部阿拉伯最佳长篇小说的有 6 部。其中有鲁拜伊的《黥墨》，福阿德·泰克里利的《远归》，加伊卜·塔阿迈·法尔曼的《枣椰树与邻居》，阿卜杜·哈里格·赖卡比的《创世的第七天》，姆瓦法格·海德尔的《暗杀与愤怒》，海迪尔·阿卜杜·埃米尔的《现代的象征》。他们多为"六十年代辈"的作家，具有先进的政治思想、强烈的历史使命感和社会责任感。他们往往将现实主义与现代主义的手法结合起来，用以表达对现实的态度和对理想的追求。

由于伊拉克战争频仍，于是描写战争、伊拉克遭受美国长期制裁、人们生活艰窘的作品纷纷问世。伊拉克前总统萨达姆可以说是战争文学的代表之一，1991 年海湾战争结束之后，他连续撰写了三部文学作品《扎比芭国王》《坚固的堡垒》和《男人与城市》。①

**【产业经典案例】**

巴格达国际书展始办于 20 世纪 70 年代，受战乱等影响曾多次中断举办。2019 年巴格达国际书展 2 月 7 日开幕，来自全球 23 个国家和地区的约 650 家出版商和研究机构参展，持续到 2 月 18 日结束。2020 年，新冠疫情亦未能阻止伊拉克人的读书热情，第四十七届巴格达国际书展召开，来自 20 多个国家和地区的数百家出版社参展。

书展期间，还举行了文化研讨、学术讲座、诗歌朗诵、电影放映等活动。主办方采取了严格的防疫措施，包括设置智能消毒设施，在大厅入口处提供口

---

① 列国志数据库. 伊拉克的文学发展概况. ［2021 - 03 - 10］. https：//www. lieguozhi. com/skwx_ lgz/book/initChapterDetail？iteId = 45&contentId = 545907&contentType = literature.

罩和手套，敦促参展人员保持社交距离等。

穆塔纳比大街是以伊拉克著名诗人穆塔纳比命名的，虽然这里的街道并不宽阔，书商的条件也比较简陋，很多只是摆一个地摊，但它胜在图书品种齐全、内容丰富，是伊拉克国内公认的最大、最有名的书市。

2007年，书市曾遭汽车炸弹袭击，造成30多人死亡，建筑物大量垮塌，但袭击并没有摧毁这片"文化绿洲"。爆炸造成了极大的经济和精神损失，但书市却很快就恢复了活力。

## 【中伊文化贸易】

2019年，伊拉克是中国在阿拉伯国家的第三大贸易伙伴，双边贸易额达333.33亿美元，同比增长9.64%。中国从伊进口原油5179.82万吨，同比增长14.97%。

对于伊拉克民众来说，有关中国元素的记忆可以追溯到20世纪80年代，当时一部基于中国四大名著之一《水浒传》改编的电视剧成为几代伊拉克人难忘的回忆。之后，成龙的功夫电影在伊拉克拥有了众多粉丝。如今，越来越多的中国优秀影视作品开始进入了伊拉克民众的生活。2019年，阿拉伯语配音版中国电视剧《媳妇的美好时代》走进伊拉克，同年8月宰牲节期间，伊拉克电视台还播放了两部中国电影《杜拉拉升职记》和《逃出生天》。

伊拉克与中国之间有着重要的经济合作，但如今两个文明古国也需要不断加深文化交流与合作。

## 【商务往来禁忌】

1. 95%以上的伊拉克人信奉伊斯兰教，交往中注意避免触犯相关禁忌。

2. 忌讳用左手传递东西或食物。

3. 在伊拉克，初次商务会面应该递上名片，名片上最好印有阿拉伯文和英文。

4. 商务馈赠不要赠送伊拉克人带有星星、洋娃娃、猪的图案的礼物或者猪皮、猪毛制品。

5. 绿色是阿拉伯人喜爱的颜色。伊拉克国旗的橄榄绿，在商业上是禁止使用的，商务也较少使用黑色、蓝色。

6. 伊拉克人很重视别人对自己的态度，所以要处处保持严谨的神态，特别是与人交谈时，态度认真，目光集中，不能旁视。在与别人说话时不能交叉双手，这种姿势是他们最讨厌的。

7. 许多伊斯兰教的重大节日被规定为国家节日，节日期间国家机关全部停止工作，安排活动要避开，也不要拜访客户。

# 土耳其

土耳其共和国，简称土耳其，地跨亚、欧两洲，邻格鲁吉亚、亚美尼亚、阿塞拜疆、伊朗、伊拉克、叙利亚、希腊和保加利亚，濒地中海、爱琴海、马尔马拉海和黑海。人口8300万（2019年12月），土耳其族占80%以上，库尔德族约占15%。99%的居民信奉伊斯兰教，其中85%属逊尼派，其余为什叶派。官方语言土耳其语。首都安卡拉。

20世纪80年代实行对外开放政策以来，土耳其经济实现了跨越式发展，由经济基础较为落后的传统农业国向现代化的工业国快速转变。土耳其文化产业综合实力比较强，文化旅游业、影视制作、图书出版、手工艺、文博业等发展非常成熟，基于互联网和数字技术的新兴业态也生机勃勃。历史文化名城伊斯坦布尔是土耳其的经济、文化、交通中心，不仅拥有丰富的古老文明遗迹，更因其迅猛发展的文化产业而闻名欧洲，2010年荣获"欧洲文化之都"的称号，2012年又荣获"欧洲体育之都"荣誉称号，跻身世界一线城市。

强劲的经济发展,带动了文化消费。中东地区近年来移动互联网飞速发展,其中,土耳其作为中东地区最大的手游市场,占整个中东地区市场的40%,同时土耳其也是中东地区最具人口红利的游戏市场,其人口总数超过所有单个欧洲国家总人数,并且超过三分之一人口都是游戏玩家。土耳其电商正在兴起,由于在2017年和2018年取得的显著发展,强大的网上购物文化已经在土耳其发展起来。土耳其玩具、娱乐及文具行业市场规模也连年增长。

在会展业方面,土耳其会展局是政府特批可优先考虑,以与国际利益保持一致为前提而独立发展的部门。土耳其连接欧亚两大洲的地缘政治立场,使其成为揭开欧亚经济潜力的集结地,当地政府也凭借这一区位优势,致力于建立自由贸易区。以上因素成为当下越来越多国际展商选择土耳其办展的重要原因。与此同时,土耳其政府也开始在伊斯坦布尔等地兴建新的会展场馆,加之现存的大型场馆——伊斯坦布尔博览中心、土耳其伊斯坦布尔国际会展中心,当地会展业未来发展可谓一片光明。①

截至2019年,土耳其发行报纸2337种,杂志3148种。《自由报》《晨报》和《发言人报》是发行量最大的报纸。《每日新闻》《每日晨报》是主要的英文报纸。

## 【文化产业管理】

土耳其设文化和旅游部统管文化艺术及旅游相关事宜。创建于1994年的土耳其广播电视最高委员会是负责播放、调节土耳其广播和电视节目的国家机构。

在土耳其经济中,旅游业的产业规模、产业结构、产业布局以及市场绩效一直与土耳其政治、社会和经济政策联系密切。在旅游业的重要发展阶段,政府政策和发展战略发挥着关键性的作用。1963年,土耳其在实施第一个五年规划期间,政府就确立了优先发展旅游业的战略,目的是获取国家经济发展急

① 杜兰.架构东西方——土耳其会展业一览〔J〕.中国会展,2014(107):67.

需的外汇和创造就业岗位。这项战略明确了旅游业在土耳其国民经济中的地位和作用，为旅游业的发展指明了方向。

土耳其政府对文化产业相关领域的扶持力度非常大。电影业方面，政府为电影产业发展提供了巨大的驱动力，自 1948 年颁布相关减税政策后，土耳其在"减法"上又做起了"加法"，2004 年出台了电影审查、分级等政策，每年都对 30% 以上的国产电影施以实际资助，10 年来共有 332 部电影获得超过 8800 万土耳其新里拉的资助。

土耳其议会在 1993 年 8 月修改了垄断广播电视的法律，宪法第 133 号修正案出台，扫清了私营企业进入广播电视业的障碍。同时根据该修正案相继出台一系列法规，很多商业电台和电视频道在自由经营的同时，接受广播电视最高委员会的管理和指导。尽管土耳其宪法第 28 条明确规定出版自由，但司法机关却可以根据"保护共和国的基本特征"和"维护其领土完整和不可分割的民族国家"为理由，审查所有的媒体。2004 年 4 月，国会通过信息权利法案，该法案赋予公民和法人有权了解和知晓公共机构和有公共机构资质的私人组织的信息。2007 年 5 月，还颁布了一项对互联网内容进行监管的法律，电信部门有权利执行法院的命令，阻止境内外网站的一些内容的传播，如儿童色情问题、毒品问题，特别是冒犯凯末尔的内容等。[①] 为应对互联网上不断蔓延的反对言论，并为 2014 年 3 月底举行的地方选举做好舆论铺垫，土耳其政府先后采取立法、行政及司法等手段，加大了网络管制力度。2014 年 2 月 5 日，土耳其议会下院通过一项加强互联网管制的修正案，即第 6518 号法。根据该法，如发现某网站存在侵犯私生活或是包含具有冒犯性质的内容，监管部门可在未获法庭许可的情况下，阻止用户访问或是直接删除相关内容。3 月 20 日，也就是议会选举的前 9 天，土执政当局以"Twitter 没有按照法庭指令删除有关链接"为由，先后对 Twitter 实施域名系统及网协地址封锁；3 月 28 日，又对 YouTube 采取了封杀措施。土耳其网络犯罪问题较为严重，知名网络安全公司赛门铁克多次将土耳其列为全球十大网络犯罪国之一。

---

① 王润泽，孙权. 土耳其新闻传播业的历史与现实［C］. 新闻学论集第 28 辑，2012：124 – 125.

## 【优势特色产业】

### 电视剧

当"韩流"横扫东亚之时，一股"土流"正从土耳其出发，席卷阿拉伯、南亚、东南亚及拉丁美洲，然后漫卷向世界。

土耳其电视剧 1999 年开始崭露头角，2005 年起开始蓬勃发展，2008 年时，在 D 频道播出的电视剧《禁忌之爱》在土耳其掀起一阵追剧风潮，最后一集更创下了 73.7% 的收视率，在土耳其电视史上创下了辉煌的纪录。

土耳其电视剧的制作模式和主题多种多样。既有日播剧，也有周播剧和迷你剧，周播剧每周播一集，时长一般在 90—160 分钟之间，相当于一部电影的长度。土剧画面清新，风景唯美，配乐动听，有不少演员是模特出身，颜值极高。

到 2010 年，土耳其的电视剧出口量超越了墨西哥，跃居世界第二，远销140 多个国家和地区，土耳其已经成为仅次于美国的全球第二大电视剧出口国。也有一些媒体，称按照数量计算，土耳其已经超越美国稳坐全球电视剧出口第一名的宝座。无论是第一还是第二，都充分体现了土耳其电视剧的巨大影响力。

土耳其政府为了向世界展示土耳其的文化软实力，专门出台了影视辅助草案，专门奖励出口的影视作品。

### 民族手工艺

土耳其传统手工艺很多元，主要有土耳其编织毯、土耳其布艺、土耳其玻璃工艺、土耳其金属工艺、土耳其书法、土耳其瓷砖、土耳其制陶、手工制作、土耳其刺绣、土耳其皮制工艺等。

制陶是新石器时代最重要的发明，后来在安纳托利亚地区快速发展，现已成为土耳其的一大文化珍宝。陶器由黏土烧制而成，上面装饰着精美的图案。随着历史的前进，陶器已逐渐发展成一种能反映社会敏感性、文化积累、宗教信仰、人际关系和社会生活的艺术品。

金属加工在传统手工艺中占有非常重要的地位，历经长期的发展才有了现在的水平。金属加工源于中亚的塞尔柱王朝和安纳托利亚塞尔柱王朝，后来流传到奥斯曼帝国。铜是一种装饰用的金属，在安纳托利亚艺术中占有重要地位。在一些日常生活用品（如厨房器具、珠宝饰物、头盔）上经常可以看到它的身影，除此之外，铜还被用在建筑上面（如门和门窗装饰）。

土耳其木雕有其独特的特点，在安纳托利亚塞尔柱王朝时期快速发展。最初的木雕以实用为主，鲜少注重外观和风格，后来的发展过程中开始对外观更加重视。

土耳其的蕾丝工艺是一种艺术性极高的刺绣手工艺，土耳其蕾丝工艺已有两千年的历史，年代最久远的作品可追溯至塞尔柱王朝时期，也是一种非常受欢迎的手工艺。

## 旅游业

在世界旅游业发展缓慢的背景下，土耳其旅游业2019年却创下了历史新高，全年接待游客接近5200万人次，成为全球第六大最受欢迎旅游目的地。

土耳其地处亚、欧、非三大洲交界处，旅游资源得天独厚。这里是东西方文明的交汇点，是赫梯文明、希腊文明、罗马文明和奥斯曼文明的诞生地，也曾是罗马帝国、拜占庭帝国、奥斯曼帝国的中心，有着6500年悠久历史和前后十三个不同文明的历史遗产，丰富的人文资源是土耳其发展旅游业的先决条件。古巴比伦、古埃及、赫梯、拜占庭、古希腊、基督教、东正教、阿拉伯、波斯和奥斯曼等文明都在这片土地上留下了深深的印迹，不同时期文明的历史遗迹俯拾皆是。丰碑式的赫梯族雕刻、罗马圆形剧场、拜占庭镶嵌艺术、塞尔柱族的商队客栈、土耳其民间音乐、旋舞、奥斯曼清真寺等是土耳其旅游资源的重要构成部分。

各类博物馆也是土耳其非常受欢迎的旅游景观，如土耳其和伊斯兰艺术博物馆、考古博物馆、梅乌拉那博物馆、安塔利亚博物馆、格雷梅露天博物馆等。

现代旅游业的发展离不开现代的文化艺术活动,土耳其政府非常注重现代文化旅游产品的开发,每年举办 100 多个节庆活动,吸引了来自世界各地的游客。伊斯坦布尔是国际文化艺术节最重要的举办中心,举办的国际电影节、国际戏剧节、国际音乐节、国际爵士乐节和每两年举办一次国际双年展,吸引了著名表演艺术家和音乐家欢聚在此。安卡拉、伊兹密尔、安塔利亚都是国际性文化艺术节的举办地,土耳其主要的国际性文化艺术节有传统梅斯尔糖果节、国际伊斯坦布尔电影节、国际儿童狂欢节等。与此同时,土耳其政府还积极引导和开发会展旅游市场。①

土耳其国家统计局公布的数据显示,受新冠疫情影响,土耳其 2020 年旅游收入较上年减少了近三分之二,共接待境外游客约 1583 万人次,较 2019 年下降了 69.5%。

## 【产业经典案例】

伊斯坦布尔国际会展中心位于土耳其伊斯坦布尔市,总面积有 5 万平方米,其中 3 万平方米为展出面积。伊斯坦布尔世界贸易中心在 1982 年开业,展览中心是以服务世界贸易为主,他们的目标是促进国际贸易和世界贸易,提供商业信息服务和市场研究,组织贸易代表团计划,经营公平区提供办公室、会议厅、酒店在其组织运行。

## 【中土文化贸易】

1971 年 8 月 4 日,中国和土耳其建交。2015 年两国建立政府间合作委员会机制,负责统筹协调双边政治、经贸、安全、人文等领域的合作,两国经贸合作稳步发展。2019 年,中国成为土耳其第十七大出口市场和第二大进口来源地。

两国高层互访以及民间往来频繁,文化交流密切,通过互办文化年、交流

---

① 魏敏. 旅游业发展的政府行为研究 [D]. 中国社会科学院研究生院,2012: 51 - 52.

论坛、文艺演出、图书展览、互派留学等方式，两国关系逐渐拉近。截至
2021 年，我国在土建有 4 所孔子学院和 2 所中小学孔子课堂。

近年来，土耳其政府也看到了中国巨大的旅游市场，纷纷寻求同中国旅游
公司的合作。为促进土耳其旅游业的发展以及方便中国公民到土耳其旅游，
2013 年土耳其政府对中国公民实施"电子签证"制度，2015 年土耳其政府又
对中国游客出台了新的政策，中国游客可直接在线申请电子签证。① 近几年中
国的很多真人秀节目也是在土耳其拍摄的，提升了土耳其在中国的旅游吸引
力。2018 年前往土耳其的中国游客人数达到 40 万，增长 70%。2019 年中国赴
土游客 42.6 万人次，同比增长 8.18%。2020 年 7 月，微信支付正式进入土耳
其市场，自此之后，中国游客可在伊斯坦布尔新机场免税店无须换兑直接使用
微信支付进行付款。

图书版权贸易是两国文化产业中比较活跃的领域。互为书展主宾国。中国
2013 年担任伊斯坦布尔国际书展主宾国，土耳其 2014 年担任北京国际图书博
览会主宾国。2014 年接力出版社引进土耳其图画书《爸爸的梧桐树》，受到中
国小读者的欢迎，至今在各大平台均有售。2018 年 3 月 7 日"中国书架"项
目落户土耳其最大城市伊斯坦布尔内齐赫书店，这是中方深化两国文化交流的
又一举措。亮相"中国书架"的图书多达 200 种，以土文和英文为主，涵盖
政治、经济、文化、饮食和儿童读物，多为中国五洲传播出版社出版的。2019
年 8 月 21 日，译林出版社在京举行余华、叶兆言、苏童、鲁敏作品的土耳其
文版发布仪式。由土耳其卡努特国际出版公司出版的 8 部作品包括余华的《在
细雨中呼喊》和叶兆言的《花影》等。在过去大约八年的时间里，该出版公
司已经从中国引进了近九十种图书，其中包括王蒙、铁凝等作家的小说，这是
中国当代文学在土耳其的一次集中亮相。据悉，译林出版社今年还与土耳其四
大出版巨头之一的红猫出版社签署了出版相关的战略合作协议，设立了土耳其
第一家中土出版中心，将助力更多优秀的中国图书与土耳其读者见面。②

在文化产业新兴业态方面，两国的贸易发展迅猛，一大批中国互联网科技

① 薛晶晶.21 世纪中华文化在土耳其的传播 [D].河北师范大学，2018.
② 王洪波.叶兆言等中国作家 8 部作品在土耳其出版 [N].中华读书报，2019 年 08 月 28 日第 07 版.

公司在土耳其落点布局。2018 年全球最大的零售商阿里巴巴收购了土耳其电子商务平台 Trendyol。该公司目前是土耳其、中东和北非地区最大、增长最快的移动电商平台，拥有超过 2000 多个商家和 1600 万的用户。腾讯、沐瞳科技、游族、香港绿洲游戏等一批互联网公司在土耳其取得了商业成功。2019 年土耳其 IOS & Google Play Store 游戏免费榜、畅销榜冠军均花落腾讯的项目。统计土耳其 Google Play Store 游戏榜 TOP200 结果显示，免费榜中，中国游戏 20 款左右，畅销榜中近 70 款，且 TOP100 中，中国游戏约占 40%，中国游戏在土耳其市场的地位不言而喻。基于其横跨欧亚的优越的地理位置、可观的人口红利以及良好的互联网环境，中国游戏业出海进入中东和北非市场，土耳其或是一条最佳通道。

## 【商务往来禁忌】

1. 绝大多数土耳其人信奉伊斯兰教，交往中注意避免触犯相关禁忌。

2. 喜欢绿色、白色和绯红色，忌讳紫色和黄色，因为黄色象征死亡。布置房间最忌讳使用花色，花色对主人来说是很不吉利的。使用标识，慎用绿三角，因为绿三角在土耳其是免费用品的标志。

3. 土耳其人 6 月至 8 月大多休假，商务活动尽量选在当年 9 月至来年 5 月。

4. 商业会晤务必提前预约并准时赴约；不论到土耳其哪个城市，切记事先订妥房间，并在临行前再确定一次，以免麻烦。

5. 商业会谈中忌谈政治，尤其土耳其与希腊的纷争等问题，也忌讳议论猪或有关猪的问题。恰当的话题是不会引起争议的国际事务、家庭、专业和业余爱好。

6. 土耳其的商人在商业谈判中极喜欢讨价还价，初始报价时注意预留空间。

7. 土耳其人在为他人服务时，有收取小费的习惯。

# 叙利亚

阿拉伯叙利亚共和国，简称叙利亚，位于亚洲西部，地中海的东岸，处在地中海和印度洋的交叉口，闻名于世的"丝绸之路"横穿此处。叙利亚有着古老的文明、悠久的历史、灿烂的文化，是古丝绸之路上的重要国家。人口1929万（2022年），其中阿拉伯人占80%以上，还有库尔德人、亚美尼亚人、土库曼人等。居民中85%信奉伊斯兰教，14%信奉基督教。穆斯林人口中，逊尼派占80%（约占全国人口的68%），什叶派占20%，什叶派中，执政的阿拉维派占75%（约占全国人口的11.5%）。阿拉伯语为国语。首都大马士革。

2011年叙利亚局势动荡前，经济逐步向市场经济转轨，但受多重因素影响未成功。叙利亚现阶段时局动荡，对叙利亚发展文化产业十分不利。

叙利亚古老的文学传统，为其出版业奠定了产业基础。早在公元4世纪时，叙利亚文化学术翻译运动就已经开展。在近代阿拉伯文学复兴运动兴起时，叙利亚很快出现了译介西方文学作品和发掘阿拉伯中世纪文化的热潮，各种文学形式的创作不断出现。叙利亚社会动荡，人民需要通过文化产品在精神层面获得补偿与慰藉，叙利亚的文学出版业在战火中得以残存。

电影业方面，叙利亚政府将电影作为思想道德教育、文化艺术宣传的阵地，经常上演一些宣传高尚道德情操、表现人们感情和社会生活中积极向上的内容。尽管近年来反映叙利亚风土人情的影视佳作频出，但现阶段叙利亚电影产业仍然没有发展出成熟的模式。叙利亚没有专业的电影演员，也没有专业的电影制片厂。全国影院数量有限，影片很大程度上依赖进口。

游戏产业方面，20世纪90年代整个中东地区游戏开发者寥寥无几。叙利亚部分游戏开发工作室以开放源代码为基础，自主开发游戏引擎。21 世纪初期，一些阿拉伯游戏公司开始从民族文化的角度开发以伊斯兰文明为主题的电玩游戏。叙利亚游戏开发商 AfkarMedia 2003 年在大马士革成立，成为中东地区最大的游戏开发商之一，其代表作是《围攻之下》《古来氏家族》等。尽管叙利亚当地软件盗版率高达 95% 以上，叙利亚自主开发的游戏作品大多画面粗糙、系统简陋，但是市场反响热烈，在阿拉伯市场售出了十多万套。如今，中东地区的年轻一代正通过网络游戏去体验世界，创建一个跨越国界、跨越政治、跨越宗教的新平台。

全国性阿拉伯语日报有《复兴报》《革命报》《十月报》等，地方性阿拉伯语日报有《群众报》《献身报》《阿拉伯主义报》《团结报》等，另还发行英文日报《叙利亚时报》等。

## 【文化产业管理】

叙利亚的主要文化管理部门是文化部，此外旅游部、信息部等也有一些文化产业领域的业务。

为了更好地助推国内文化产业发展，叙利亚政府先后在文化部设立了文化中心局、电影总局、文物总局以及直属机构阿萨德图书馆、高等音乐和戏剧学院。这些机构是叙利亚人民的主要文化活动机构和领导机关，这些文化机构为叙利亚的文化发展提供了政策庇护与稳定环境，也为叙利亚文化产业的腾飞起到了巨大的支撑作用。

### 文化中心局

叙利亚国家文化中心局是叙文化部主要业务部门之一，主管全国 14 个省的省级文化中心。全国共有 160 个文化中心，各省的文化中心管理本省的市、乡、镇文化中心。文化中心局负责发放经费，确认下属各文化中心的任务，并指导各种文化活动。政府规定，文化中心的首要任务是对广大人民群众进行文化宣传教育，向他们介绍世界和阿拉伯的文化遗产，推动开展各种积极向上、催人奋进的文化活动，以增强人民的民族精神，全面落实政府提出的"文化属于整个社会，服务于整个社会"的文化发展宗旨。

## 文物总局

叙利亚文物总局的日常工作直属文化部领导，但在人事、财政方面有较大的自主权和独立性。文物总局下设考古发掘、文物维修和博物馆建设司、规划司、财务司、总局长办公室、电脑室等机构。全国各省市都设有文物局，负责本地的文物考古和保护以及博物馆的行政管理。叙利亚全国共有历史博物馆、艺术博物馆、遗址博物馆 40 余个。

文物总局十分重视发挥文物古迹在宣传本国历史传统和对人民进行爱国主义教育中的作用，同时也积极利用古迹遗址推动旅游业的发展，曾与旅游部合作举办了幼发拉底河文化遗产节、"遗忘的城市"艺术节、霍姆斯文化艺术节等活动。

## 电影总局

叙利亚电影总局成立于 1963 年，其宗旨是让电影为文化、科学和民族事业服务。它的资金主要由文化部拨款，可以自由支配。总局设公共关系司、影片制作发行司、计划研究司等机构。为满足人民群众的文化需求，总局每年从国外进口影片 100 部，绝大部分是美国电影，其他部分是埃及、印度、法国、中国影片。[①] 电影总局资助开设电影城，为艺术家们提供了施展才华的场所。

政府的扶持，以及一系列电影文化节交流活动，推动了叙利亚电影产业的现代化发展。1963 年，阿拉伯复兴社会党执政后，叙利亚成立了国家电影总公司，隶属文化部，统管电影生产、发行以及进出口业务。叙利亚电影产业逐渐形成体系，在国际上逐渐获得认可。

旅游业方面，巴沙尔·阿萨德就任叙利亚总统以来，十分重视本国旅游业

---

① 李生俊. 别具一格的叙利亚文化机构 [J]. 阿拉伯世界，2000（03）：48 –51.

的发展，确定旅游业为支柱产业，制定了很多优惠措施，只不过战争无情地打断了所有的计划进程。

## 【优势特色产业】

### 大马士革玫瑰产业

大马士革的玫瑰产业涵盖了玫瑰园观光、玫瑰节庆狂欢、玫瑰精油提炼、玫瑰衍生品开发等产业链条，其中以玫瑰节庆狂欢与玫瑰精油提炼最为著名，其他产业延伸仍在探索中。叙利亚的玫瑰产业正积极向"玫瑰文化"产业靠拢。

大马士革玫瑰精油被称为"精油皇后"，在医疗方面功效突出，是适合女性保健的芳香精油，因此精油提炼业一直是大马士革玫瑰产业的支柱之一。为了实现玫瑰产业转型，当地政府积极探索周边产业的开发，例如花园观光、节庆狂欢等。

大马士革玫瑰产业十分注重国际合作和全球宣传工作。2014 年以"最香的玫瑰，送给最爱的人"为主题的首届中国大马士革玫瑰文化节在江苏昆山举办，进一步扩大了大马士革玫瑰的全球影响力。[①]

### 大马士革旅游业

大马士革旅游业融历史文化遗迹、城市风俗景观、宗教信仰建筑、口头文化遗产于一体，以丰富的文化内容、浓郁的历史风情构建了一方中东文化风情圣地，吸引着世界各地的游客纷至沓来。大马士革是世界上仍然活跃着的古老城市之一，拥有 4000 多年文字可考的历史，被称为"古迹之乡"和"天国里的城市"。凭借悠久的历史与丰富的历史文化资源，于 1980 年被联合国教科文组织列入世界文化与自然遗产保护名录。

从海拔 1000 米的卡辛山上俯瞰大马士革全城，老城新区格外分明。由埃

---

① 王秀英. 江苏昆山举办首届中国大马士革玫瑰文化节［J］. 中国花卉园艺，2014（11）：46.

及马穆鲁克王朝于 14 世纪修建的一座宣礼塔和两根雄伟石柱傲然耸立，成为其悠久文明的标志。大马士革有 250 座清真寺，其中的倭马亚清真寺，堪称阿拉伯最古老、著名、宏伟的清真寺之一。每逢伊斯兰重大节日，叙总统率党、政、军界要人到寺中礼拜。清真寺主体建筑富丽堂皇，礼拜大殿为大圆穹顶。壁龛建造，始于此寺，倭马亚清真寺对后来世界各地清真寺的内部结构产生了很大影响，堪称清真寺建筑风格之鼻祖。

距离大马士革 56 公里，就是著名的基督教村庄——马卢拉村。远眺村庄，房屋大多悬建或雕凿在山石之上，一层高过一层，下面一层的房顶就是上面住房的走廊或庭院，斑斑点点融入黄褐色石山的画卷中，肃穆静美。村庄及其附近的约 1.2 万村民是世界上唯一仍可讲几乎绝迹的阿拉米语的群体。阿拉米语是耶稣传播基督教时使用的语言，叙政府专门建立了阿拉米语语言学院，以传承和保护这一珍稀的口头文化遗产。在这里，游客们可以近距离接触这项古老又神秘的语言。①

## 【产业经典案例】

### 叙利亚特色芙拉娃娃

芙拉是由一家来自大马士革的叙利亚玩具制造公司生产的类似芭比的时尚娃娃玩具。西方国家的儿童有芭比娃娃当玩具，但在伊斯兰国家里，穿长袍、戴头巾的芙拉娃娃才是首选。尤其时值穆斯林斋戒月，芙拉娃娃的人气更是高涨。在伊斯兰国家里，金发碧眼的芭比娃娃暴露的穿着是不符合他们对理想女性的想象的。芙拉娃娃的设计概念大约始于 1999 年，实物产品在 2003 年的年底推出。

对于大多数穆斯林来说，芙拉不仅体现出穆斯林对他们的女儿的穿着打扮和行为举止的期望倾向，更反映出普遍的道德价值观。芙拉娃娃在阿拉伯地区的成功，体现了文化产品贴合目标市场地区文化环境的重要性。

---

① 晓宁. 天国里的城市——大马士革［J］. 对外大传播，2003（07）：62 – 64.

## 大马士革国际电影节

大马士革国际电影节始于 1979 年，现已成为影响力较大的国际电影节。电影节原为每两年举办一次，从 2007 年起改为一年一届。

第 18 届大马士革国际电影节于 2010 年 11 月 7 日至 13 日在叙利亚首都大马士革举办。中国导演胡玫的影片《孔子》参加了电影节长故事片比赛，张艺谋导演的影片《三枪拍案惊奇》参加了电影节展映。此外，共有来自 46 个国家的 24 部长故事片和 93 部短故事片参赛，近 200 部故事片参加电影节展映活动。土耳其为本届电影节的主宾国。①

## 【中叙文化贸易】

中叙友谊绵延千年，在古代，中叙两国通过古丝路互通贸易，交流文化，播撒友谊的种子。1956 年 8 月，中叙两国正式建交，叙利亚成为最早同中国建交的阿拉伯国家之一，中叙友好历史揭开了崭新篇章。

2006 年叙利亚正式成为中国公民自费旅游目的地国，叙利亚非常看重中国的旅游市场。2013 年 11 月，叙利亚旅游部长耶齐吉与中国驻叙利亚大使张讯举行会谈，商讨两国在旅游业方面增强合作的事宜。叙利亚动荡使叙国内旅游业陷入完全停顿，但叙方希望通过推动旅游设施的建设复苏旅游业。俄罗斯卫星通讯社 2018 年 9 月 7 日报道，耶齐吉在第 60 届大马士革国际博览会期间接受采访时表示，2017 年有来自 77 个国家的游客访问了叙利亚，外国游客总数达到 130 万。尽管来自中国的游客数量仍然很少，但最近一年，来自中国、印度、巴基斯坦的旅客数增长了 68%。但是为公民安全着想，中国外交机构和旅游部多次发布旅行安全提示，提醒中国公民暂勿前往。

中国的"一带一路"倡议与巴沙尔总统提出的"向东看"战略高度契合，两国未来在叙国家重建以及经贸、文化、人文等领域的交流合作前景无限广阔。中国的优秀企业在资金、技术、人才等方面具有丰富的经验和优势，愿叙

---

① 中华人民共和国驻阿拉伯叙利亚共和国大使馆. 叙利亚举办第 18 届大马士革国际电影节. [2021 - 03 - 11]. http: // sy. china - embassy. org/chn/xwfb/t769322. htm.

利亚早日实现重建家园的梦想。

## 【商务往来禁忌】

1. 85% 的叙利亚人信奉伊斯兰教，交往中注意避免触犯相关禁忌。

2. 当地局势不断变化，入境前要关注形势状况。

3. 商务宴会上喝汤或者热饮不要发出任何声响，食物入口不能复出。

4. 交谈中勿将手插在裤兜里或双臂相抱。

5. 最适宜进行商务访问的时间是当年 11 月至次年 4 月，注意避开 7 月至 8 月的休假期与穆斯林斋月。

# 约　旦

约旦哈希姆王国，简称约旦。约旦位于亚洲西部，阿拉伯半岛的西北，西与巴勒斯坦、以色列为邻，北与叙利亚接壤，东北与伊拉克交界，东南和南部与沙特阿拉伯相连。人口 1083 万（2021 年 2 月），98% 为阿拉伯人，还有少量切尔克斯人、土库曼人和亚美尼亚人。国教为伊斯兰教，92% 的居民属逊尼派，2% 的居民属于什叶派和德鲁兹派。信奉基督教的居民约占 6%，主要属希腊东正教派。官方语言阿拉伯语，通用英语。首都安曼。

约旦是中东最安全的国家之一。阿卜杜拉二世国王执政后，大力推行经济改革，改善投资环境，积极寻求外援，扭转了经济长期负增长或零增长的局面。1999 年加入世界贸易组织，2004—2008 年间经济增长率超过 8%。2009 年以来，受国际金融危机影响及西亚北非地区局势动荡冲击，经济增长速度下滑，政府加大了对经济调控的力度，并在金融、基建、招商引资、争取外援等方面采取相应措施，取得了一定成效。2019 年经济增长率为 2%。约旦的金融系统比较发达，全国有 26 家银行，全部是上市私有银行。

二十世纪五六十年代，约旦曾掀起一股戏剧热潮，成立了约旦戏剧团等不少剧团。随后，又建立了不少戏剧协会和戏剧学校。政府还专门成立了文化艺术局，建造了有 400 个座位的约旦大剧院。70 年代初，约旦建立了约旦皇家艺术中心，内设三个剧院。努尔王后基金会建立了表演艺术中心以及约旦第一个戏剧和舞蹈学校。① 在拉尼娅王后的组织领导下，约旦积极推进首都安曼的文化建设，2002 年安曼被联合国教科文组织评为 "阿拉伯文化之都"。

约旦政府对发展文化产业有着强烈的意愿。2019 年 4 月 19 日，阿拉伯城市组织文化工作组首届文化管理培训班在约旦首都安曼成功举办。中南出版传媒集团股份有限公司湖南教育出版社分公司总编辑刘新民、中国传媒大学文化产业管理学院副院长刘京晶两位中国学者应邀授课，分享了新中国成立 70 年来文化发展的实践经验。学员们抱着对中国文化的浓厚兴趣，纷纷与两位专家就中国数字创意产业发展、公共文化空间建设、传统文化传承发展、版权保护方面的细节等情况进行了热烈深入的讨论。②

主要报刊包括《宪章报》《言论报》《明天报》等，主要英文报刊是《约旦时报》《星报》。

## 【文化产业管理】

约旦高度重视发展文化艺术及旅游业，设有约旦文化部、约旦旅游文物及旅游部、约旦旅游局以及立法和舆论局等机构，另外文化大臣和新闻事务国务大臣都是内阁的重要成员。

旅游业方面，约旦政府通过制定国家旅游规划引导旅游业健康且持续的发展。约旦旅游局是非常高效的推广机构，成立于 1998 年 3 月，是一个独立的

---

① 国别区域与全球治理数据平台.约旦的戏剧与电影产业发展概况.［2021 - 03 - 11］. https：//www. crggcn. com/resourceDetail？parentName = % E6% A3% 80% E7% B4% A2% E7% BB% 93% E6% 9E% 9C% E9% A1% B5&id =657031.
② 新华网.中国学者在约旦分享中国文化发展实践经验.［2021 - 03 - 11］. http：//www. xinhuanet. com//world/2019 - 04/19/c_ 1210113103. htm.

公私合办机构，致力于利用市场营销战略来包装、定位和推广约旦旅游产品，使其成为国际市场上的一个旅游目的地。所采取的策略适应约旦旅游产品的真正形象，强调约旦是文化、自然、宗教、探险、休闲和会展的旅游目的地。

相比起海湾国家和黎巴嫩的明星媒体，约旦的媒体一直以来遵循务实平稳的发展道路，这种发展特征与约旦的新闻监管制度密不可分。约旦的新闻监管制度总体而言偏保守，政府对新闻业的监管主要依据两个基本原则，首先是防范和打击一切危害政权和社会稳定的宣传，其次是关注、照顾民众和国际社会对新闻自由的看法。长期以来，为了维持国内政治秩序，约旦新闻监管部门更加重视第一个原则，主要着眼于防止政权颠覆和社会危机。1971 年，约旦政府下令成立约旦新闻基金会，并由该机构负责发行完全由政府控制的《舆论报》。

21 世纪的前十年，约旦新媒体发展得如火如荼，但很多媒体人职业道德感不强，新闻质量低下，误导民众，给约旦社会带来了不稳定因素，约旦议会随即通过了网络犯罪法，严格限制网络言论，并取缔了一些新闻网站。2011年初，"阿拉伯之春"蔓延到约旦境内，民众示威活动不断，约旦出现了一定程度的社会经济危机，政府面临着巨大的考验。为了扫除极端思想和煽动性言论，2012 年 9 月，议会通过了限制网上新闻出版的法令以规范网络社会。2014 年 4 月，议会通过反恐法修正案，授予安全机关更大权力去限制新闻自由，并再度将刑罚加到新闻出版相关的法律中。①

## 【优势特色产业】

### 旅游业

旅游业是约旦的经济支柱和重要外汇来源之一。主要旅游景区有安曼、死海、杰拉什、佩特拉、阿杰隆古堡、亚喀巴、月亮谷等。节日、文化和历史景点推动了旅游业的发展，2019 年约旦旅游业实现迅猛增长，赴约游客达 536

---

① 马晓霖，高杰. 与国家共同成长的约旦新闻传播业［J］. 新闻界，2018（04）：92 – 93.

万人次，同比增长9%。全年国内生产总值增长中的13%来自旅游业，行业雇佣人数达53489人。

70年代初，世界出现了旅游热，名目繁多的新型旅游项目也应运而生。约旦旅游部门注意到单靠古迹吸引游客面太窄，不利于全面开发旅游资源。为了吸引游客，在有关部门的配合下，增辟了新的旅游景点，开创了自然风光旅游、体育旅游、沙漠旅游、疗养旅游等，以迎合不同层次的游客的需要，取得了良好的效果。

为了招徕更多的国外游客，增加外汇收入，约旦先后在阿拉伯各国、西欧、北美等国家和地区开设了旅游办事处，与当地旅行社紧密合作，开拓业务，大做旅游宣传广告，并委托约旦航空公司驻外办事处和文化中心代办旅游业务，开辟了日本、澳大利亚市场，经过近20年的苦心经营，约旦旅游业已取得了显著成就。目前约旦国内共有904个旅行和旅游办公室，同时还有990家旅游餐厅和88000名旅游部门工作人员随时准备为日益增长的旅游需求提供服务。

世界文化遗产佩特拉古城是约旦最重要的文化遗产之一。2020年1月16日，佩特拉开发和旅游区管理局表示正努力改善基础设施，完善投资程序，以吸引投资者和游客。相关投资计划总额为2.2—2.4亿约第，涵盖26个投资机会，包括虚拟现实中心、会议场地、高尔夫球场、马术学院、骆驼农场和赛马场等。新景点包括佩特拉博物馆，由日本国际协力机构援建，展示来自纳巴泰因佩特拉市的不同历史时期的文物。另一个新景点是遗产村，开放后用于商业活动和投资。还有市政广场、可容纳1000—1500人的圆形剧场、包括约48家商店的商业市场、国家图书馆、餐馆、咖啡店和能容纳150—170辆车的停车场等。①

## 电影业

2005年，约旦的电影工业才开始萌芽，随之陆续出现了一些商业短片和纪录长片。2007年，约旦皇家电影协会和西班牙驻约旦使馆共同推出了"希

---

① 中华人民共和国驻约旦哈希姆王国大使馆经济商务处.2019年约旦旅游业收入增长10.2%. ［2021－03－11］. http：// jo. mofcom. gov. cn/article/jmxw/202001/20200102931864. shtml.

望电影"计划，专门出资培训和资助约旦贫困社区的独立电影人，拍摄反映约旦弱势群体生存状态的纪录短片，同时也发现和培养自己的电影从业人员。

之后，约旦开始尝试通过开发电影工业，鼓励实业家创办演艺学院，来增加对电影业的投入和创造年轻人的就业机会，解决国家青年人失业率高的危机。

2014年，约旦导演纳吉·阿布·诺瓦的处女长片《希布》获威尼斯影展地平线最佳导演奖、奥斯卡最佳外语片奖提名。此外，《阿布·拉伊德机长》《阴影之下》等也是约旦比较具有代表性的电影作品。

2020年8月，约旦首都安曼举办了首届"安曼国际电影节"。该电影节包括户外电影展映和电影从业者论坛等活动，旨在鼓励原创作品和推动本地电影产业发展。

值得一提的是，近年来，约旦因丰富的旅游资源受到众多电影导演的青睐，目前已经发展成为全球热门的影视取景地。如电影《火星救援》《星球大战外传：侠盗一号》《拆弹部队》等都曾在约旦取景拍摄。

## 约旦手工艺

约旦传统手工艺产品非常精美。编织地毯、烧制陶器、制作船只和器皿等技术世代相传。另外还有马赛克挂件、彩色砂瓶、希布伦玻璃器皿和用特别的手工技艺制作的钱包、银饰等产品。

约旦的毯子制造历史悠久，心灵手巧的贝都因人更是善于用羊毛、骆驼毛等编织五颜六色的毯子。无论是在佩特拉还是瓦迪拉姆，经常可以看见贝都因人铺个毯子席地而坐。和有绒毛的地毯相比，麻纤维地毯通常编织得更为平整，也被称为基里姆地毯。今天，特别是在马德巴和穆卡维尔，仍然能看到基里姆地毯的编制过程。除此之外，刺绣等技术也很高超。

## 【产业经典案例】

## 约旦杰拉什文化艺术节

位于约旦安曼以北40公里处的杰拉什自1981年起，由阿盟发起，每年7

月都会举办杰拉什文化艺术节，让这座古城摇身一变，成为活力四射的文化活动场所。来自世界多国的文化艺术团体在这里展示特色节目，包括民俗舞蹈、芭蕾舞、音乐会、戏剧、歌剧等。

杰拉什文化艺术节既保护和突出阿拉伯传统文化，也引入芭蕾舞、戏剧、歌剧等现代元素，同时邀请了阿拉伯和世界其他国家的文化人士、学者登台献演或参与活动，这类交流主要集中在文学、艺术等领域，在保留本土传统文化基础上，接受其他国家的不同文化，充分展现了约旦在文化领域的卓越成就。①

### 安曼国际书展

安曼国际书展由安曼出版协会、大安曼市市政府、约旦文化部联合主办，每年举办一届，以图书销售以及阿语地区间的版权贸易和文化交流活动为主。2017 年召开的是第 17 届，集合了来自 17 个国家的 350 多家出版社。"中国电影周"走进安曼国际书展。本次"中国电影周"由中国驻约旦大使馆主办，北京师范大学出版集团、北京外国语大学阿拉伯学院及约旦皇家电影委员会等共同承办。

## 【中约文化贸易】

中约两国于 1977 年 4 月 7 日建交。建交以来，两国在政治、经济、军事、文化等各方面的关系稳步发展。

文化交流方面，约中友好协会积极推进各项交往与合作，中国在约旦经常举办"中国文化周""中国文化节""中国文化沙龙""电影文化周"等丰富多彩的活动，并对口援助文化设备，派团参加约旦杰拉什艺术节、安曼国际书展等。

2017 年王丽萍编剧的《生活启示录》被译成阿拉伯语，在约旦国家电视

---

① 曹语庭. 阿拉伯国家联盟文化政策研究 ［D］. 上海外国语大学, 2017: 84 - 85.

台、突尼斯国家电视台等平台播放，向约旦人民展示了当代中国普通人的生活。

约旦的旅游业发展迅速，但是大部分游客来自西班牙、意大利、法国和德国。2019 年上半年赴约旦旅游的中国游客数量不过 1.83 万人次，这还是同比增长 16.7% 后的数字。约旦非常希望能拓展中国市场，积极参加中国出境旅游交易会等各种推广活动。中约文化旅游研讨会 2019 年 11 月 30 日在约旦首都安曼召开。与会人士倡议深入挖掘丝绸之路文化内涵，助力两国文化旅游合作。约旦旅游局助理秘书长艾曼·阿布·哈鲁卜说，约旦旅游局正努力吸引中国游客到约旦旅游，并通过不断丰富旅游体验项目来延长游客的逗留时间。

## 【商务往来禁忌】

1. 90% 以上的约旦人信奉伊斯兰教，交往中注意避免触犯相关禁忌。

2. 谈话时一定要注视对方，切忌目光斜视或东张西望。

3. 约旦人讨厌别人把脚掌朝向自己，禁止用左手递送东西。

4. 约旦交通法规规定禁止鸣笛。

5. 在约旦不要用猪、熊猫和六角星图案做广告。

6. 与当地商人接触时，应保持谦逊的态度，他们认为夸夸其谈的人不可靠。

7. 约旦人不饮酒，商务馈赠忌讳选酒做礼品。

# 黎巴嫩

黎巴嫩共和国，面积 10452 平方公里。人口约 607 万（2019 年），绝大多数为阿拉伯人。54% 的居民信奉伊斯兰教，主要是什叶派、逊尼派和德鲁兹派。46% 信奉基督教，主要有马龙派、希腊东正教、罗马天主教和亚美尼亚东正教等。阿拉伯语为官方语言，通用法语、英语。首都贝鲁特。

黎实行自由、开放的市场经济，私营经济占主导地位。商业和金融服务业比较发达，是排名前两位的产业。工业基础相对薄弱，以加工业为主，农业欠发达。1975 年 4 月，黎巴嫩基督教和伊斯兰教两派因国家权力分配产生了矛盾，内战爆发，至 1990 年内战结束。黎巴嫩原为中东旅游胜地，内战前，每年入境旅客达 200 万人次，旅游收入占国民收入的 20% 以上。内战期间，旅游业一蹶不振。战后黎政府曾将振兴旅游业作为重建计划的重要组成部分，但近年黎的安全形势再次影响了黎旅游业的振兴。现有各类星级饭店 398 家。主要旅游点有腓尼基时代兴建的毕卜鲁斯城，古罗马时代兴建的巴尔贝克城和十字军时代兴建的赛达城堡。此外，北部的雪山有很多滑雪场，吸引了大量游客。

黎巴嫩是阿拉伯现代音乐剧的摇篮。1848 年，标志着阿拉伯现代戏剧诞生的第一部黎巴嫩现代戏剧作品《吝啬鬼》在黎巴嫩首都贝鲁特上演。黎巴嫩培养了众多音乐人，不乏菲鲁兹、瓦伊勒·卡夫利、南希·阿吉莱姆等超级巨星。菲鲁兹生于 1935 年 11 月，是一位享誉阿拉伯世界的黎巴嫩歌手，在阿拉伯世界享有"阿拉伯歌曲女王"的称号，她的歌曲在阿拉伯地区非常知名。

黎巴嫩的西化程度很高，受西方影响颇为深远。在黎巴嫩发展最为良好的时期里，首都贝鲁特被誉为"中东瑞士"，是中东地区的经济商贸、交通旅游的重要枢纽，全国共有 72 家银行，有相当一部分在全世界都享有盛名。现在这里时尚气息浓郁，各种艺术节及文艺演出繁多。每年的七八月份是黎巴嫩的黄金旅游季节，朱尼文化旅游节、贝特丁国际艺术节、巴尔贝克国际文化节、苏尔艺术节、比布鲁斯艺术节扎堆召开。来自世界各地，特别是海湾地区的游客纷纷在这一时间选择黎巴嫩作为消夏避暑的最佳去处。为了更好地吸引游客，同时繁荣本地文化市场，多年来黎巴嫩各旅游胜地每年暑期举办精彩的文化艺术节已经成了惯例，并且得到了当地政府和社会知名人士的大力支持，这些艺术节已经在阿拉伯世界乃至世界享有盛誉。

黎巴嫩以中东新闻中心著称，全国各类报刊有 600 余家。主要日报有《白天报》《旗帜报》《家园报》《安瓦尔报》，主要刊物有《事件周刊》《阿拉伯周刊》《狩猎者》《杂志周刊》《黎巴嫩评论》《星期一早晨》等。

## 【文化产业管理】

黎巴嫩设文化部管理文化艺术相关事宜。黎巴嫩新闻出版行业的主要政府管理机构是国家视听媒体委员会、新闻部、信息部、公共安全总局媒体事务办公室等机构。旅游部是旅游业的主管机构。

黎巴嫩宪法规定黎巴嫩是一个民主国家，国家充分尊重并保护公民的自由与权利，其中言论自由居于各项自由之首。黎巴嫩现行的与新闻出版行业有关的法律，即《黎巴嫩出版物法》和《黎巴嫩广播电视法》，则对新闻出版事务做出了相应安排。两部法律均规定，媒体享有充分的自由和独立，无须接受政府的事前监管。事实上，黎巴嫩对媒体的事后监管也非常宽松，允许媒体批评政府和政治人物，允许各个党派或思想流派创办自己的报刊等，甚至很多在其他阿拉伯国家被禁的图书、期刊、影视作品都可以在黎巴嫩出版发行。①

旅游业方面，外向型是旅游业发展的立足点。旅游业发展受政府政策的约束和限制较少，自由引导是黎巴嫩旅游业发展的具体路径。主要以外向型的全方位开放的自由市场经济模式为基础，强调对旅游的宣传与投资并重。黎巴嫩政府向来重视对旅游景点的宣传，改善黎巴嫩的国际形象，并推动旅游业的恢复和发展。2003 年，黎巴嫩经贸部出资 100 万美元，在美国有线电视新闻公司和英国广播公司等国际媒体插播广告短片《重寻黎巴嫩》，产生了良好的影响。黎巴嫩对一切国内外投资实行一般国民待遇，任何人均可进行任何领域的商业活动，包括投资贸易和旅游业。据中国商务部驻黎巴嫩大使馆经济商务参赞处网站报道，2012 年，黎巴嫩投资发展局对旅游业的资本投资达 10 亿美元。投资的关键领域之一是黎巴嫩医疗旅游，今天黎巴嫩已成为中东地区的康

---

① 刘欣路，何明星. 黎巴嫩新闻出版业概况——兼谈黎巴嫩与中国的文化交往［J］. 科技与出版，2016（06）：40.

复中心，能够为特定游客提供长期护理。①

电影业方面，2003 年黎巴嫩电影基金会成立，基金会为黎巴嫩电影业的发展提供了全方位的支持，并助力黎巴嫩成为国际电影制作中心。黎巴嫩电影基金会十分重视黎电影文化遗产的整理和保护工作。2017 年，基金会推动发行了乔治·纳赛尔的经典之作《往何处去》修复版，并于同年在第 70 届戛纳电影节的"戛纳经典"单元中展映。之后该片在黎巴嫩国内的电影院线公映，让年轻一代有机会领略黎巴嫩电影曾有的辉煌。基金会成立以来，已帮助近 30 位导演找到了拍摄资金和制片人；帮助近 40 名导演最终完成了电影项目；帮助 30 位黎巴嫩导演参加了国际电影节。②

## 【优势特色产业】

### 旅游业

旅游业是黎巴嫩国内最重要的服务性经济行业，它一直是黎巴嫩国民经济收入的重要来源。黎巴嫩拥有古罗马废墟城堡、历史教堂和清真寺、地中海的美丽海滩、山区滑雪胜地等旅游资源。黎巴嫩旅游业虽常受地区形势和国内局势的影响，但其发展却呈现出较为稳定的态势。其成功路径可从以下几点进行探析。

一是依托特有的自然景观和人文情怀。黎巴嫩旅游业之所以能够成为国家的支柱产业，与其在中东地区所具有的竞争优势密不可分。黎巴嫩旅游业发展的优势主要体现在众多的休闲景点、特殊的自然和人文景观、特殊的人文情怀上，这些在中东阿拉伯世界别具一格。黎巴嫩位于中东心脏地区，鸟瞰地中海东岸。作为夏日避暑休闲胜地，黎巴嫩有不少泉源和瀑布，有的可用来治疗各种疾病，吸引着无数前来疗养和品泉的游客。黎巴嫩特有的人文情怀是旅游业发展的重要内在基础，也是大量游客来黎的重要原因。黎巴嫩民众多精通各种外语，熟知世界各国的风俗习惯，这种人文素养，是其旅游业在中东地区具有

① 胡耀辉．黎巴嫩旅游业发展的现状与前景［J］．生产力研究，2015（02）：72.
② 沈健．黎巴嫩电影，战争废墟上重开的花［J］．世界知识，2019（04）：75.

强大竞争力的重要因素。

二是旅游形式的多样化发展路径。黎巴嫩旅游业形式多种多样，能吸引不同年龄和地区的游客前来观光旅游。主要分为三大类旅游项目：娱乐休闲旅游类，包括海滨度假、冬季运动、夏季山间避暑、文化旅游、宗教旅游、探险旅游、青年营地游；商务类，包括个人商务、展览会和会议；其他类，包括健康疗养、教育和培训等。黎巴嫩旅游业的核心形式就是生态旅游。黎巴嫩拥有丰富的生态环境，包括气候、地质和植被多样性较强的山区和地势独特的贝卡谷地。

三是走游客来源世界性路线。黎巴嫩旅游业向来是传统的重要经济产业，黎政府向来重视入境黎巴嫩的游客数量情况，努力在欧美和中东地区宣传黎旅游资源，吸引更多的外国游客造访黎巴嫩。

黎游客来源具有世界性，来黎巴嫩的游客主要有三类：阿拉伯人，主要来自海湾国家，也有约旦、叙利亚和埃及的；西方人，以欧洲国家为主；黎巴嫩侨民，回国探望亲戚或料理他们的家园财产的。

## 时尚设计

在刚刚过去的 2020 早春假期系列大秀上，黎巴嫩设计师再次大放异彩，饱受欧美国家推崇，近年来，也成为许多中国女星的选择。时尚界盛传这样一句话，黎巴嫩是世界时尚设计中心，盛产设计师，诞生了一批又一批著名的设计师，比如祖海·慕拉、艾莉·萨博、乔治斯·荷拜卡、托尼·瓦德等。

黎巴嫩的很多人从小就读法语学校，深受浪漫国度法国生活方式的影响。很多黎巴嫩人喜欢派对，愿意在衣饰上花钱，所以高级定制盛行。

设计师们兼具本土特色和国际视野，大多具有海外学习经历，辗转巴黎、纽约等学习时装设计，设计大师艾莉·萨博就是典型代表。1964 年他出生在黎巴嫩，从小对艺术展感兴趣的他于 1982 年在贝鲁特开了第一家时装屋，2000 年后开始为巴黎时装周做高级定制女装。他不吝用最名贵的材料、最娴熟的手工、最繁复的工艺，将之组合成具有质感的华服。他也因此被誉为"中东走出的雅典神话"。

**【产业经典案例】**

## 黎巴嫩国家现代艺术虚拟博物馆

黎巴嫩文化部于 2016 年 5 月成立了国内第一座现代艺术虚拟博物馆,旨在借助网络运行模式,保护黎巴嫩文化遗产,推动本国绘画与雕塑艺术走向世界。黎巴嫩文化部部长雷蒙·阿拉伊吉表示,这座国家现代艺术虚拟博物馆由黎巴嫩文化部和黎巴嫩美术学院合作创办,博物馆的建设和线上运行也要归功于美术学院的大力支持和配合。黎巴嫩国家现代艺术虚拟博物馆将展示众多艺术家的作品,为本国的艺术发展提供平台。虚拟博物馆包括永久馆藏、特展、文献档案、虚拟参观区,共收藏 800 余件黎巴嫩当代艺术家的绘画和雕刻作品,包括美籍黎巴嫩裔阿拉伯诗人兼画家纪伯伦的作品。每件艺术品都有相关简介和作者的生平介绍。虚拟博物馆有阿拉伯语、法语、英语和西班牙语四种语言,并有适配的手机应用软件。同时,虚拟博物馆还为青年艺术家提供了展示作品的平台,鼓励年轻人在艺术之路上不断探索和创新。

虚拟博物馆突破了传统博物馆无法设计出所有种类的展示场所,不仅浏览自由、互动性强,还可以提供多元化的服务与设计。黎巴嫩国家现代艺术虚拟博物馆的平台提供了多元化服务的空间,除了主要展览外,还提供个人作品上传和展示服务,在展场配置设计上能更有弹性,既能减少实际设计的成本,还能记录下完整的行为数据,如参观者浏览的时间或次数等,并依据这些数据来分析参观者行为。最重要的是,虚拟博物馆充分利用了网络分享资源的便利性,使所有参观者都能不受地域限制进入参观,互动交流,形成在线的虚拟社区。①

## 黎巴嫩巴勒贝克艺术节

巴勒贝克遗址位于该国东部,被收录于《世界遗产名录》。艺术节由时任

---

① 曹语庭. 阿拉伯国家联盟文化政策研究 [D]. 上海外国语大学,2017:82 – 83.

黎巴嫩总统夏蒙于 1956 年创办，创办伊始吸引了阿拉伯和世界各地的艺术家参与，后因战争中断 22 年，1997 年恢复。叙利亚危机爆发后，该艺术节曾一度转移到贝鲁特举办，2014 年开始重返太阳城巴勒贝克。60 年来，艺术节为黎巴嫩本土艺术家提供了施展才华的舞台，已发展成中东地区最悠久、最负盛名的文化活动之一。

2016 年，该艺术节开幕大戏是黎巴嫩卡拉卡拉舞剧院创作的古丝绸之路歌舞剧《穿越丝路》，26 名来自中国的舞蹈演员和 100 名来自丝绸之路沿线国家的演员一起参加了演出。

2020 年 7 月 5 日晚上，黎巴嫩交响乐团在巴勒贝克神庙举行了一场没有观众的音乐会，传递出一股坚韧的精神。当晚的音乐会在黎巴嫩当地电视台和社交网络上现场直播，它是每年一度的巴勒贝克国际艺术节在今年组织的唯一一场音乐会。约 150 名音乐家和合唱团团员在酒神神殿一处露天场地演奏，现场没有观众，但有无人机录像。

## 【中黎文化贸易】

中、黎两国于 1971 年 11 月 9 日建交，双边关系长期平稳发展。

两国高层交往和民间往来频繁，友谊深厚。1992 年，中黎双方签署了文化相关领域的交流协定，互相组织文化日、文艺演出、图片展等一系列活动，增进了双方的友谊。中国积极参与联合国在黎巴嫩南部的维和及扫雷行动。

2010 年 5 月 1 日，中国公民赴黎巴嫩旅游业务正式实施。2008 年入境黎巴嫩的中国游客仅为 2500 人次，这一数字在 2018 年也不过增至 9450 人次。黎巴嫩旅游部希望加强与中国的合作，不断开拓中国市场。

出版业是两国文化贸易比较活跃的领域。北京师范大学出版社与总部设在黎巴嫩的阿拉伯思想基金会签署了相关协议，筹备启动中国经典图书翻译工程。安徽少年儿童出版社与黎巴嫩数字未来公司在黎巴嫩首都贝鲁特合资成立时代未来有限责任公司，重点开展儿童书籍的翻译出版工作。此外，黄河出版集团、外语教学与研究出版社、朝华出版社等中国出版社与黎巴嫩萨基出版社、黎巴嫩知识出版社等机构建立了版权合作关系，利用黎巴嫩在中东地区的图书销售渠道，推动中国图书更好地走出去。

两国的舞剧合作也颇有成效。早在 2010 年，黎巴嫩卡拉卡拉舞剧院就与杭州歌舞剧院合作推出了舞剧《扎耶德之梦》，并在世界多地巡演。2017 年卡拉卡拉舞剧院新编歌舞剧《穿越丝路》在黎巴嫩首都贝鲁特持续演出了 3 个月。这部由丝绸之路沿线多国艺术家共同呈现的歌舞剧，讲述了古代一支黎巴嫩商队经丝绸之路抵达中国的传奇故事。中国演员的参演吸引了很多黎巴嫩观众，让当地民众对中国文化有了更加直观、形象的认识。

影视领域，双方在节目交流方面的合作进展较快。2009 年，黎巴嫩 LBC 电视台、国家电视台、未来电视台以每周两部的频率播出了中央电视台提供的十余部电视节目，在黎巴嫩和阿拉伯国家引起强烈反响；2013 年，黎巴嫩国家电视台派摄制组来华采访拍摄，制作了《世界奇迹——中国》纪录片在黎播放，并在同年 10 月播放了央视阿语频道制作的 10 集阿语纪录片《车行新疆》。[①] 2017 年黎巴嫩国家电视台播放了中国电视连续剧《生活启示录》。获得戛纳电影节评审团大奖的黎巴嫩影片《何以为家》2019 年登陆中国院线，获得了巨大的成功。

2020 年 5 月 27 日，中国和黎巴嫩签署了《中华人民共和国政府和黎巴嫩共和国政府关于互设文化中心的协定》，揭开了中黎友谊新篇章。

## 【商务往来禁忌】

1. 商务活动要事先预约。

2. 黎巴嫩人喜欢别人赞美他们的家庭；与黎巴嫩人交谈时，可以谈论买卖、孩子、教育和旅行，避免谈论政治、宗教、男女关系。

3. 忌讳黄色。

4. 鲜花和糖果是比较好的礼物，不要送酒和香烟。

---

① 刘欣路，何明星. 黎巴嫩新闻出版业概况——兼谈黎巴嫩与中国的文化交往［J］. 科技与出版，2016
（06）：43.

# 以色列

以色列国，简称以色列，位于亚洲西部，东接约旦，东北部与叙利亚为邻，南连亚喀巴湾，西南部与埃及为邻，西濒地中海，北与黎巴嫩接壤，是亚、非、欧三大洲结合处。其人口为909.2万（2019年9月），其中犹太人约占74.4%，阿拉伯人约占21%，其余为德鲁兹人等。犹太人多信奉犹太教，其余民族信奉伊斯兰教、基督教等。希伯来语为官方语言，通用英语。建国时首都在特拉维夫，1950年迁往耶路撒冷，但未获国际社会的普遍承认。

以色列总体经济实力较强，竞争力居世界先列。混合型经济工业化程度较高，以知识密集型产业为主，高附加值农业、生化、电子、军工等部门技术水平较高。高度重视教育事业，教育经费长期占国内生产总值的8.5%左右。主要发展能耗少，资金和技术密集型产业，注重对科技研发的投入。文化创意产业高度发达，旅游业、出版业、影视业实力强劲。新兴业态则注重含金量更高的模式研发，开发上游产业链。在保持传统阅读习惯的同时，以色列在新媒体方面的发展也取得了令人瞩目的成就，拥有1000多家新媒体公司，其中大部分是规模很小的创业型公司。以色列的通信产业被公认为仅次于美国硅谷，人们熟知的语音邮件技术、宽带无线接入技术、即时通信技术等都源于此。

## 【文化产业管理】

以色列设文化和体育部统管文体相关事宜，另外还设有以色列文化和艺术委员。旅游部负责旅游业务以及国际旅游市场开发等。总体说来，政府以服务、扶持、孵化为主，直接介入管理的情况极少，更注重效能。

以色列1948年建立后，十分重视国语希伯来语的推广和发展。自20世纪

60 年代中期起，希伯来语科学院派专人负责监督电台和电视台的广播，要求播音员的发音规范化。电台每天还有一个固定节目，谈论使用希伯来语时一些常犯错误。1965 年推出《以色列广播局法》。以色列建国之时即实行新闻出版自由政策，出版活动只接受法庭裁决的指导，因而以色列的报刊业发展较快。①

以色列广播局，1948 年成立，直接管理国有电视台电视一台和"以色列之声"电台，旗下《新闻一瞥》是以色列最权威的新闻日播节目。以色列公共广电系统被指存在财务管理不善、机构臃肿等问题，以色列政府一直希望对以色列广播局及其旗下电台和电视台进行改革。2014 年，以色列议会通过一项关闭广播局的法案，取而代之的是一个开支更少的公共广播机构——以色列广播公司。但两大机构的交接工作一直非常混乱，多次被推迟，直到 2017 年 5 月，以色列广播局突然被政府宣布关停。其他主流电视台包括电视二台、十台、十一台、十二台、十三台等，均为私营电视台。

以色列旅游业发达，首先应归功于政府的大力支持。1992 年，政府投资 8000 万美元用于改善旅游设施及对外开展旅游宣传活动，1993 年 8 月底，以色列政府通过 1994 年预算，计划拨款 1.2 亿美元发展基础旅游设施，以尽早实现每年吸引 200 万游客的目标。以色列政府责成旅游部负责制定旅游发展规划，协调各旅行社团及旅游公司的关系。旅游部在世界各地设有 23 个旅游办事处，这些办事处具体负责向驻在国或地区的各个阶层宣传和介绍以色列的自然风光和风土人情。此外，以色列还每年拿出专款，邀请世界各国 1200 多名旅游记者赴此观光，无疑，记者都成了义务宣传员，起到了促使大批游客前来以色列旅游的作用。②

以色列政府高度重视电影产业的发展。1954 年，以色列通过了关于奖励民族电影生产和必须放映以色列短片的法令。1961 年成立海法电影资料馆，1969 年成立民族电影生产基金供给协会。③ 2015 年以色列大选中，梅里·雷格夫被选为文化体育部部长，这位具有强烈右翼思想倾向的女性犹太政治家成

---

① 陈力丹. 稳定发展的以色列新闻传播业 [J]. 新闻界, 2013 (18): 69.
② 苏丽雅, 黄培妱. 蓬勃发展的以色列旅游业 [J]. 国际展望, 1994 (18): 30 - 31.
③ 列国志数据库. 以色列电影艺术发展概况. [2021 - 03 - 12]. https://www.lieguozhi.com/skwx_lgz/book/initChapter Detail? siteId = 45&contentId = 102810&contentType = literature.

立了全新的委员会，类似于电影审查机构，但是这个机构审查的不是电影本身，而是电影创作者以及支持电影创作背后的机构和政治势力。这个部门最主要的工作就是从以色列各个电影基金会那里获取报告资料，然后进行筛选排查，资料包括过去 5 年内每一部电影的支持者或反对者的名单，还要说明反对或支持的理由，从编剧、导演、制片人到一些官员等都有涉及。以梅里·雷格夫为首的政治团体通过名单，了解官员包括电影从业者的政治态度，然后将一些支持者推荐进文化部，以便让一些得不到支持的电影项目顺利展开。以色列电影中心是工贸部下属的一个机构，旨在促进本地和外国制片人在境内拍摄电影，并提供各种服务，如安排业务洽谈、提供鼓励资金等，这些都有力地推动了本土电影走向国际，促使以色列电影出口量年年上升，赚回了更多的外汇，还吸引了一些外国影片、合拍影片在以色列选拍外景。①

**【优势特色产业】**

## 节目模式设计

随着经济和文化全球化的发展，从 20 世纪 90 年代开始，节目模式成了一个新兴的创意产业，目前每年的全球节目模式贸易额超过 30 亿欧元。

以色列电视业发展的历史并不长，到 1968 年才开始播出电视，但 2015 和 2016 年的全球节目模式原产国排行榜里，以色列都位居第四位。《一站到底》已经在全球 18 个国家制作，播出超过 1000 集。

战乱的阴影并没有消磨以色列人的创意和才华，反而促使他们以更快的速度去运转，在那里，节目更新换代的速度很快，只有不超过五档节目的寿命超过了 10 年，每年都会推出大量的新节目。由于本土市场狭小，以色列的电视节目制作在预算上也有很大的局限，多数节目的成本只有几万美元甚至更低，难以在制作水准上引领风骚，只能在创意上出奇制胜，并且要充分考虑国际市场销售的可能性。

---

① 列国志数据库. 以色列电影艺术发展概况.［2021 – 03 – 12］. https：//www. lieguozhi. com/skwx_ lgz/book/initChapter Detail？siteId = 45&contentId = 102810&contentType = literature.

以色列创意人发展出了一套"先锋主流"的方法论，内核是主流的、大众的，但会以先锋、新颖的方式进行重新包装。例如在一档名为《双面人生》的名人访谈节目中，通过特效化妆的方式让主持人化身为名人嘉宾，而名人嘉宾需要面对另一个"自己"的提问，带来一场淋漓尽致的心灵碰撞，为访谈类节目注入了不一样的视角。

更为人称道的是，以色列的节目模式非常善于运用新媒体技术，创造出了很多跨屏互动的精彩内容。例如前几年曾吸引了全球目光的音乐选秀类节目《闪亮新星》，选手们面对一堵 LED 巨墙演唱，只有获得 70% 的现场观众的支持时，巨墙才会升起，选手才会出现在观众面前。

## 休闲农业与乡村旅游

自 1948 年以色列建国以来，基于自身国情，其旅游业的发展便一直由政府主导。以色列旅游业在其经济中占有重要地位，它是以色列主要的外汇来源之一。以色列幅员虽小，却拥有众多旅游胜地，旅游中心除耶路撒冷、伯利恒及其他重要的宗教城市外，集中在滨海地区。耶路撒冷是犹太教、基督教、伊斯兰教三大宗教的圣地。

乡村旅游业在以色列出现较晚，但发展极为迅速，在特征上与北美和欧洲的乡村旅游有许多相似之处。虽不是农户收入的主要来源，但乡村旅游业的出现对以色列整个农村地区的经济有很大的正面影响。

1985 年以前，农户主要从事与农业生产有关的活动。1985 年以后，农户从事农业活动所获得的收入越来越少，尤其是 1987 年农业危机以后，农户被迫寻找其他收入途径。在这样的背景下，乡村旅游业应运而生。以色列乡村旅游业出现的另一重要原因是市场的需求。根据经济合作与发展组织的一份调查报告显示，随着收入的增长、闲暇时间的增多、生活节奏的加快以及竞争的日益激烈，人们渴望体验形式多样化的旅游，尤其希望能在典型的乡村环境中放松紧绷的神经，享受优美的田园风光。为了减轻农民大量流入城镇对城镇所造成的压力和增加农业收入，政府投资在农村修建公园、城堡和其他旅游景点，以各种方式向农户提供经济援助。总的说来，以色列乡村旅游业的出现很大程度上与国家和地方政府的倡导、支持是分不开的。

和欧洲、北美等乡村旅游业发展较早的国家相比，其在宣传、产业化和与市场接轨等方面存在许多不足，仍须改进和完善。在乡村旅游产生的背景和原因上，以色列和欧洲、北美等国家有许多相似之处，即：农业收入的减少；市场需求；政府的引导。在特征上，以色列乡村旅游是在对农村现有闲置房舍稍加改造的基础上发展起来的，一般规模较小，具有明显的季节性。

## 出版业

以色列被誉为世界上最爱读书的国家，出版业整体较发达。

主要报刊有：《国土报》，创刊于 1918 年，希伯来语日报；《耶路撒冷邮报》，创刊于 1932 年，英语日报；《新消息报》，创刊于 1939 年，希伯来语日报；《晚报》，创刊于 1948 年，希伯来语日报；《今日以色列报》，创刊于 2007 年，希伯来语日报。《团结报》是尚存为数极少的政党报纸之一，以色列共产党机关报，创办于 1944 年。

期刊超过 1000 种，其中《亚利伊勒》是主要文化刊物，有英文、法文、德文、西班牙文、阿拉伯文和俄文六个版本。该刊涉及以色列所有文学艺术领域，如散文和诗歌、电影、舞蹈、绘画和雕塑、音乐、建筑和文学评论。[1]

图书出版业发展迅速。以色列国家图书馆发布的年度报告显示，2018 年以色列共出版了 8571 本书，其中有 1045 本是儿童书。93% 的儿童书籍以希伯来语出版，4.2% 用阿拉伯语出版，其余书籍用英语和意第绪语出版。

举国读书氛围浓厚。1926 年，以色列图书周首次设立，每年 6 月举办，有书店图书展销、音乐表演、儿童讲故事、工作坊等活动。1963 年首届耶路撒冷国际书展举办，每两年举办一次，2019 年吸引了来自全球 40 多个国家约 400 家出版商参会。

纸质书籍在以色列非常受欢迎，买书和看书的人非常多，很多人习惯通过阅读度过安息日，因此书店的经营状况很好，旧书店随处可见。在以色列，在

---

[1] 陈力丹. 稳定发展的以色列新闻传播业 [J]. 新闻界，2013 (18)：69 – 70.

最繁华的街区一定有书店的存在，而且国家机构在大型私营书店的选址以及税收等方面都是给予足够的优惠政策，以保证国民的阅读不受经济发展带给书店的经营方面的压力影响。近年来很多大小不一、风格各异的书店也开始借助互联网平台进行销售。

## 【产业经典案例】

### "人民公社" 恩戈地

恩戈地共有 600 多种植物，俨然一个植物博物馆。在年平均降水量不足 50 毫米的沙漠，以色列人却打造出了一个盎然葳蕤的植物王国，不能不说是一个奇观，而这一切都得益于"滴灌"技术。

与以色列所有的"人民公社"一样，恩戈地沿袭着共产主义的生活方式。这里没有私有财产，一切财产和生产资料都归全体成员共有。成员之间完全平等，大家一起劳动，共同生活，重大决定由全体成员共同商定。这样的集体社区，在以色列叫作"基布兹"。

恩戈地是发展乡村旅游的一个典范，它将创意性的生态农业作为自己的标签性景观，吸引游客，发展旅游。在情趣盎然的植物花园里，恩戈地建立了二百多个度假小屋。小屋分为三个等级，都是平层小房，开门即是花园。普通的房间已经相当舒适，里面配有浴缸、电视、冰箱和咖啡区；稍微高级一些的在装修上更有情调，装饰着当地艺术家的画作；迷你套间则更加高雅和富有浪漫气息。

恩戈地吸引游客的法宝不仅有令人叹为观止的植物园，还有死海地区最好的餐厅，以及一流的游泳池和水疗馆，游客们可以一边欣赏死海和沙漠交相辉映的美景，一边享受按摩服务。另外，公社还为住在这里的客人提供摆渡车服务，方便游客在周围参观。此外还有瑜伽课程和组织游客在沙漠里开吉普车观光等活动。

现在以色列许多"人民公社"都建立了旅游景点，并提供一流的饭店服务。同时还组织果实采摘、参观农场和牲畜棚、骑马、开拖拉机，以及参观果酱工厂、橄榄油压榨厂和酒窖等活动。①

## 【中以文化贸易】

　　2017 年是中以建交 25 周年，2017 年 3 月，中以宣布建立创新全面伙伴关系。过去几年，中以两国围绕"一带一路"开展了密切合作，双方进出口贸易增长迅速，中国已经成为以色列在亚洲最大的合作伙伴。

　　1993 年两国签署了文化合作协定，到 2020 年 10 月已签署 7 个年度执行计划，推动双方在文化、艺术、文物、电影、电视、文学和教育等领域的交流与合作。2017 年 11 月 26 日，以色列特拉维夫中国文化中心揭牌。

　　两国互相拓展旅游市场的空间巨大。根据以色列中央统计局的数据，2019 年共有 450 万游客来以色列旅游，而同比 2018 年到以色列旅游游客数量为 410 万。2019 年以色列出境游人数是入境游人数的两倍。2016 年以色列十年签证的开放，促使中国赴以色列旅游的人数明显增多。2019 年中国赴以游客超过 15 万人次，和去年相比增长了 50%，达到近 3 年最高值。同时，中国游客相比于其他国家游客，消费是最多的。航空运力的提升，为中国游客提供了更加自由的出行选择，并将进一步推动中以两国之间的经贸、科技、创新和旅游等领域的深度合作。②

　　在音乐领域，两国交流活跃。以色列交响乐团多次访华，在北京、上海、广州等地演出。交响乐团访华节目以欧洲作品居多，如演奏柏拉姆斯、柴可夫斯基等音乐大师的作品。演奏会在中国观众中引起了巨大共鸣，很受欢迎。③

　　2017 年，为庆祝中以建交 25 周年，由以色列电视二台和中国国际广播电台合作拍摄的 5 集系列纪录片《中国制造》在以色列电视台热播，每集的收

　　① 夏瑾文. 有一种乡村生态旅游叫以色列"人民公社"[N]. 中国青年报，2014 年 11 月 21 日第 11 版.
　　② 于忠西. 以色列旅游业发展的经验及其启示 [J]. 旅游纵览（下半月），2018（18）：11–13+15.
　　③ 钱有钰. 中以电影文化交流的良好开端——"当代以色列电影展研讨会"综述 [J]. 当代电影，2000（04）：82–83.

视率均达到21%以上，创造了以色列电视台纪录片收视率的最高纪录。

两国出版业的合作也有显著提升。中国人民大学出版社和以色列当地几家出版社合作，不仅把中国专家学者的书籍引进到以色列出版，同时也把以色列汉学家的著作介绍到中国，比如在中国出版的《晏子春秋》中英文对照版就是由以色列汉学家欧永福教授译著的，这也是世界上第一部中英文对照版本的《晏子春秋》。2019年1月17日，中国人民大学出版社和以色列奥弗出版社签署协议，将共同合作把《寻求突破的中国经济》等4本中文图书翻译成希伯来语出版。

## 【商务往来禁忌】

1. 以色列商务活动中习惯使用名片，接到名片后应认真阅读、仔细放置，切勿随意插进口袋。

2. 犹太人喜欢整洁、协调、素雅和庄重的衣饰，大红大绿的衣着，极端前卫的服装、奇异的发型都不为他们所欣赏。

3. 商务交际初次报价不宜过高，展现真诚。

4. 如果交往中犯了错误，思路清晰地跟对方道歉、沟通即可，切忌只用一句"对不起"打发。

5. 每周安息日这天，犹太人不工作，也不准进行体育比赛。安息日指的是：自每个星期五日落开始，至次日日落前为止。不要在安息日安排任何商务和拜访活动。

6. 以色列人的饮食具有极为浓厚的宗教色彩。在饮食方面严守教规，丝毫不敢疏忽大意。犹太人可以吃禽类和植物。在所有水生物之中，不可以吃无鳍无鳞者。在一切畜类当中，只准吃羊肉、牛肉和鹿肉。对允许犹太人食用的羊肉、牛肉、鹿肉，犹太教还做出了种种具体的限定。对猪尤其避讳，甚至不能提及，商务宴请切切用心。

# 巴勒斯坦

巴勒斯坦国，简称巴勒斯坦，位于亚洲西部，面积 5884 平方公里。人口约 1270 万人，其中加沙地带和约旦河西岸人口为 508.5 万（2019 年 12 月），其余为在外的难民和侨民。通用阿拉伯语，主要信仰伊斯兰教。1988 年 11 月，巴勒斯坦全国委员会第 19 次特别会议通过《独立宣言》，宣布耶路撒冷为巴勒斯坦国首都。目前巴勒斯坦总统府等政府主要部门均设在拉马拉。

经济以农业为主，其他有建筑业、加工业、手工业、服务业等。巴勒斯坦经济严重依赖外来援助，经济发展受制于以色列，巴以冲突持续对巴勒斯坦经济发展形成严重制约，文化产业也因而无法正常发展。尽管巴勒斯坦气候宜人，有大量的历史文化古迹，旅游资源丰富，但是发展不充分。巴勒斯坦建有博物馆、文化中心、剧院、电影院等公共文化场所，大都集中在耶路撒冷、拉姆安拉、伯利恒等城市地区，但持续不断的冲突迫使许多文化场所关闭。

1968 年，法塔赫建立巴勒斯坦电影生产部，并于次年拍摄出第一部纪录片《不能和平解决》。1972 年，法塔赫的电影生产部吸收阿拉伯国家致力于巴勒斯坦解放事业的电影工作者组成"巴勒斯坦电影协会"。20 世纪 60 年代末出现的"巴勒斯坦抵抗电影"绝大部分是新闻纪录片。20 世纪 90 年代以来，巴勒斯坦拍摄的具有代表性的纪录片有《在国境线上》《耶路撒冷宣礼塔上的声明》《工程师》《阴谋》。[①]

主要报刊有《耶路撒冷报》《日子报》《新生活报》等。官方广播电台为"巴勒斯坦之声"，官方电视台为"巴勒斯坦电视台"，均从属于"巴勒斯坦广

---

① 列国志数据库. 巴勒斯坦的电影发展概况. ［2020 – 07 – 30］. https：//www.lieguozhi.com/skwx_ lgz/book/initChapterDetail？siteId = 45&contentId = 173604&contentType = literature.

播公司"。

随着巴勒斯坦信息技术的快速发展，依托互联网的数字化新媒体成为当地新兴的传播形式。巴勒斯坦新闻网用阿拉伯文、英文、希伯来文和法文播送新闻，《巴勒斯坦通报》用阿拉伯文和英文发表新闻，耶路撒冷媒体新闻中心用英文播送新闻。哈马斯在加沙地带开设了自己的新闻网站。"博客"等自媒体也在巴勒斯坦获得蓬勃发展。①

## 【文化产业管理】

巴勒斯坦设文化部管理文化艺术相关事宜，另外还设旅游和文物部保护文化遗产，指导旅游业发展等。

以色列占领初期，约旦河西岸和加沙地带的新闻出版业仍有一定生存空间，因此二十世纪七八十年代，被占领土创办了许多报纸和期刊。后来，以色列禁止当地巴勒斯坦人发行报纸，也不允许他们建立电台和电视台。巴勒斯坦民族权力机构建立后，约旦河西岸和加沙地带的新闻出版业获得发展空间。1995年，巴勒斯坦颁布出版法，保证一定的新闻自由，但限制讨论安全事务。巴勒斯坦的新闻出版业受到巴以冲突的重大影响。以色列对记者的袭扰和自由行动的限制，使他们的工作面临诸多困难。

## 【优势特色产业】

### 文学创作

巴勒斯坦文学是指巴勒斯坦人以阿拉伯语创作的小说和诗歌等文学作品，是阿拉伯文学的重要组成部分。1948年巴勒斯坦战争后大批难民逃离家园，从此巴勒斯坦文学被分为"被占区文学"和"流亡文学"。

被占区文学又被称为"抵抗文学"。早期的被占区文学主要是农村流行的

---

① 列国志数据库. 巴勒斯坦文化. ［2020 – 07 – 30］. https：//www. lieguozhi. com/skwx_ lgz/book/initChapterDetail? siteId = 45&contentId = 6706556&contentType = literature.

民歌，表达巴勒斯坦人对压迫的反抗。随着生存环境日益恶化，被占区产生了一批具有强烈战斗精神的诗人和作家，但其中不少人遭到迫害。早期的"流亡文学"带有失望和思乡的情绪。随着民族解放运动的发展和武装斗争的开展，作品的题材和内容日益丰富，但主要是围绕解放斗争展开。

可以说巴勒斯坦现代文学诞生于民族解放运动，特殊的社会政治形势对文学产生了深刻的影响。当代巴勒斯坦作家在民族解放运动中成长起来，勇敢地投入到争取民族解放的斗争中，力求使文学创作为民族解放这个总目标服务。不少诗人和作家为解放事业献出了生命，在文学史上写下了光辉的一页。

## 宗教旅游业

巴勒斯坦有大量的历史文化古迹，更有举世闻名的宗教旅游资源。巴勒斯坦位于亚欧非三大洲交界处，是人类文明的发祥地之一，也是世界三大天启宗教的摇篮，曾是古代丝绸之路的重要一站。早在公元前 7000 年，巴勒斯坦就出现了人类历史上的第一座城市——杰里科。2012 年，巴勒斯坦名城伯利恒被联合国教科文组织列入世界文化遗产名录。

巴勒斯坦特殊的宗教地位、历史遗迹和自然景观，获得了世界各国游客的青睐，住宿、饮食配套服务也得到了大幅改善。据巴勒斯坦驻华大使法里兹透露，巴勒斯坦每年接待约 200 万外国游客，圣诞节和新年是传统的旅游旺季。

旅游业与巴勒斯坦人民的生活息息相关，是巴勒斯坦国民收入的重要来源，对促进巴勒斯坦社会和经济发展有着重要的意义。尽管巴勒斯坦和以色列所在的圣地旅游资源丰富，但旅游业的发展却因为以色列的占领而受到了极大的限制。

由世界旅游组织主办的国际宗教旅游会议于当地时间 2015 年 15—16 日在约旦河西岸城市伯利恒举行，作为东道主的巴勒斯坦也借此次会议探讨以旅游业促进其社会经济发展的途径。在会议举办的这周，巴勒斯坦旅游和文物部为与会者精心打造了多条不同主题的旅游路线，让这些大都是第一次来到巴勒斯坦的外国友人从不同角度了解了巴勒斯坦。①

## 手工艺

提到巴勒斯坦，人们往往想到的是民族矛盾、领土争端、战火纷飞，但这个不同文化的交汇之地还有许多值得发掘的人文内涵。

橄榄木雕、珍珠母制品、梭织地毯是巴勒斯坦手工艺品的热销商品。橄榄木雕与珍珠母制品最早都发源于教会，念珠和十字架起初就是以橄榄木镶嵌珍珠母制成。巴勒斯坦橄榄木与珍珠母制品以华丽优雅闻名于世，受到世界各地民族艺术爱好者与收藏家的欢迎；梭织地毯、陶瓷等手工艺品配色明艳、活泼有趣，富有浓郁的生活气息。

到巴勒斯坦的游客，常会买用传统刺绣制作的枕头当纪念品。橄榄皂是巴勒斯坦传统手工业的产品，全球畅销，用可食用的初榨橄榄油作为原料生产的。

玻璃吹制工业也是当地的传统工业之一。公元前 50 年左右，一种新的玻璃制作技术——"吹制法"在罗马境内的叙利亚和巴勒斯坦一带出现了。这种方法是将加热的玻璃放置于吹管的前端，一边向吹管里吹气，一边适当转动从而吹制成各种造型。

## 【产业经典案例】

### 巴勒斯坦国际音乐舞蹈节

巴勒斯坦国际音乐舞蹈节成立于 1993 年，针对以色列对巴勒斯坦长达几十年的封锁，从文化和艺术领域尝试去打破封锁。这个国际节是巴勒斯坦最大的每年一次的艺术文化领域的盛宴，通过举办这样的国际音乐舞蹈节，去慢慢恢复和繁荣巴勒斯坦的艺术和文化领域。

---

① 中国经济网. 以旅游业促进巴勒斯坦社会经济发展. ［2021－03－12］. http：//www. ce. cn/culture/gd/201506/17/t20150617_ 5666284. shtml.

自 1993 年举办以来，本节已经成功邀请了来自西班牙、意大利、希腊、智利、埃及、法国、摩洛哥、突尼斯、阿尔及利亚、伊拉克、英国、土耳其等国家和地区的艺术家们前来表演，来自巴勒斯坦当地的艺术团体和艺术家们也积极参与到了这样的国际节文化艺术盛宴中去。在 2000 年之前，表演场地只限于拉姆安拉的文化中心，2000 年到 2005 年之间，因当时政治局势和西岸风云，国际节被迫停止举办。2005 年之后，国际节不仅恢复了拉姆安拉的演出，还走到西岸的各个城市乡村和难民营，用行动打破隔离墙和检查站带来的种种不便和困扰，将文化艺术的交流和传播做到便民和普及。[①]

## 巴勒斯坦广播公司

巴勒斯坦广播公司成立于 1994 年，是巴勒斯坦民族权力机构下属部门，包括"巴勒斯坦之声"和"巴勒斯坦电视台"等下属机构。

"巴勒斯坦之声"是巴勒斯坦官方广播电台，前身是创办于 1964 年的"巴勒斯坦革命之声"广播电台，用阿拉伯语播音。巴勒斯坦还有许多在小城镇注册的私人广播电台。1999 年，巴勒斯坦有 11 座广播电台，都位于约旦河西岸。除"巴勒斯坦之声"外，其余 10 家为商业广播电台。2004 年，哈马斯在加沙地带开通"阿克萨"电台。截至 2015 年，巴勒斯坦地方广播电台增加到 81 家，其中约旦河西岸 59 家，加沙地带 22 家。

"巴勒斯坦电视台"创办于 1995 年 9 月，是巴勒斯坦的官方电视台，下属的"巴勒斯坦卫星频道"是免费的阿拉伯语卫星电视频道，覆盖约旦河西岸和加沙地带。

## 【中巴文化贸易】

1988 年 11 月 20 日，中国宣布承认巴勒斯坦国，两国建交。2019 年，中

---

① 搜狐网. 巴勒斯坦国际音乐舞蹈节掠影. [2021 – 03 – 11]. https：//www. sohu. com/a/ 163756078_ 737169.

巴双边贸易额为 0.82 亿美元，同比增长 11.55%。主要为中国对巴勒斯坦出口，其中出口 8200 万美元，同比增长 12.04%。

中方愿与巴勒斯坦以各种方式推进合作，并承诺在签证办理、经验推广以及加强经贸、文化和人才等领域为巴勒斯坦提供便利。中国多次应邀派遣文艺团体等赴巴勒斯坦演出以及参加文化节，举行中国文化推广活动等。

中国提出 "一带一路" 倡议后，巴勒斯坦总统阿巴斯多次表示，巴方愿与中国一同推动 "一带一路" 建设，巴方将在相关领域做出积极努力。中巴两国签署了文化教育相关的执行计划，中国每年向巴方提供 100 个政府奖学金名额。

《中国剧场》在巴勒斯坦开播。2019 年 2 月，由中央广播电视总台译制的阿拉伯语版电视剧《欢乐颂》、动画片《小鲤鱼历险记》和《你好！中国》在巴勒斯坦马安电视台《中国剧场》栏目的新春特别节目开播，受到了巴勒斯坦观众的关注和喜爱。

2019 年 12 月 16 日，巴勒斯坦首家孔子学院在圣城大学阿布迪斯校区举行揭牌仪式。①

## 【商务往来禁忌】

1. 大多巴勒斯坦人信奉伊斯兰教，交往中注意避免触犯相关禁忌。

2. 穆斯林斋月期间，非穆斯林也应尊重习俗，不在公共场合抽烟、喝水、吃东西或进行娱乐活动。

3. 斋月期间，当地饭店白天一般不营业，政府部门上午办公时间推迟至早上 10 点左右。

4. 巴勒斯坦人十分热情，应邀参加宴会时通常要送花环。

---

① 蔡馥谣，曹波．中国与 "一带一路" 沿线国家文化交流大事记（上）[J]．中华文化海外传播研究，2018（01）：311－312.

# 沙特阿拉伯

沙特阿拉伯王国，简称沙特阿拉伯或沙特，位于阿拉伯半岛。东濒波斯湾，西临红海，同约旦、伊拉克、科威特、阿联酋、阿曼、也门等国接壤，并经法赫德国王大桥与巴林相接。人口 3481 万（2021 年 2 月），其中沙特公民约占 62%。伊斯兰教为国教，逊尼派占 85%，什叶派占 15%。官方语言阿拉伯语。首都利雅得。

沙特华人华侨数量约在 3—5 万之间，主要居住在西部的塔伊夫、吉达、麦加等地，以从事服务业为主。

沙特阿拉伯是世界上最富裕的国家之一。原油探明储量占世界储量的 16%，居世界第二位。天然气储量居世界第六位。沙特还是世界上最大的淡化海水生产国，其海水淡化量占世界总量的 20% 左右。石油和石化工业是沙特的经济命脉，石油收入占国家财政收入的 87%，占国内生产总值的 42%。政府重视教育和人才培养，实行免费教育政策。沙特人热衷于消费，注重生活享受，他们对音乐、电影、艺术等都有着天然的热爱，消费动力充足。沙特是中东最大的终端消费市场。

在沙特，体育馆几乎成为沙特年轻人消遣的主要场所，室内体育用品一应俱全。旅游业、报业、电视业等传统文化产业非常发达，但是沙特的特殊国情使文体娱乐产业发展长期受到压制。沙特社会主体信奉瓦哈比教派，坚持保守的伊斯兰教义，社会思想长期被禁锢，任何男女同时参加的娱乐活动都被明令禁止，电影、音乐会、演唱会等娱乐活动在沙特一般无法获得批准。沙特没有动画、游戏制作、电影等产业，也没有专业的学校和学科教育。在 2018 年之前，沙特整个国家还没有一座公共电影院。在这种情况下，沙特本国居民形成了去邻国或者欧洲进行文化娱乐消费的传统。据统计，沙特每年有960万人次出国进行文体娱乐消费，花费总额达56亿美元。沙特居民大约有80%的娱乐活动是在境外发生的，这也意味着沙特本国的娱乐市场潜力巨大，一旦政策允许，将释放出巨大市场红利。

沙特"2030愿景"提出大力发展文体娱乐产业，力争到2030年建立450个注册的、专业化的业余俱乐部，把家庭文娱支出占比从现在的2.9%提高到6%。这一规划无疑将使沙特居民长期被压抑的文体娱乐消费能力得到释放，进而带动相关产业实现迅速发展。[①]

沙特的文化开放正在进行中。2017年沙特官方举办了第一届大型动漫展，为期三天。2018年3月，沙特下令国内全面开放电影院。同年，沙特海滨城市吉达首次举办了大型露天国际爵士音乐节，3000多名沙特观众欣赏了世界知名音乐家的精彩演出。2018年沙特官方安排了5000场公共娱乐活动，包括音乐会、节日庆典和现场表演等。政府还公布了媒体城、娱乐城的全新规划。这些举措打破了沙特的传统惯例，使文体娱乐业逐渐突破宗教束缚，获得了发展空间。

## 【文化产业管理】

沙特阿拉伯的文化管理部门是文化部。文化部历史可以追溯到1962年，主要负责沙特阿拉伯官方的新闻和媒体宣传。2003年更名为文化新闻部，并将文化事务纳入其旗下管理。

沙特一直坚守着伊斯兰传统制度与意识形态，禁止一切感官刺激的娱乐活动，同时也禁止除伊斯兰教之外的一切偶像崇拜。

沙特阿拉伯新闻传播由新闻部主管，负责利用报刊、电视、广播向国内外

---

① 驻沙特阿拉伯使馆经商处. 沙特文体娱乐产业的"富矿"——沙特产业系列调研之七. ［2021－03－13］. http：// sa. mofcom. gov. cn/article/ztdy/201808/20180802778228. shtml.

传播新闻与消息。沙特在经济上控制着阿拉伯世界的许多主流媒体，但它却是拥有最严格媒体审查制度的国家。沙特奉行的新闻政策以遵守伊斯兰法规为原则，在思想上和文化上为社会服务，鼓励科学技术发展、传播伊斯兰和阿拉伯文化，捍卫阿拉伯民族和伊斯兰世界。按照政府文件，沙特阿拉伯新闻活动必须贯彻如下原则：所有新闻机构及其活动必须遵守伊斯兰教有关规定，不得与之相冲突或矛盾。新闻部要坚持服务社会，提倡优良传统，反对腐败，推动发展。媒体宣传要为沙特阿拉伯政治服务，坚持客观报道事实真相，保护阿拉伯特别是沙特人民的利益。巩固和促进沙特人民之间的团结、亲善与互助关系。重视儿童的纯洁天赋。关注妇女群体，为她们开设专门的节目。关注青年人及其每个阶段的思想成长过程。

国家出版管理局负责对沙特阿拉伯国内出现的国内外各种书籍、报刊和音像制品进行管理，坚持和维护沙特阿拉伯伊斯兰传统价值观。出版管理局总部设在利雅得，在全国各大城市和各个海陆空口岸有分支机构。分支机构监督各种声像制品的出版，禁止有悖伊斯兰伦理道德的出版物入境。①

旅游与国家遗产委员会是旅游业重要的领导机构。旅游部负责管理旅游发展及推广相关事宜，制定了《旅游业法》，引导旅游业健康发展，规范酒店、旅行社营业执照发放和分级管理等。

现在，为推动文体娱乐产业发展，政府机构大刀阔斧地进行了改革，组建沙特视听管理总局，与沙特文化部、体育部共同负责管理、发展文体娱乐产业。此外，沙特文化部成立了电影委员会，用于人才发展项目、行业监管架构、制片基础设施、资金方案和沙特国家品牌文化的推广。

同时，沙特政府还大力推进文体娱乐产业的国际合作项目，与英国、美国签署了关于文化娱乐领域的合作协议。王储穆罕默德访美期间还亲自会见了美国华纳兄弟娱乐公司的主席，就文化娱乐领域合作及人才培训向其咨询。

----

① 列国志数据库．沙特阿拉伯的新闻出版概况．［2021 - 03 - 13］．https：// www.lieguozhi.com/skwx_ lgz/book/init ChapterDetail？ siteId = 45&contentId = 103702&contentType = literature.

## 【优势特色产业】

### 旅游业

　　沙特地处连接欧、亚、非三大洲的十字路口，旅游资源丰富，独特性明显。沙特沙漠风光壮阔，海岸线绵延，海岛众多，西南地区更是山脉绵亘。拥有 4000 多个考古遗址和数个联合国教科文组织认定的世界遗产遗址，特别是堪与约旦佩特拉古城媲美的玛甸沙勒，极富吸引力。虽然沙特自然和人文旅游资源绝大多数尚未开发，但优质的基础设施大大提高了通达性，为有意投资的企业提供了难得商机。[①]

　　为了发展国内旅游业，近年来沙特政府投入巨资，加强了国内旅游服务配套设施的建设。沙特政府在其旅游胜地举办了规模空前的消夏度假节，力图吸引沙特人在国内旅游，希望沙特人把钱花在国内。

　　目前，旅行和旅游业每年为沙特贡献近 600 亿美元的收入，使沙特跻身全球旅游业 GDP 贡献度排名榜前 20 名，但因出入境签证控制严格，过去一直未开放旅游签证，其中约 45.8% 来自朝觐接待收入，40.4% 来自探亲和商旅客流接待（2016 年数据）。2019 年 9 月沙特正式宣布，对外发放旅游签证，首批面向全球 49 个国家，展示了沙特愿意向世界敞开大门，分享令人惊奇的旅游资源的意愿。

　　沙特阿拉伯从宏观角度，以策略性眼光，将超大型旅游项目视为发展多元化社会经济和解决就业问题的关键驱动力。2021 年 2 月 25 日沙特阿拉伯新闻报道，沙特王储宣布将在阿西尔地区成立 Soudah 旅游开发公司。新公司为沙特公共投资基金的全资子公司，注册资本 30 亿美元，旨在依托地区旅游资源，提升阿西尔地区经济社会发展水平，改善当地旅游环境。

---

　　① 中华人民共和国驻沙特阿拉伯王国大使馆经济商务处. 沙特旅游产业发展潜力巨大——沙特产业系列调研之九. [2021 - 03 - 13]. http://sa.mofcom.gov.cn/article/ztdy/201808/20180802778226.shtml.

## 广播电视业

1932 年，阿卜杜勒·阿齐兹国王在全国建立无线电网络，目前，沙特阿拉伯有 22 个电台。1979 年，各电台的无线电广播统一组成"通用广播公司"。公司管理和政策遵循如下原则：突出宗教、社会和文化节目；重视新闻和政治类节目；鼓励著名学者的重要话题谈话节目；向听众提供教育节目，引导听众；提供适合儿童观看的节目；鼓励优秀学者创作宗教、文化和社会类的系列广播剧。除通用广播公司所属电台之外，还有一些其他的无线电频道。

沙特于 1964 年建立电视网，1965 年开始播放黑白节目，1976 年开始彩色节目播映。现有 4 个电视台。目前全国各地有 107 个中转站，电视网已覆盖全国 98% 的地区。凭借市场规模、产业基础和经济实力等方面的优势，沙特阿拉伯电视业在周边国家和地区也产生了较大的影响，卫星电视是其最主要的电视传播渠道。沙特阿拉伯是伊斯兰国家，电视业受宗教影响较大，在电视领域有"斋月模式"，即在斋月期间，民众往往会花大量的时间收看电视，约有三分之一的沙特阿拉伯观众每天收看 3—5 小时电视节目。由于近年来网络电视等新兴媒体在沙特阿拉伯取得了长足的发展，传统电视节目虽仍占主导地位，但日均收视时间有所下降。

## 出版业

沙特阿拉伯报纸主要使用阿拉伯文和英文出版。阿文报纸有《中东报》《利雅得报》《生活报》《国家报》《半岛报》《麦地那报》《今天报》《欧卡兹报》等，英文报纸有《阿拉伯新闻》《沙特公报》和《沙特经济概览》等。

沙特阿拉伯主要的刊物有《叶玛麦周刊》《阅读周刊》《东方周刊》《宣教周刊》《阿拉伯人月刊》《阿拉伯语月刊》《安全月刊》《国民卫队月刊》《科学与技术》《健康月刊》《规格与标准月刊》等。

沙特阿拉伯利雅得国际书展，由沙特阿拉伯国家文化部主办，是中东地区一年一度的最大的年度文化展览活动之一，每年吸引近 200 万人参观。2018 年展会吸引了来自全球 27 个国家的 500 多家出版社参展，参展图书共 6 万余种。

**【产业经典案例】**

### 杰纳第利亚遗产文化节

"杰纳第利亚遗产文化节"由阿卜杜拉于 1984 年创立，已经成为海湾地区最大的艺术节之一。

2013 年，在沙特首都利雅得举办了第 28 届"杰纳第利亚遗产文化节"。作为海湾地区乃至阿拉伯世界最重要的文化艺术节庆活动，沙特"杰纳第利亚遗产文化节"此次邀请中国作为主宾国，希望通过推动两国文化交流，促进两国的经济合作业务。

### 沙特音乐风暴 MDL Beast 音乐节

2019 年 12 月 21 日，沙特阿拉伯有史以来规模最大的音乐、艺术和文化节 MDL Beast 开幕，首日就迎来全球各地的 13 万名以上的观众。观众们聚集在沙特有史以来首个多舞台音乐节，观看 Tiesto、Martin Garrix、Black Coffee、Swizz Beatz 和 Rick Ross 等国际音乐巨星以及当地艺人 Cosmicat、DJ Baloo、Dish Dash 和 Simi Haze 的精彩表演。

**【中沙文化贸易】**

1990 年 7 月 21 日，中国和沙特建交。建交以来，两国友好合作关系快速发展，交往频繁，合作领域不断拓宽。中国从 2013 年成为沙特的全球第一大贸易伙伴。

2008 年汶川大地震发生后，沙方第一时间向灾区捐款并提供物资援助，是我国收到的最大的一笔海外单项援助。2016 年 12 月 20 日至 2017 年 3 月 19 日，"阿拉伯之路——沙特出土文物展"在中国国家博物馆展出，这是近年来沙特在东亚地区举办的最大规模的文物展。习近平主席与萨勒曼国王共同参观并出席了闭幕式。2018 年 9 月至 11 月，中国在沙特首次举办在中东规模最大的"华夏瑰宝展"。

旅游业方面，两国有极大的合作空间。2019 年 9 月 28 日，沙特首次正式向外国游客开放旅游签证，中国是首批 49 个国家之一。2021 年开年，1 月 11 日，沙特埃尔奥拉皇家委员会在上海成功举办了中国市场的首次路演，拉开了 2021 年中国路演的序幕。

影视产业方面，也蕴含着巨大的合作空间。2017 年 2 月，中国与沙特合作打造的动画片《孔小西与哈基姆》在沙特文化中心首映，是沙特历史上首部本土动画。

## 【商务往来禁忌】

1. 伊斯兰教为沙特国教，交往中注意避免触犯相关禁忌。
2. 沙特人不相信谈判代表，一般会要求与制造商直接谈判。
3. 沙特人看重信誉，商业谈判要尽可能地取得他们的信任和好感。
4. 不要在公众场合拍照。

# 也　门

也门共和国位于阿拉伯半岛西南端，与沙特、阿曼相邻，濒红海、亚丁湾和阿拉伯海。人口 2980 万（2021 年 2 月），绝大多数是阿拉伯人，官方语言为阿拉伯语。伊斯兰教为国教，什叶派占 20%—25%，逊尼派占 75%—80%。1990 年 5 月由阿拉伯也门共和国（北也门）和也门民主人民共和国（南也门）合并而成。首都萨那。2015 年 3 月，萨那被胡塞武装分子占领，亚丁成为临时首都。

也门有 3000 多年文字记载的历史，是阿拉伯世界古代文明摇篮之一，是世界上经济最不发达的国家之一。经济发展主要依赖石油出口。工业不发达，交通比较落后，全国没有铁路。该国的棉花质量良好，咖啡种植面积也很大，在经济发展方面占重要地位。近年，也门政府致力于减少预算赤字和政府开支，努力控制通货膨胀，稳定物价。

1990 年也门统一后，报纸杂志出版量迅速增长，政府、各党派组织、独立人士均有出版物，还有一些专业性报纸或期刊。主要的阿拉伯文报纸有《革命报》《共和国报》《政治报》《十月十四日报》《九月二十六日报》，英文报纸有《也门时报》《也门邮报》和《也门观察家》。

萨那电视台，建于 1975 年。每日播放 15 个小时的节目。亚丁电视台于 1964 年 9 月建成，每日播放 7—8 小时的节目。

## 【文化产业管理】

也门设文化部管理文化艺术相关事宜，高度重视文物古迹保护，设立也门文物与博物馆总局。另外有新闻部管理相关业务，新闻部设有新媒体中心。

南北也门共和国时期，文物古迹的保护受到各自政府的重视，文物古迹保护制度和措施不断完善，都设过专门的文化管理机构，并颁布过专门的文物法。也门统一后，政府采取了一系列保护文物古迹的措施。具体措施包括：完善保护文物古迹的法律，同时成立了专门管理机构，加强对文物古迹的整理、研究工作，利用各种技术保护和修复文物古迹；在国民中开展保护文物古迹的宣传活动，培养文物保护和研究方面的人才；建设了一批文物博物馆；开发了历史文化和文明相关的旅游项目；与国际组织建立长期联系，与各国开展联合保护和拯救也门文物古迹的工作。[1]

1994 年也门内战爆发后，政府规定新闻媒体报道的宗旨为"以伊斯兰法为准绳，以宪法相关规定为活动范围，维护国家统一，为实现也门革命的基础和目标而努力"，形成比较完整的新闻政策。但迄今为止，也门尚未出台关于

---

① 列国志数据库. 也门的文物管理和博物馆. ［2020 - 03 - 13］. https：// www. lieguozhi. com/ skwx_ lgz/ book/ initChapterDetail？ siteId = 45&contentId = 102241&contentType = literature.

互联网媒体发展的相关法律。出台一部全面、公正的新闻法是也门政局稳定后恢复和推动新闻传播业的首要之务。[①]

## 【优势特色产业】

## 手工艺

也门的传统手工业历史悠久，可追溯至公元前 3000 年，腰刀是也门古代文明的象征，也是也门男人至今会佩戴的饰品。

也门腰刀是一种双刃匕首，短小锋利，有一定的弧度，传承了古代工艺，只用一些当地常见的工具即可制作。从赛伯伊人时期开始，也门就有了腰刀，腰刀年代越久卖价也就越高。

雕刻及装饰艺术也是也门传统艺术的一部分。自古在建筑物和装饰物上雕刻就是也门的一种艺术时尚，大理石和石膏是雕刻的主要材料，雕刻的图案各式各样，以人物居多。

人面雕刻数量很多，说明以前人们已经非常重视人的地位和作用了。雕刻最多的图案是牛和羊，有的石刻上还雕刻了一些神话中的动物，表现了古代也门人与大自然和谐相处的生活理念。

古代也门的钱币上的雕刻也很精美，一般铸造发行的金、银和铜质钱币的正面雕刻着国王图像和名字，反面有铭文、动植物和新月图案。[②]

## 【产业经典案例】

## 扎比德城的保护与发展

扎比德城具有悠久的历史，其珍贵的建筑遗迹历史可追溯至 12 世纪以前。扎比德城位于红海与高原之间的铁哈马平原，距海岸线 30 公里，距西部山区

---

① 马晓霖，康雨莎. 动荡中发展的也门新闻传播业［J］. 对外传播，2019（01）：78.
② 国别区域与全球治理数据平台. 也门的雕刻和装饰艺术发展概况. ［2021 - 03 - 13］. https：//www. crggcn. com/resourceDetail? parentName = % E6％96％87％ E5％8C％96＆id = 102254.

20 公里，夏季酷热，冬天温和。扎比德城自古至今都非常活跃，由于地处平原，农业发达，文化也很繁荣。

扎比德城布局协调，道路仍保留着古代风貌，有着大量具有传统特色的清真寺、学校和民居。但由于历史原因，城市周围的环境欠佳，存在供水、卫生、绿化等问题。现在有很多作坊和住宅都处于闲置状态，有些作坊和住宅已倒塌，还有在传统建筑上加盖的房屋，严重影响了城市的风貌。所以扎比德与其他历史文化名城一样，既需要保护，也需要现代化建设。

扎比德古城的发展面临着许多问题，主要体现在财力、保护意识、现代化建设及城市管理等方面。为了解决这些问题，政府应采取各种办法，借鉴其他国家的经验。

## 【中也文化贸易】

1990 年也门统一后，两国建交日期定为 1956 年 9 月 24 日。建交以来，两国友好合作关系不断向前发展。

2004 年 12 月 31 日，中国驻也门大使高育生与也门文化和旅游部长哈立德·阿卜杜拉·鲁韦尚分别代表两国政府签署了文化合作方面的执行计划。2014 年 1 月，为深化两国在文化领域的合作，中国文化部向也方提供了一笔小额文化援助，希望以此丰富也门人民的文化生活，尤其是提高也门青少年的音乐教育水平。

## 【商务往来禁忌】

1. 伊斯兰教为国教，交往中注意避免触犯相关禁忌。

2. 与也门人商谈或会话时不要用手指对方。

3. 摘帽是也门的一种礼仪，表示被要求者一定要答应请求，如当也门人摘下帽子邀请客人到家中吃饭，表示被邀请者非去做客不可。

4. 也门人非常重视图章，商业文书多采用盖章与签名并行的方式。

5. 男士不要主动与女士握手，未经许可不要给当地妇女和儿童拍照。

# 阿　曼

阿曼苏丹国，简称阿曼，位于阿拉伯半岛东南部，与阿联酋、沙特、也门等国接壤，濒临阿曼湾和阿拉伯海。海岸线长 3165 公里，其人口数为 462 万（2019 年），其中阿曼人占 54.9%。伊斯兰教为国教，85.9% 的人口为穆斯林，大多为伊巴德教派。阿曼是阿拉伯半岛最古老的国家之一。官方语言为阿拉伯语，通用英语。首都马斯喀特。

石油、天然气是阿曼的支柱产业，油气收入占国家财政收入的 68%，占国内生产总值的 41%。实行自由和开放的经济政策，利用石油收入大力发展国民经济，努力吸引外资，引进技术，鼓励私人投资。阿曼经济较为发达，实行免费教育和免费医疗政策。为逐步改变国民经济对石油的依赖，实现财政收入来源多样化和经济可持续发展，政府大力推动产业多元化发展。旅游业发展迅猛，在社会发展与进步中发挥了突出作用，已成为该国经济和社会发展的主要支柱之一，旅游业将在推动阿曼经济多元化发展中起主要作用。

全国现有报刊 30 余种，主要有：《阿曼日报》，日发行量约 4 万份；《观察家报》，日发行量约 2.2 万份；《祖国报》，半官方背景，阿拉伯文日报；《阿曼论坛报》，私营，英文日报。

## 【文化产业管理】

阿曼是世袭君主制国家，禁止一切政党活动。苏丹享有绝对权威，有颁布法律、任命内阁、领导军队、批准和缔结国际条约等权力。内阁是苏丹授权的国家最高执行机构，成员由苏丹任命。2020 年 1 月，文化和遗产大臣海赛姆根据卡布斯遗诏继任苏丹，文化、体育和新闻大臣都是内阁成员。目前，阿曼政权过渡平稳，致力于推进改革、经济转型和多元发展。

阿曼设遗产和文化部管理文化艺术相关事宜。旅游部主管旅游发展及推广相关事宜。另外新闻出版署、广播电视总局、信息技术管理局亦是重要的管理机构。

1984 年 5 月，阿曼颁布《出版法》，将新闻出版的管理纳入法治轨道。1996 年颁布的《国家基本法》进一步强调了新闻媒体的地位：在法定范畴内，言论自由受到保障。可以通过言语、出版和其他方式表达。出版自由依据法定条件和程序受到保护。禁止煽动叛乱、触犯国家安全和伤害人的尊严和权利的一切行为。

1997 年，为进一步推进阿曼传媒业的发展，又颁布了一系列皇家法令，批准新闻部的组织机构形式，宣布组建阿曼印刷、新闻出版和广告公司，使阿曼新闻媒体能够更积极主动地发挥作用。阿曼政府重视这一机构在普及国民新闻意识、提升民众精神素质等方面发挥的重要作用，因此采取了一些优惠政策，如免除该机构及其下属单位的全部税收等，保证本国新闻传播业的发展。

## 【优势特色产业】

### 基于文化遗产保护与开发的旅游业

阿曼有"千堡之国"的美誉，全国各地大大小小 500 多座古城堡构成了阿曼的一大文化景观。古城堡是阿曼历史和文明留下的印迹，有些古堡的年代可追溯到公元 14 世纪甚至更远。其中一些宏伟工程，如巴哈拉城堡等，还被联合国教科文组织列为世界自然和文化遗产。因年代久远，许多古城堡和古清真寺都已成颓垣残壁，濒于毁灭。近年来，民族遗产文化部出巨资重点修缮了尼兹瓦、贾伯林和苏哈尔等 100 多处具有珍贵历史价值的古城堡以及马斯喀特旧城墙、马特拉的阿赫迈尔清真寺等。如今，大多数古堡都对公众开放，马斯喀特旧城墙既焕然一新，又古朴依然，成为阿曼引人驻足的地方之一。不遗余力的修葺工作，使阿曼遗产中最珍贵独特的部分得以保存。

成立旅游部后，政府制定了旅游业发展整体规划，称为"阿曼—阿拉伯之基"。近年来，阿曼政府将旅游业作为推动经济多元化的重要产业，不断出台各项政策，加大投入，促进了旅游业的发展。

阿曼政府积极实施"走出去"战略，将旅游宣传和推广的重点瞄准了国际市场。2010年8月，阿曼国家旅游网开启，阿曼旅游部还投入巨资加大对外宣传力度，树立旅游目的地形象。2001年，阿曼旅游部制作了《欢迎来到这里》的宣传片，这是该国的第一部旅游宣传片。2011年，马斯喀特成为继埃及亚历山大和约旦亚喀巴之后第三个阿拉伯旅游之都。

## 手工艺

阿曼古代就以能制作精美的手工艺品著称。阿曼的弯刀和银制首饰远近闻名，手工业名地尼兹瓦州出产的咖啡壶、银器等享誉国内外。但随着现代化机器的传入，阿曼的传统手工艺一度出现衰落之势。为继承和发展民间传统工艺，阿曼民族遗产文化部采取了不少鼓励和保护措施。如拨专款改建和新建一些传统的手工艺厂，重金招募擅长各种工艺的老艺人。政府在尼兹瓦州开办出售手工艺品的义卖市场，在首都和其他大城市的旅馆都开设出售阿曼手工艺品的专柜。

此外，阿曼政府出钱从民间收购手工艺品，并鼓励年轻一代学习和发扬光大古老的工艺，例如冶炼金属工艺和雕塑工艺等。在东南部苏尔，用传统方式造船的场景至今仍可见到。

在政府的大力支持下，民族遗产文化部多年来搜集和整理了4161份珍贵的手稿。1994年举行了手稿竞赛，对在上交手稿收藏品方面做得出色的三个地区进行表彰。1995年又有75份手稿重见天日。为储存和研究这些手稿，政府专门成立了一个中心，具体负责培训阿曼籍员工的缩微摄影和修复技术。1997年，大约40件古代手稿和100多件珍贵的文件被修复。

民族遗产文化部每年都出版大量图书，介绍阿曼古代历史文化的情况。随着科技的快速发展，阿曼将互联网等引入民族遗产的保护工作中，有一定的成效。

**【产业经典案例】**

## 马托拉市场

马斯喀特马托拉市场是阿曼最古老的市场,它仍然保留着传统的阿拉伯习俗。这里有服装、围巾、香料、香水和各种装饰品等,周围有一些极具特色的小商店甚至在门口点燃了乳香,让顾客通过味道来购物。这里的建筑是淡黄色或纯白色的,居民也经常穿白色的传统服装或浅色的普通服装。

## 马斯喀特艺术节

马斯喀特艺术节创办于 1998 年,是阿曼一年一度的文化、艺术和体育盛事。主办方希望通过举办艺术节促进外部世界对阿曼文化的了解,吸引更多外国游客到阿曼旅游。"璀璨中华"欢乐春节行活动于 2015 年 1 月 27 日至 2 月 12 日在马斯喀特艺术节期间举行,该活动由中国文化部主办、北京风向乐动数字音乐文化传播有限公司承办。①

## 马斯喀特国际书展

马斯喀特国际书展是阿曼图书出版业一年一度的盛事。

2013 年第 18 届书展,4 个展厅内设有 800 个展台,展销图书达到 14 万种,绝大部分为阿文图书。阿曼百姓对本次书展表现出了很高的热情,前往参观与购书的人络绎不绝。尽管没有中国出版商的身影,但仍能感受到中国元素的存在。部分展台摆放着中国产的文具和益智玩具,十分引人注目。

2020 年是第 25 届。本届书展为期 10 天,聚集了来自 32 个国家的 946 家出版发行机构。由人民出版社、天舟文化股份有限公司和中国少年儿童新闻出版总社共同设立的对外专项出版企业——人民天舟参展。北京师范大学出版集团首次参展,助力"一带一路"倡议和中阿民心相通。

---

① 环球网. 第 15 届马斯喀特艺术节开幕. [2021 - 03 - 14]. https://world. huanqiu. com/article/9CaKrnJGK1H.

## 【中阿文化贸易】

自 1978 年 5 月中国阿曼建交以来，两国逐步建立和发展了文化交往合作关系。阿方在涉及我国核心利益的问题上始终给予我国坚定的支持。2008 年 4 月，北京奥运会火炬在阿曼首都马斯喀特成功传递，马斯喀特成为北京奥运火炬境外传递中唯一的阿拉伯国家的城市。汶川震后，阿曼政府为我国提供了大量物资，并在四川广元市建设了"阿曼援建村"。从 2009 年 6 月起，执行索马里海域护航任务的海军护航编队多次在阿曼萨拉拉港实施综合补给、人员休整，阿方提供了大力协助。

两国高层交往密切，相互举办文化展览，交流文化和艺术方面的经验。20 世纪 80 年代以来，中国和阿曼文化来往的团组增多，包括宗教代表团、文化代表团、教育代表团、考古代表团、青年文化体育代表团、杂技代表团等。1980 年 11 月 23 日，作为阿曼国庆 10 周年的主要庆祝活动之一，刚建成的"苏哈尔"号仿古木船在马斯喀特港口举行远航中国广州的启航仪式，该船沿着古航道航行，经过七个半月的海上跋涉，于 1981 年 7 月 11 日抵达广州。这次航行具有重大的历史意义，是中阿两国友谊史上的新篇章。"苏哈尔"结束中国之行后被带回阿曼保存在阿曼布斯坦宫饭店附近的陆地上。为纪念"苏哈尔"号，1995 年，中阿合资在广州洲头咀鹅潭公园建了一座纪念碑。①

2005 年，我国批准阿曼为中国公民出国旅游目的地国。2013 年，阿曼首家华人投资的旅游企业——蓝星国际旅游有限公司在马斯喀特隆重开业。2017 年，阿曼对中国、俄罗斯以及印度公民有条件开放落地签政策。

据《中国电力报》消息，2020 年 3 月 11 日中国国家电网有限公司收购阿曼国家电网公司 49% 的股权成功交割。该项目是公司首次在中东地区成功投资运营电网企业，也是中国企业对阿曼最大的单笔投资，对深化中阿两国战略伙伴关系，提升双边能源电力合作水平，推动共建"一带一路"走深走实具有重要意义。阿曼的经济基础较为薄弱，与中国产业结构具有互补性，中阿深

---

① 黄培炤. 阿曼的民族遗产和文化 [J]. 阿拉伯世界，2000（04）：44.

化合作必然为中国的各类企业带来更多机遇。

**【商务往来禁忌】**

1. 伊斯兰教为国教，交往中注意避免触犯相关禁忌。

2. 商务谈判中，握手要诚恳，交谈时目光要专注，勿左顾右盼；阿曼人忌讳客人把脚掌朝向自己，会谈时不要跷二郎腿。

3. 商务馈赠不要送酒品或带女性图片的礼物。

4. 商务谈判盛行讨价还价，喜欢和制造商直接谈判，做不到的事情要明确说不，一旦签订代理协议要及时去工商管理部门登记。

5. 阿曼人对不经他们允许就拍照的做法极为反感，不要轻易给女性拍照。

# 阿联酋

阿拉伯联合酋长国，简称阿联酋，位于阿拉伯半岛东部，北濒波斯湾，海岸线长 734 公里，西和南与沙特阿拉伯交界，东和东北与阿曼毗连。人口 950 万（2019 年），外籍人占 88.5%，主要来自印度、巴基斯坦、埃及、叙利亚、巴勒斯坦等国。居民大多信奉伊斯兰教，多数属逊尼派。阿拉伯语为官方语言，通用英语。首都阿布扎比。迪拜是阿拉伯联合酋长国人口最多的城市，也是该国七个酋长国之一迪拜酋长国的首府。

联邦最高委员会由 7 个酋长国的酋长组成，是最高权力机构。重大内外政策制定、联邦预算审核、法律和条约批准均由该委员会讨论决定。除外交和国防相对统一外，各酋长国拥有相当的独立性和自主权。联邦经费基本上由阿布扎比和迪拜两个酋长国承担。

经济以石油生产和石油化工工业为主。政府在发展石化工业的同时，把发展多样化经济、扩大贸易和增加非石油收入在国内生产总值中的比重作为首要任务。近年来，大力发展以信息技术为核心的知识经济，同时注重可再生能源研发，首都阿布扎比于 2009 年 6 月获选国际可再生能源署总部所在地。实行免费教育和免费医疗政策。倡导女性和男性享有平等的教育机会。

阿联酋的文化消费能力比较强，且比较开明，带动了各类文化产业的快速发展。迪拜将于 2021 年举办中东地区首届世博会。世界知识产权组织发布的 2020 年全球创新指数报告显示，阿拉伯联合酋长国创新指数今年跃升两位，排名全球第 34 位，连续五年在阿拉伯国家中排名第一。

新闻出版业发端较晚，1966 年《联合报》的出版发行标志着阿联酋现代新闻出版业的兴起。此后经过短短几十年的发展，阿联酋已经发展起一批在中东地区乃至世界范围内具有较大影响力的新闻出版机构和媒体，包括阿联酋通讯社、阿布扎比传媒集团、迪拜传媒集团、马克图姆集团、迪拜媒体城等。①主要报刊有：《联邦报》《宣言报》《海湾报》《海湾新闻》等。

联合酋长国之一也是最大的酋长国阿布扎比已经跻身全球文化中心行列，这里拥有世界一流的博物馆、表演艺术中心和基层艺术社区，阿联酋的媒体、娱乐、文学和出版等行业正在迅速发展。

联合酋长国之一的迪拜高度看重文化创意产业。2015 年，酋长马克图姆表示：我们的愿景是培育迪拜创意产业，将迪拜建设成全球创新中心，为来自全球的企业家、行业领导人和人才提供施展才华的平台。包括互联网城、媒体城在内的迪拜创意聚集区已成为地区知识经济中心，新成立的创意产业集群管理局将通过政策吸引人才，保持迪拜创新产业发展，培育阿联酋自己的苹果、微软和 Uber。迪拜是中东展会的中心，也是世界发展最快的会展城市。迪拜政府很早就有意识地将会展纳入城市整体经济规划中。迪拜旅游与商业促进署专门成立了会展部，负责统筹规划本国会展资源，开展全球市场宣传推广活动。事实证明，这种政府统一推广部署的策略极为成功，一些国际知名企业纷至沓来，注入了行业发展的动力源。有着官方背景的迪拜世贸中心是迪拜当地的展览组织者，也是场馆的经营者，迪拜约 80% 的展会在该中心举办。2000

---

① 刘欣路. 阿联酋新闻出版业的体制与特点［J］. 中国出版，2017（05）：64 – 67.

年以后，很多国际一流展览公司进军迪拜市场，并逐渐买断了迪拜的大多数展览项目的经营。国际化操作带来了专业化发展，以往的综合展会逐渐弱化，专业程度越来越高，如迪拜交通展、音像展，来访观众虽不多，但买家质量很高，因而成交率也较高。①

## 【文化产业管理】

阿联酋注重通过先进的立法和机构发展，实现先进的创新孵化环境，推动文化产业发展。阿联酋文化管理部门是文化与知识发展部。阿联酋国家旅游局负责旅游发展和推广事宜。此外还有人工智能发展部、高科技事务部等一些新机构涉及文化产业的部分管理业务。

2006 年以前，阿联酋主管新闻出版业的政府部门是文化与传媒部。2006年对政府各职能部门职责与权限的法案进行了修订，并据此对政府部门进行了改组，取消了原有的文化与传媒部，成立了国家媒体委员会和文化、青年与社会发展部来管理包括新闻出版业在内的各类媒体。2013 年，阿联酋副总统兼总理、迪拜酋长穆罕默德对国家传媒委员会组织机构再次进行改组，进一步丰富和完善了该委员会的监管职能。

2017 年 10 月 19 日，27 岁的奥马尔·本·苏尔坦为阿联酋有史以来首位人工智能发展部部长。此外，30 岁的萨拉·阿里·阿米里被任命为高科技事务部长，她将负责阿联酋火星项目，内容包括建造"火星城"。

各个酋长国也普遍设立专门机构及激励措施推进文化创意产业发展。如2015 年 6 月迪拜酋长马克图姆签署法令，将迪拜科技和媒体自由区管理局更名为创意产业集群管理局，引导迪拜创意产业发展，支持迪拜创新战略。2021年，阿布扎比启动"创意签证"计划，目的是支持对阿布扎比文化和创意产业做出贡献的个人。文旅部宣布，创意签证将向才华横溢的个人开放。他们必须在文化和创意产业的关键领域内有所成就，包括文化遗产、表演艺术、视觉艺术、设计、手工艺术、电子竞技和媒体出版等行业。

① 李璐，董杨慧. 迪拜会展业的发展特点——访思诺博集团总裁刘军 [J]. 进出口经理人，2008 (08)：84 - 85.

　　阿联酋自建国伊始便积极鼓励新闻出版业的发展，颁布了一系列法律法规以保障新闻自由，推动新闻出版业的发展。总体而言，阿联酋现行法律法规体现了三方面的特点：赋予新闻出版业广泛的自由；从法律的角度确立了服务型政府的建设方向，相关法律法规明确了政府部门的各项职能和向社会提供的各种服务，从而保证新闻出版机构能够在优质、高效、透明的环境下运营；为新闻传播行业的跨越式发展提供法律和政策上的支持，自上而下地谋划、推动传媒产业集群的发展。

## 【优势特色产业】

### 旅游业

　　目前旅游业是阿联酋最具活力的产业之一。阿联酋国土面积小、本国人口少、自然条件差、风景名胜不多、气候异常干燥炎热，发展旅游业有着诸多不利条件，但阿联酋根据本国特点，其旅游业主打"城市"牌，以发展城市游为主，带动"沙漠游"，形成独具特色的十种城市旅游模式：国际驿站游、文化游、节庆游、度假游、购物游、体育赛事游、公务游、观光游、事件游、邮轮游等。

　　为了给游客更好的旅游体验，阿联酋在航空业与空中娱乐方面，针对商旅客人较多的特点，服务不断地进行创新——自1992年以来，成为第一家在其飞机所有舱位的全部座位上安装个人视频系统的航空公司；第一家在空中客车飞机上装备空中电话的航空公司；第一家在空中客车飞机上装备传真机的航空公司。此外，阿联酋航空还是第一家提供实时BBC新闻的航空公司，以及第一家装备空中无线电子邮件和短信服务系统的航空公司。2004年，阿联酋航空在空客A340-500型飞机上安装了无线网络系统，乘客可以通过这一无线系统在自己的手提电脑上收发电子邮件。在对乘客飞行过程中感觉枯燥、无所事事等问题上，阿联酋航空的解决之道是把自己变成一个"空中娱乐场"。他们的视频系统上能收看100个电影频道、50个电视频道和350多个音频频道，甚至还有近40款空中游戏。无论是热门肥皂剧、好莱坞最新大片，还是经典卡通片，世界各地的影视剧大都能在阿联酋航空的机上片库中找到。①

## 数字经济产业

阿联酋高度重视数字技术发展并将之运用到社会发展当中，聚焦互联网、手机、固定电话和电子报亭发展，全面推动政府服务数字化建设。阿联酋是全球数字政府发展中冉冉升起的领导者，数字化程度可与世界领先国家相媲美。阿布扎比文化旅游局2018年推出"阿布扎比文化"数字平台，用户可通过此平台获取阿联酋阿布扎比文化和遗产方面的全部信息。该平台将不断发展壮大，通过使用最新的数字技术来展现阿布扎比过去和现在的文化风貌，旨在加强阿联酋作为世界创新中心的地位，鼓励政府、私营部门和个人积极创新，更好地开展文化遗产的保护。

在新冠肺炎疫情背景下，阿拉伯联合酋长国提出建立基于区块链的健康数据存储平台，为提供可持续和高质量的医疗服务和健康环境打下数字基础。这并不是阿联酋首次将数据和技术应用于医疗服务领域。早在2015年，阿拉伯联合酋长国就率先提出国家卫生数据库计划。该计划旨在连接国内所有医院和诊所，打造有关患者病史、疾病、手术和相关测试的统一数据库，以节省患者的时间和成本。此外，全面的病历数据库可帮助医生进行有效的诊断，进一步创新研究实践。2019年，迪拜经济发展部就宣布利用区块链更好地服务公共卫生政策和许可证制度，建立基于区块链的统一业务注册平台，以提高企业在迪拜开展业务的便利性，并使许可证发行人能够管理贸易许可证和公司注册处。②

《2020年世界数字报告》重点介绍了阿联酋数字生活方式。该报告显示，2020年阿联酋的数字支付交易总价值达到185亿美元，并指出个人在阿联酋上网的平均时间为每天7小时24分钟。此外，阿联酋人均每周花费40个小时通过智能手机浏览互联网，阿联酋居民2020年在智能手机应用程序上共花费了3.2亿小时，智能家居数量达到190000个。根据该报告，阿联酋社区成员

---

① 冯嘉雪. 阿联酋航空：空中娱乐场 [J]. 中国新时代, 2006 (09)：46-47.
② 新京报网. 数字医疗战疫，阿联酋可能最先给出了样板. [2021-03-13]. https：//baijiahao.baidu.com/s?id=1660862 180020651735&wfr=spider&for=pc.

中有 99% 活跃在社交媒体上，97.6% 的人拥有智能手机，9.3% 的人家中拥有智能设备，而 5.2% 的人使用过增强型虚拟现实技术。该报告还指出，阿联酋的高速互联网有助于增强社会各成员的数字化影响。智能手机的平均互联网速度达到了每秒 177.52 兆字节，比 2019 年增长了 104.6%，而固定互联网速度达到了每秒 131 兆字节，比 2019 年增长了 44.6%。该报告还提到，在访问者总数方面，谷歌位居搜索引擎之首，达到 2.44 亿次访问，而 YouTube 是使用最广泛的社交媒体平台，位列第一，达到 87.4%。

## 【产业经典案例】

### 萨迪亚特岛文化建筑

萨迪亚特岛是阿布扎比充分利用本国文化资源建设国际旅游胜地远景规划中的重点开发工程，而文化旅游则是推动这个宏伟项目的驱动力。

文化旅游离不开文化建筑。在萨迪亚特岛上，有很多世界顶尖建筑大师将留下一系列作品，如诺曼·福斯特的扎耶德国家博物馆、安藤忠雄的海事博物馆、扎哈·哈迪德的表演艺术中心、让·努维尔的卢浮宫博物馆以及弗兰克·盖瑞的古根海姆博物馆等项目。

对于文化区的建设，政府部门还邀请了其他众位著名建筑师参与设计，包括林恩、大卫、阿杰耶、韩国建筑师承孝相及中国朱锫建筑事务所负责人等。这些单体建筑规模相对较小，位于文化区靠近中心的位置。

萨迪亚特文化区还有很多酒店、公寓式住宅、商业，学校也是文化场所的重要组成部分。从居住区步行便可前往博物馆、艺术馆等场所。

### 全球最大的室内主题乐园：阿布扎比华纳兄弟

阿布扎比华纳兄弟主题乐园是该品牌在全球独一无二的室内主题乐园。整个乐园占地面积达 165 万平方英尺（约 15.3 万平方米），由 6 个沉浸式主题区组成，包括华纳兄弟广场、DC 大都会、哥谭市、动画卡通小镇、岩床区和炸药峡谷。

观众们最喜欢的 DC 超级英雄，如蝙蝠侠、超人和神奇女侠，以及著名动画角色汤姆和杰瑞、兔八哥、史酷比、摩登原始人等，超过 35 个 DC 人物和动画角色在这里齐聚一堂，为游客带来了前所未有的游乐体验。

阿布扎比华纳兄弟主题乐园毗邻阿布扎比法拉利世界、亚斯水世界和亚斯码头赛道，该赛道每年都会举办阿布扎比一级方程式大奖赛。

乐园的开发商是 Miral 资产管理有限公司，投资约 10 亿美元。授权合作伙伴是华纳兄弟消费品公司。乐园的开放将阿联酋亚斯岛列入了"全球娱乐目的地"版图，成为当地的又一招牌。①

## 【中阿文化贸易】

自 1984 年建交以来，中阿两国友好合作关系发展顺利。特别是近年来，中阿关系呈现出了全面、快速、深入的发展势头。两国高层互访不断，在国际和地区事务中相互支持与配合。阿联酋是中国在阿拉伯世界最大出口市场和第二大贸易伙伴。

2009 年 9 月 15 日，阿联酋正式成为中国公民组团出境旅游的目的地，赴阿首发团就有 730 多名中国游客。阿联酋旅游业认为中国是拥有巨大潜力的旅游市场，为此，阿方积极促进与中国的旅游来往。2008 年阿布扎比旅游局和迪拜政府商业及旅游业推广局先后在上海、北京和广州开设了代表处，大力宣传和推广阿联酋旅游目的地。阿布扎比旅游局与众多中国旅游企业建立了密切的合作关系，积极互动，吸引中国游客。2016 年 11 月，阿方单方面宣布对持普通护照的中国公民免签。2019 年，中国公民首站赴阿联酋人数约 112 万人次，同比增长 17.2%。加上从其他国家和地区入境的中国公民，阿联酋去年共接待中国游客 175 万人次。②

图书出版业是双方文化贸易非常活跃的领域。北京国际图书博览会、阿布

① 腾讯网.全球最大的室内主题乐园：阿布扎比华纳兄弟.[2021 – 03 – 14].https://new.qq.com/omn/20190927/20190927 A0FTNM00.html.

② 中国周刊网.2019 年阿联酋共接待中国游客 175 万人次，同比增长 17.2%.[2021 – 03 – 14].http://www.chinaweekly.cn/ html/yaowen/21798.html.

扎比国际书展、沙迦国际书展等大型文化活动每年都吸引双方大批出版企业参与。五洲传播出版社每年均参加阿布扎比国际书展并举办大型推介活动，仅2015 年就在书展期间达成版权贸易协议 10 多项，版贸意向 20 多项，阿文平台签约图书超过 500 项。2017 年 4 月，中国作为主宾国参加了第 27 届阿布扎比国际书展。这期间，《习近平谈治国理政》一书首次在海湾国家出版发行。

广电及传媒领域，双方也已经有了积极合作，华人华侨是双方合作的纽带。目前，生活在阿联酋的华人华侨数量超过 30 万人，这一群体不仅有效推动了中阿在经贸领域的合作，同时也在新闻出版领域做出了积极贡献。2001年，阿联酋第一份华人报纸《绿洲》创刊，此后又相继出版了《新民商报》《东方商报》《华人时报》《华人之窗》等报纸。此外，阿联酋华人还开始进军电视媒体。2005 年，迪拜中资公司华星集团斥资收购了阿联酋阿拉迪尔卫星电视台，《中国百业之窗》《中国著名品牌》《投资中国》《周游中国》等栏目着重宣传中国企业实力和品牌，构建"中国制造"通往阿拉伯世界的商务桥梁。2014 年 11 月，迪拜著名华商与阿联酋王室成员共同创办的卫星电视台"中阿卫视"正式开播，通过与阿联酋王室的合作，中阿卫视已经逐渐在阿拉伯世界，特别是海湾国家产生了一定的影响力，为加强中阿务实合作、推动"一带一路"建设发挥了积极作用。[1]

两国正在深入创意、人工智能和数字产业方面的合作。2019 年 11 月，中国企业优必选海外签订约 25 亿人民币的 AI 教育项目订单。该项目是与阿联酋皇家签订，分四年执行，将为阿联酋 7 个酋长国共 1310 所中小学校搭建人工智能教学实验室。可以说从中国的投资孵化公司在迪拜参与创建区块链园区，到海南与迪拜共同发布区块链战略合作，中国和阿联酋正在打造"一带一路"区块链合作新样板。

## 【商务往来禁忌】

1. 阿联酋人多信奉伊斯兰教，交往中注意避免触犯相关禁忌。

---

① 刘欣路. 阿联酋新闻出版业的体制与特点［J］. 中国出版，2017（05）：66–67.

2. 参与阿联酋政府机构的投标时，要通过当地的代理进行。

3. 阿联酋人希望直接与制造厂商联系而非其他国家的商务代表。

4. 阿联酋人忌讳人用脚掌对着他们，认为这是一种侮辱人的动作，因此会谈中勿跷二郎腿。

5. 待人接物必须要用右手，他们认为用左手传递东西或食物是对人的极大不敬。

6. 商务往来不要以酒或带女性图片的物品当礼物。

7. 忌讳粉红色、黄色、紫色。

8. 阿联酋节假日较多，还有长达一个月的斋月，虽然斋月期间仍旧工作，但办事效率比平常低，政府机构及绝大多数的公司都会把下班时间提前到下午两点半左右。因此，到阿联酋访问、做生意、办展览等要注意避开当地的节假日。

9. 阿联酋的网络法规比较严格，不要在社交网站咒骂他人；未经允许，不要拍照并且上传照片到社交媒体；不要拍摄交通事故（包括飞行事故）的照片或者视频上传到社交媒体。

# 卡塔尔

卡塔尔国，简称卡塔尔，位于波斯湾西南岸的卡塔尔半岛上，南面与沙特接壤。海岸线长 563 公里。其人口 88 万（2021 年 2 月），其中卡塔尔公民约占 15%。外籍人主要来自印度、巴基斯坦和东南亚国家。居民大多信奉伊斯兰教，多数属逊尼派中的瓦哈比教派，什叶派占全国人口的 16%。阿拉伯语为官方语言，通用英语。首都多哈。

卡塔尔是世界最富有的国家之一，2012 年美国《福布斯》杂志公布的全球最富国家和地区排行榜中，卡塔尔位列第一。石油、天然气产业是经济支柱产业。近年来，政府大力投资开发天然气，将其作为经济发展的重中之重，卡塔尔是世界第一大液化天然气生产和出口国。卡塔尔实行免费医疗和免费教育政策。在大力发展能源产业的同时，卡塔尔推出"2030 国家愿景"规划，核心是通过大力发展经济多元化，到 2030 年将卡塔尔打造成一个可持续发展、具有较强国际竞争力、国民生活水平高的国家。

卡塔尔有良好的旅游资源，不仅保留了阿拉伯的传统，各种遗迹、博物馆、文化村以及传统集市等充分展现了当地的风土人情，同时也在其中融入了现代化社会的都市感，沙漠营地篝火晚宴、传统老集市漫步等独特的旅游体验。但卡塔尔旅游业起步相对晚一些，1989 年才对外发放旅游签证。近年来，卡塔尔旅游业发展较快，规模适中。卡塔尔政府越来越重视旅游业的发展，除努力开发旅游项目外，还不断投入巨资建设旅游设施，加大了吸引外国游客的力度。

主要阿文报刊有《多哈月刊》《阿拉伯人日报》《旗帜报》等。"半岛"电视台建于 1996 年，24 小时滚动播出阿拉伯语新闻节目，2006 年半岛电视台英语频道开播。就电视业而言，阿拉伯地区的卫星电视非常普及。目前，免费卫星电视是主要收视渠道，其用户在收视家庭中所占份额为 42%，付费卫星电视为 25%。近年来，该国 IPTV 也取得了长足发展，在阿拉伯国家居于前沿地位。目前，卡塔尔主要有一家全国性地面开路电视台和多家卫星电视台。[①]著名的半岛电视台被誉为一战成名的传媒黑马。

## 【文化产业管理】

卡塔尔现在的主要文化管理部门是卡塔尔文化与体育部。2016 年 1 月 27 日，卡塔尔青年和体育部与文化、艺术和遗产部合并成立文化体育部，除了负责青年事务和体育事务外，该部还负责管理卡塔尔文化、艺术和遗产事务，保护和研究民间、民族和伊斯兰文化遗产，组织国家重大文化活动，为文化艺术团体颁发许可证，对广播电台、电视台的设立和播放内容进行审批和监管，对

① 李宇．卡塔尔电视发展现状研究［J］．现代视听，2019（01）：102 - 103.

印刷品、报纸、期刊等进行审批和监管。

卡塔尔博物馆局是重要的职能机构。卡塔尔博物馆局的成立就是希望卡塔尔在博物馆、艺术和历史文化遗产领域成为世界先锋,在中东地区乃至世界范围内成为最具活力的艺术、文化和教育中心。博物馆局的职责是全面负责博物馆和文化项目的开发,为卡塔尔建立起强大和可持续的文化基础设施。[1]

卡塔尔传媒业的高度发达建立在出版自由的基础上。1995年,哈马德就任卡塔尔国埃米尔。哈马德毕业于英国桑赫斯特军事学院,思想开明,属于中东新生代政治家。为了实现卡塔尔特色的新闻自由,他采取了以下措施:取消卡塔尔报纸和其他出版物所享受的政府财政补贴,给予出版社拓展资源的机会,以保证媒体的独立性;1995年6月,取消对新闻出版物的检查制度,以一部新的规定出版自由的法律替代原来的《新闻出版法》;1997年5月,建立广播电视总局,该部门在国家财政总预算中有一部分独立预算,该机构直接向卡塔尔内阁负责,其任务是保证音像新闻产品能够跟上当代科技发展的步伐;1998年10月,取消新闻文化部监制,宣布政府不再对本国电视、报纸等新闻媒体的刊播内容进行审查,使传媒脱离了政府的直接干预,为其快速发展提供了开放的环境。有了这样适宜的环境,国际性的报纸和杂志开始出现在卡塔尔的传媒市场上,如《纽约时报》《时代周刊》《金融时报》等。

随着互联网的发展,卡塔尔新闻业也从传统媒体向新兴媒体转型,当地的报纸杂志已经实现电子在线阅读模式,广播电台和电视台也纷纷建立了全媒体网站,用户可以在网上直接收听和收看广播电视节目。卡塔尔现任埃米尔塔米姆表示,卡塔尔正致力于建设一个知识型经济体,政府将在人力资源上加大投资力度,而媒体则在提供最新信息方面扮演着重要角色。[2]

---

[1] 列国志数据库.卡塔尔现代文化概况(新版).[2021-03-14].https://www.lieguozhi.com/skwx_lgz/book/initChapterDetail? siteId=45&contentId=7066157&contentType=literature.

[2] 列国志数据库.卡塔尔现代文化概况(新版).[2018-10-15].https://www.lieguozhi.com/skwx_lgz/book/initChapter Detail? siteId=45&contentId=7066157&contentType=literature.

## 【优势特色产业】

### 体育赛事

据卡塔尔国家奥委会统计，近年来卡塔尔在国际赛事上的参赛项目逐步增多，由前几届仅参加田径、足球等为数有限的几项比赛，发展为参加 20 多项。

卡塔尔拥有世界级的体育设施和以极高的敬业精神来管理和组织世界上最大体育赛事的人才力量，每年举办 60—70 场洲际和国际体育赛事。在多哈曾举办过国际保龄球赛、国际橄榄球赛、世界击剑比赛、国际足球友谊赛、国际帆船赛、国际举重公开赛、国际青年摔跤赛、国际排球赛等。

为了发展本国体育事业，提高卡塔尔在地区与国际上的声望，除了大力拨款用于体育设施建设外，政府常常不惜花重金组织多种国际性体育运动大奖赛，给应邀参赛的各国人员以优厚的待遇，为比赛优胜的运动员颁发高额奖金。①

2022 年卡塔尔世界杯是第二十二届世界杯足球赛，是历史上首次在卡塔尔和中东国家境内举行，也是继 2002 年韩日世界杯之后第二次在亚洲举行的世界杯足球赛。除此之外，卡塔尔世界杯还是首次在北半球冬季举行，首次由从未进过世界杯的国家举办的世界杯足球赛。

继世界杯后，卡塔尔还将继续扩展体育版图，希望举办更大的洲际和国际体育赛事，特别是奥运会。

### 文博业

卡塔尔被誉为艺术品市场最大牌的买家，拥有众多的博物馆、画廊和艺术馆。

卡塔尔国家博物馆自 1975 年开始运转后，很快即享有海湾地区重要文化

---

① 列国志数据库.卡塔尔的体育水平及国际交流.［2021 – 03 – 14］. https：//www. lieguozhi. com/skwx_ lgz/book/init ChapterDetail？ siteId = 45&contentId = 87319&contentType = literature.

遗产的声誉，并闻名于世。该博物馆面向多哈滨海大道，占地约 5 万平方米。其主要建筑原系阿勒萨尼统治家族第三代统治者阿卜杜拉·本·穆罕默德（1913—1949 年在位）的王宫。新博物馆由法国建筑师担纲设计，从 2008 年就开始修建，新卡塔尔国家博物馆于 2019 年 3 月 28 日正式开放。

卡塔尔积极和世界一流博物馆合作共建。2007 年，阿联酋和法国开启国家博物馆间文化合作的意向，两国计划以"阿布扎比"与"卢浮宫"两个品牌的强强联合开启文化合作。10 年后，阿布扎比卢浮宫开馆，其建筑本身就将文化融入其中。如今，阿布扎比卢浮宫共设立 12 个常设展厅，以螺旋前进的路线分为"早期村庄""早期王权""文明帝国""普世宗教""亚洲贸易之路""从地中海到大西洋""宇宙学""感知世界""宫廷奇瑰""新生活的艺术""现代世界""挑战现代性"和"全球时代"部分。展厅通过布置来自不同地区、相近时间段与主题的艺术品，以"普世性"为关键词，讲述世界历史与宗教的故事，也以此讲述世界历程中各大洲和各个国家发展的共性。在萨迪亚特岛文化区还有阿布扎比古根海姆博物馆项目，古根海姆博物馆是世界上著名的私立现代艺术博物馆，创办于 1937 年，以连锁方式经营，是一个博物馆群，总部设在美国纽约。阿布扎比古根海姆项目于 2006 年首次宣布成立，原计划于 2012 年开放，一再被推迟。2019 年古根海姆基金会终于宣布阿布扎比古根海姆博物馆准备动工，预计四年内落成，完工后将成为古根海姆全球最大的分馆。

国家博物馆与古迹局下辖机构中，还有流行传统之家、沃克拉博物馆、豪尔博物馆、祖巴拉地区博物馆及 1994 年新建的兵器博物馆等。[①]

## 【产业经典案例】

### 卡塔尔半岛电视台

半岛电视台创办于 1996 年，是目前阿拉伯世界收视率较高的卫星频道。

① 国别区域与全球治理数据平台.卡塔尔的文化设施.[2021-03-14].https：//www.crggcn.com/resource-Detail？parentName＝％E6％96％87％E5％8C％96&id＝87285.

除了建台之初的 1.5 亿美元启动资金之外，卡塔尔政府每年还向半岛电视台提供 3000—5000 万美元的补贴。目前，半岛电视台的主要资金来源是国家补贴、广告、收视费以及媒体资源销售等。

近年来，半岛电视台不断开新的频道，2003 年开办了半岛体育频道，2006 年开播了英语频道。在卡塔尔教育科学与社区基金会的资助下，2005 年创办了儿童频道，它自制 60% 的节目。2009 年开办了另一个针对学龄前儿童的频道。此外，半岛电视台还有半岛纪录频道。目前该台覆盖全球 130 多个国家和地区，拥有约 2.5 亿用户。

半岛电视台旗下还有两个网站，一个是阿拉伯语网站半岛网，另外一个是英语网站半岛英语在线。除了节目制作机构和网站，半岛电视台旗下还有半岛传媒培训与发展中心及研究中心。目前，半岛电视台在全球设立了 65 个分支机构，共有 3000 多名雇员，包括来自 60 多个国家的 400 多位记者。其中，1000 多名雇员为半岛英语频道工作，他们来自全球 50 多个国家。①

## 卡塔尔伊斯兰艺术博物馆

卡塔尔伊斯兰艺术博物馆，2008 年 12 月在卡塔尔首都多哈开馆，由大师贝聿铭设计，耗资 3 亿美元。这座得到卡塔尔统治家族 Al‑Thani 授权的作品曾被认为是贝聿铭最后的"宣言"。设计目标是将较久远时代的伊斯兰价值观融入当今的文化之中，或如他所说的，捕捉住"伊斯兰建筑的精髓"。

博物馆位于卡塔尔首都多哈海岸线之外的人工岛上，占地 4.5 万平方米，是迄今为止最全面的以伊斯兰艺术为主题的博物馆。博物馆外墙用白色石灰石堆叠而成，折射在蔚蓝的海面上，形成一种慑人的宏伟力量。而再看建筑的细部，典型的伊斯兰风格几何图案和阿拉伯传统拱形窗，又为这座庞然大物增添了几分柔和，稍稍中和了它的英武之气。博物馆中庭偌大的银色穹顶之下，150 英尺高的玻璃幕墙装饰四壁，人们可以透过它望见碧海金沙。

时年 91 岁高龄的贝聿铭，力图创造一座涵盖伊斯兰建筑精华的建筑博物

---

① 李宇. 半岛电视台在美国的发展策略与启示 [J]. 传媒，2013（03）：57－58.

馆，因为他不想让博物馆湮没在周边新建建筑中，所以如今博物馆所在的独立人工岛是卡塔尔政府应贝聿铭的要求而特意建造的。[①]

## 卡塔拉文化村

卡塔拉文化村是欣赏阿拉伯传统文化的地方，但对于多哈人来说，这里是休闲娱乐的地方，因为这里汇聚了众多艺术、文化和美食元素。整个建筑群外观更像是传统集市，集歌剧院、音乐厅、博物馆、画廊、古罗马式露天环形剧场、影院、艺术学校、文化创意市场于一体。这里还是卡塔尔国家艺术协会、国家摄影家协会、儿童文化协会、阿拉伯剧院联盟与卡塔尔音乐学院、卡塔尔爱乐乐团的驻地。卡塔尔的多项重大文化艺术活动都在这里举办。

## 【中卡文化贸易】

1988年7月9日，中国与卡塔尔建交。建交后，两国关系发展良好。近年来，两国高层交往密切，在文化、金融、航空等领域合作成果丰硕。2016中卡文化年开幕。近年来，中国艺术团队多次赴卡塔尔演出，当地民众好评如潮。

双方在旅游业方面有着巨大的合作潜力。2017年9月13日，卡塔尔国家旅游管理署宣布在中国开设总部位于北京的代表处，上海和广州也均设有办事处。2018年7月，两国签署全面互免签证协定，12月21日生效。中国目前已成为卡塔尔增长最快的入境旅游市场。最受中国游客欢迎的卡塔尔景点为瓦其夫传统集市、伊斯兰艺术博物馆、卡塔尔国家博物馆、卡塔拉文化村和卡塔尔国家图书馆。

两国在影视业的合作上也取得了一定成果。中国多次参加半岛国际纪录片电影节，并多有斩获。在"一带一路"倡议框架下，两国影视合作有所突破。2017年5月22日，北京紫微垣投资有限公司与卡塔尔王室投资代表在北京签

---

① 韩晓峰. 阳光下的光影游戏——评卡塔尔伊斯兰艺术博物馆［J］. 建筑与文化，2013（05）：37.

署《影视文化战略合作协议》，双方宣布正式启动"绿洲计划"影视文化合作，并共同设立总值近17亿元人民币的影视基金，携手搭建以影视合作为核心的"一带一路"文化传播合作平台。2019年1月27日，中国五洲传播中心与卡塔尔半岛电视台在卡塔尔首都多哈联合举办《丝路时间》周播纪录片栏目开播仪式。双方宣布，《丝路时间》将于2月6日开始在半岛电视台纪录片频道首播，每周一期，共52期节目。

## 【商务往来禁忌】

1. 卡塔尔人大多信奉伊斯兰教，交往中注意避免触犯相关禁忌。
2. 卡塔尔人喜欢以金色的钢笔作为礼品互赠。
3. 忌讳人用脚掌对着他们，会谈中不要跷二郎腿。
4. 在卡塔尔公共场合，女士不要穿无袖或紧身的衣裙，男士不要穿背心和短裤。
5. 会谈时，要直视对方，不要左顾右盼。
6. 不吃猪肉，同时也忌用猪的形象作为装饰图案。
7. 忌讳初次见面就送礼，不要以酒或带女性图片的物品当礼物。

# 科威特

科威特国，简称科威特，位于亚洲西部波斯湾西北岸，与沙特、伊拉克相邻，东濒波斯湾，同伊朗隔海相望。人口为477.6万（2021年2月），其中科威特籍人约占30%，伊斯兰教为国教，居民中85%信奉伊斯兰教，其中约70%属逊尼派，30%为什叶派。官方语言为阿拉伯语。首都科威特城。

石油、天然气为国民经济的支柱产业，其产值占国内生产总值的45%，占出口收入的 92%。近年来，政府在重点发展石油、石化工业的同时，强调发展多元化经济，着力发展金融、贸易、旅游、会展等行业，并提出了"2035 国家愿景"。计划将科威特建设成地区商业和金融中心，发挥私营企业在科威特经济发展中的重要作用，保障人民生活全面均衡地发展。每年用其国内生产总值的 3.8% 来援助发展中国家。对内实行高福利制度，免缴个人所得税，享受免费教育和医疗，并提供就业、物价、房租和结婚等补贴。

经济水平比较高，文化消费能力比较强，带动了文化产业的发展。科威特的戏剧表演艺术较海湾其他国家更繁荣发达，是构成科威特社会结构中的文化主体之一。国家对剧团从资金和道义上给予帮助，为他们在国内外举办戏剧节和艺术节创造条件。目前，科威特有多家戏剧公司，比较有名的是海湾剧院、阿拉伯剧院、人民剧院和科威特剧院。

全国主要有 8 家日报：阿拉伯文报 5 家，包括《舆论报》《政治报》《火炬报》《祖国报》和《消息报》；英文报 3 家，包括《科威特时报》《阿拉伯时报》和《每日星报》。科威特除本国报纸外，市场上还出售 700 多种从世界各地运入的报纸和杂志。

科威特出版的各种期刊涵盖了社会生活的各个领域，如政治、社会、医学、体育、教育、文学、艺术等。其中发行量较大、比较有影响的杂志有：《科威特》《今日科威特》《科威特杂志》等。①

## 【文化产业管理】

科威特主要文化管理部门是科威特文化、艺术、文学委员会。在美术艺术方面，科威特造型艺术可追溯到 1959 年，在造型艺术的发展过程中，新闻部起了重要作用。科威特造型艺术研究会成立于 1968 年，它拥有众多的科威特艺术家会员。协会每年为会员举办一次作品展览，每两年举办一次的科威特贝纳里展览，是科威特最大的艺术展览之一。文化、艺术、文学委员会建造了一

---

① 列国志数据库. 科威特的新闻出版业发展概况（新版）. ［2021 - 03 - 14］. https：//www.lieguozhi.com/ skwx_ lgz/book/ initChapterDetail? siteId = 45&contentId = 5831388&contentType = literature.

所国际水平的艺术馆，终年展出科威特和外国艺术家的个人作品。科威特政府
通过购买和收藏科威特艺术家的作品，鼓励造型艺术的创作。此项开支每年达
1万第纳尔。科威特国家博物馆也长期展览科威特的艺术作品，包括油画、雕
塑等。①

　　科威特新闻制度相对开放、自由，报刊多为私营。科威特政府奉行灵活
的、开放的、相互合作与尊重、不干涉他国事务的宣传政策。这一政策靠集体
力量制定，利用一切宣传手段为社会服务。《新闻出版法》自1961年颁布以
来，仅在1971年进行过小范围调整。进入21世纪以来，该法律已难以适应和
满足新闻传播领域的变革和时代要求。2006年，科威特议会通过了新的出版
法，一定程度上放开了报刊许可，提倡并鼓励资本不少于80万美元的企业申
请制作、发行新的日报、杂志等，规定新闻部在申请递交后90天内必须完成
条件审查以及许可证发放等相关手续，从申请条件、行政程序上进一步保障新
闻出版自由。同时，新法律明晰了政府的权限范围，减少了政府对媒体，特别
是纸质媒体的直接行政干预。除此之外，该法律对新闻媒体严禁传播的内容也
给予了说明，包括侮辱真主、先知，或丑化、嘲讽伊斯兰教教义，或攻击埃米
尔、鼓动推翻政府等言论，散播上述言论者将面临罚金、监禁等法律制裁。相
较之前的法律，对严禁传播的内容叙述更为细致，法律制裁的规定也更为严
厉，以此严格规范公众媒体或媒体人。②

　　为了进一步搞好戏剧工作，科威特成立了以新闻大臣为首的高级委员
会，负责提高戏剧表演的艺术水平，为戏剧表演和戏剧公司制定规章制度。
1973年10月，科威特新闻部创办了戏剧艺术学院，培养各种表演艺术家，
提高戏剧艺术水平，传播戏剧知识，提高人民大众的艺术欣赏能力。戏剧艺
术学院为丰富科威特的文化生活，促进与阿拉伯国家的艺术交流做出了
贡献。③

---

① 列国志数据库.科威特的文学艺术发展概况（新版）.［2021－03－14］.https：//www.lieguozhi.com/skwx
_lgz/book/initChapterDetail? siteId＝45&contentId＝5831364&contentType＝literature.
② 马晓霖，孟炳君.传承与发展中的科威特新闻传播业［J］.新闻界，2018（03）：85.
③ 列国志数据库.科威特的文学艺术发展概况（新版）.［2021－03－14］.https：//www.lieguozhi.com/skwx
_lgz/book/initChapterDetail? siteId＝45&contentId＝5831364&contentType＝literature.

## 【优势特色产业】

### 文化遗产旅游

在旅游业方面,《展望科威特2035》报告强调了科发展旅游业的重要性,指出旅游业将通过在私营领域创造就业机会来支持国家经济的发展。

科威特拥有大量博物馆、文物古迹和遗址形式的物质文化遗产。科威特的许多博物馆都由私人收藏发展而来,例如,塔雷克·拉贾卜博物馆收藏了大量阿拉伯和伊斯兰艺术品。体现着科威特旧城精神与特色的卡斯尔·艾哈迈尔堡是最早的泥堡,始建于1897年,主要是为保卫当地的贾哈拉农村。老集市也以其丰富产品和特色展示了科威特的风貌。

国家文化艺术文献委员会负责管理科威特的文化遗产。2018年,被认为是世界一流博物馆区的谢赫·阿卜杜拉·萨利姆文化中心在科威特中部开始使用,占地13公顷,现已成为展示科威特、伊斯兰和阿拉伯文化和历史的地标建筑。[①]

科威特全国文化艺术与文学理事会鼓励对当地民俗和阿拉伯遗产的文化普及、保护和记录,并通过科威特文化节、科威特戏剧节、音乐节和电影节支持本土艺术创作。[②]

为支持旅游业的发展,科威特兴建了包括科威特塔和Khairan旅游景区在内的许多现代化旅游设施,并修建了The Avenues、360 Mall和Al – Muhalab等大型购物广场及Sahara高尔夫度假村。[③]

世界旅行和旅游业理事会统计数据(2018)表明,2017年科威特旅行和旅游业的贡献率为GDP的6%,预计到2028年将增长到GDP的6.4%,该部门对科威特就业的贡献为5.5%,预计到2028年达到5.7%左右。

---

① 王福斌.科威特文遗旅游业发展的机遇与挑战 [J].西部学刊,2020 (04):46.
② 同①
③ 仝菲.科威特经济发展战略与"一带一路"的倡议 [J].阿拉伯世界研究,2015 (06):43.

## 手工艺

科威特的萨都编织在 2020 年被列入联合国教科文组织的人类非物质文化遗产代表作名录。萨都在阿拉伯语中意为延展，萨都编织即指"水平式编织"。这种手工艺品在包括科威特在内的海湾国家以及伊拉克、约旦和叙利亚等阿拉伯国家中十分有名。

萨都的编织大师和主要传承人是曾经居住在科威特沙漠中传统贝都因部族的老年妇女，她们一般从儿童时期就开始跟老人学习编织手艺。萨都编织是一种需要体力和高度专注的手工艺技术，且编织过程漫长。第一步是剪羊毛，第二步是清洁羊毛，第三步是将羊毛纺成球形线，第四步是用天然染料染色后放入一大碗热水中，最后一步是织造。

萨都编织的图案主要有骆驼、马、树等，还喜欢重复使用几何图案，上色也多用红和橙等鲜艳的颜色。萨都编织的主要制成品是羊毛帐篷，它们可以保护贝都因人免受夏季酷暑和冬季严寒的侵袭。其他制成品还包括用来储存大米的袋子、骆驼的装饰品或用来绑住骆驼腿的绳索等。

为保护并传播萨都编织这一传统文化，科威特专门成立了萨都编织合作社，并在其办公地点建立萨都编织博物馆。游客们在博物馆里不仅可以观赏各式各样的编织品，了解整个编织过程，还可以购买自己心仪的编织成品。[①]

## 【产业经典案例】

### 科威特谢赫贾比尔艾哈迈德文化中心

科威特谢赫贾比尔艾哈迈德文化中心俗称科威特歌剧院，是科威特著名的文化中心，位于首都科威特市海湾路。它是中东最大的文化中心和歌剧院，也是科威特国家文化区的一部分。致力于娱乐、教育科威特人民。

科威特文化中心包括剧院、音乐厅、音乐中心、会议展览厅、电影院、图

---

[①] 中华人民共和国外交部. 沙漠"匠心"——科威特萨都编织. [2021 – 03 – 15]. http：//new. fmprc. gov. cn/web/zwbd_ 673032/ywfc_ 673029 /t1847454. shtml.

书馆、历史文献中心和公园在内的文化综合体，花了两年时间才建成。文化中心包含四个建筑，像"宝石"一样坐落在一座更大的公园里，丰富了建筑环境。设计灵感来自伊斯兰建筑传统。

## 哈拉节

为了发展旅游文化，吸引八方宾客，科威特政府每年都要举办哈拉节。"哈拉"一词在科威特语中有"你好"或"欢迎"之意，表示科威特人欢迎世界来客。哈拉节是目前海湾地区最大的综合性文化艺术节，也是科威特的一个重要节日，在每年1月底或2月初举办。哈拉节实际上也是科威特全国性的旅游、商业促销月。在近一个月的节日期间，科威特政府和民间团体会组织各种形式的娱乐活动，航空公司和饭店竞相打折吸引国内外游客，商家店铺也减价售货，各种商品会减价50%—70%，以招徕顾客，因此哈拉节在当地也被称为"打折节"。①

## 【中科文化贸易】

1971年3月22日中科建交。建交以来，两国关系稳步发展，2018年7月，两国建立战略伙伴关系。

目前，两国文化贸易较少，以文化交流为主。为期一周的中国图书文化展2018年3月26日在科威特开幕。展览展出了中国驻科威特大使馆向科威特国家图书馆赠送的80余种约1300册英文和阿文书籍，旨在促进中科文化交流。2019年11月22日"中国之夜"文化推广活动在科威特城的海滨公园"绿岛"举行。在新中国成立70周年和中科建交48周年之际，中国使馆与在科华侨华人举办这次"中国之夜"活动，以促进中科两国民心相通，让更多的科威特民众了解中国文化。

科威特与中国的经济关系取得长足发展，中国已成为帮助其实现"2035

---

① 国别区域与全球治理数据平台. 科威特文化. [2021 - 03 - 15]. https：//www.crggcn.com/resourceDetail? parentName = % E6%96% 87% E5% 8C% 96&id = 6694358.

年新战略"的重要合作伙伴。

## 【商务往来禁忌】

1. 约95％的科威特人信奉伊斯兰教，交往中注意避免触犯相关禁忌。

2. 斋月期间禁止在公众场合抽烟、饮水和进食；商务活动最好于11月至翌年4月天气较凉时前往，避免斋月往访。

3. 忌讳人用脚掌对着他们，会谈中不要跷二郎腿，也不要用左手递送物品。

4. 寒暄用语极多，不同时机与不同场合，有不同的用语和表达方式；做生意时，销售姿态宜低；宜持印有阿拉伯文对照之名片；忌讳初次相见就送礼。

5. 科威特禁酒，也禁食猪肉和内脏。

6. 饭店、旅店一般要附加10％的小费于账单内，其他服务随行情付部分小费。

# 巴　林

巴林王国，简称巴林，是一个邻近波斯湾西岸的岛国，巴林岛为巴林最大的岛屿，其面积780平方公里，总人口150万（2021年2月），外籍人口占55％。85％的居民信奉伊斯兰教，其中什叶派占70％，逊尼派占30％。官方语言为阿拉伯语，通用英语。首都麦纳麦。

巴林是海湾地区最早开采石油的国家。近年来，巴开始向多元化经济发展，建立了炼油、石化及铝制品工业，大力发展金融业和旅游业。金融业发达，享有中东地区金融服务中心的美誉。2019年巴林金融业产值占国内生产总值的 16.5%，是巴林第二大产业。全国实行免费医疗、免费教育等政策。巴林是海湾阿拉伯国家中最早拥有女子学校的国家，也是中东海湾地区居民受教育程度最高的国家。

除了传统的旅游业，巴林近些年也致力于游戏、数据中心等新兴业态的发展。巴林 2017 年举行了巴林游戏体验展，吸引了众多游戏从业者和玩家。

新闻出版方面，全国共有 13 种报纸，包括《海湾消息报》《天天报》《中间报》《祖国报》《海湾日报》等。

## 【文化产业管理】

巴林的文化管理部门是巴林文化与文物局，现任局长谢赫梅也是巴林文化与遗产大臣，曾获得中国政府文化交流贡献奖。

巴林是一个比较开放的国家，文化政策比较开明，允许女性不用戴面纱、穿黑袍。巴林还是全球最受移民者欢迎的国家之一。

巴林推出了一系列法规促进数字经济的发展，例如推出的云优先政策，将政府部门数字化，整个搬到云服务器中去，通过部署云服务降低运作成本，提升安全性和效率，为公众提供优质的服务。巴林刚刚通过的数据主权法，将数据储存在巴林的企业面临与数据相关的任何争议时，只受自己国家的法律管辖。

## 【优势特色产业】

### 旅游业

巴林旅游资源得天独厚，发达的旅游业是国家外汇的重要来源，尤其是对沙特、科威特等国游客具有较强吸引力，每年从沙特巴林大桥入境近 1000 万人次。巴林 5000 年的文明历史，岛国多元文化的精神资源，独特多样的海洋风情，不同于其他海湾国家的旅游服务，适合八方宾客口味的烹饪和饮料，都吸引着大批阿拉伯人和欧美游客到这里旅游度假。每逢星期四、星期五和伊斯兰教的开斋节、宰牲节等重大节日，大批海湾国家公民经法赫德国王大桥，到巴林度假休闲。除此之外，巴林还通过举办各种现代化赛事和活动增强其旅游活力。①

旅游业在经济发展方面起到了重要的作用，能够实现非常好的经济发展效果。巴林离沙特非常近，海滩、小岛、休闲的酒店等都有很强的吸引力。巴林国际机场正在展开全方位现代化项目，该机场提供到达 51 个目的地的航班，为游客提供了极大的便利。

巴政府鼓励企业以休闲购物、医疗保健为特色，将房地产与旅游、文化、卫生等结合起来发展，陆续承办了"2012 年阿拉伯文化之都""2013 年阿拉伯旅游之都"等活动，企业也推出了迪尔蒙健康城等项目。

## 【产业经典案例】

### 现代旅游景点——巴林国际赛道

巴林国际赛道在距离首都麦纳麦 30 公里处的萨基尔沙漠地区。该项目在巴林王储、巴林赛车协会名誉主席萨勒曼的倡议和推动下，由德国著名建筑师赫尔曼·蒂尔克设计，于 2002 年 12 月奠基，占地 1.7 平方公里，用了 16 个月的时间，耗资 1.5 亿美元，于 2004 年 3 月 17 日完工，哈马德国王为竣工仪式剪彩。

2004 年 4 月 4 日，巴林首次举办世界一级方程式锦标赛。迈克尔·舒马赫赢得了巴林汽车大奖赛的冠军，一级方程式世界锦标赛首次在中东国家成功举办，这使巴林国际赛道成为全世界瞩目的地方。巴林国际赛道的建设不仅标志着这一项目在中东地区落脚，同时还促进了巴林国家和民间赛车运动的发展。通过比赛，巴林培养出了多种赛道的选手，发展出从地区系列到国际系列的短程加速赛车和小型赛车。与此同时，巴林也拥有了一批训练有素的赛事服务和工作人员。巴林政府的这一重要投资已经获得了数倍的回报。

① 国别区域与全球治理数据平台.巴林文化与旅游.［2021－03－15］.https：//www.crggcn.com/resourceDetail? parentName＝% E6% A3% 80% E7% B4% A2% E7% BB% 93% E6% 9E% 9C% E9% A1% B5&id＝6708086.

巴林国际赛道自 2004 年投入使用至 2010 年,连续 7 年举办了世界一级方程式锦标赛,每年为巴林的旅游、通信、广告、交通、酒店餐饮等行业带来了 10 多亿美元的收入。2011 年,由于国内政治局势动荡,该赛事被迫易地,这使巴林遭受了 7 亿美元左右的损失。从 2012 年起,巴林恢复举办世界一级方程式锦标赛。①

## 巴林国家大剧院

巴林国家大剧院于 2012 年 11 月 12 日正式对外开放,跻身王国最大型的工程项目之列。

巴林在阿拉伯语中意为"两个海洋之间",展现了这颗波斯湾明珠孤独地坐落在海天相交处的生动画面,这也成了大剧院的灵感来源之一。法国 AS 建筑工作室选择将这座建筑面积达 12000 平方米的剧院面向国家博物馆的环礁湖,表现其面向大海的深远内涵。巴林国家大剧院与其共享多个公共空间,共同致力于推动当地文化事业的蓬勃发展。

在剧院内部,整个前厅被榆木镶板覆盖,以发挥木材本身卓越的声学品质。这些镶板所展现的传统工艺让人联想到世界闻名的当地文化珍宝——阿拉伯三角帆船。

美国剧场技术协会 2015 建筑荣誉大奖授予巴林国家大剧院,不仅是为了表彰其极具魅力的建筑设计,也为肯定其深远的文化影响。

## 【中巴文化贸易】

1989 年 4 月 18 日,中国、巴林建立外交关系。建交后,两国关系发展顺利,双方在政治、经济、文化、新闻等领域的合作稳步发展。巴方在涉及中国核心利益和重大问题上常予以支持。

2014 年以来,两国增强了各领域的双边合作。中国在巴林举行了文化周、

---

① 国别区域与全球治理数据平台. 巴林文化与旅游. [2021 - 03 - 15] . https:∥www.crggcn.com/resourceDetail? parentName = % E6% A3% 80% E7% B4% A2% E7% BB% 93% E6% 9E% 9C% E9% A1% B5&id = 6.

展览、演出活动等。2015 年 12 月 28 日，巴林龙城，一个以新中国为主题的大型购物中心在首都麦纳麦正式开业。中国中东投资贸易促进中心承建的这一购物中心位于迪亚穆哈拉克新城，接纳了 500 多家中国企业，总面积超过 12 万平方米。2016 年中方决定在巴林设立海湾国家首个中国文化中心。2018 年巴林将巴林文化中心落户北京 798 艺术园区，巴林成为第一个在中国设立文化中心的海湾国家。

　　巴林期待扩大中国旅游市场。2017 年巴林旅游局设立中国代表处，代表处办公室设于北京。2016 年，入境巴林的中国游客总人次为 44595，然而以休闲旅游为目的到访巴林的中国游客仅不到 200 人次，可见大有发展空间。未来，水上运动、冒险刺激运动、家庭活动和历史文化之旅都是巴林旅游局中国代表处的推广方向。

　　2019 年，巴林文化与文物局局长谢赫梅率领巴林代表团参加第二届"一带一路"国际合作高峰论坛。在接受央视记者采访时，谢赫梅表示，巴林与中国在"一带一路"倡议框架下合作成果丰硕，建议所有国家都搭上"一带一路"的发展快车。

　　伴随着"一带一路"建设的不断推进，越来越多的中国企业落户巴林。据巴林经济发展委员会的统计，截至 2018 年底，在巴林注册的中资企业已超过 690 家，与 2013 年相比，数量增长了近 10 倍，投资存量近 15 亿美元。巴林非常愿意跟中国有更多的合作，特别是在数字"一带一路"项目上，希望更多的中国企业能够到巴林来开设自己的数据中心。高度连通的地理位置、完善的基础设施建设和体制框架等，使巴林成为中国企业出海中东的首选目的地。

## 【商务往来禁忌】

1. 约 85% 的巴林人信奉伊斯兰教，交往中注意避免触犯相关禁忌。
2. 巴林人时间观念较强，访问须提前预约并按时赴约。
3. 巴林的法定周末为星期五和星期六，注意拜会时间的安排。

4. 巴林人会将客人夸赞的东西送给客人，若客人不接受巴林人会反感，不要轻易高度赞赏某样物品。

5. 忌讳用左手传递东西。

6. 忌讳以酒、女性图片或女性雕塑作为礼品。

7. 避免谈论有争议的中东政治问题，他们特别喜欢以猎鹰或马为闲聊话题。

# 第五篇

# 中亚沿线

# 哈萨克斯坦

哈萨克斯坦位于亚洲中部，北邻俄罗斯，南与乌兹别克斯坦、土库曼斯坦、吉尔吉斯斯坦接壤，西濒里海，东接中国。哈萨克斯坦多数居民信奉伊斯兰教（逊尼派），此外还有东正教、天主教和佛教等。哈萨克语为国语，官方语言为哈萨克语和俄语。首都努尔苏丹，原称阿斯塔纳，2019 年 3 月更名。

哈萨克斯坦是一个地域辽阔的内陆国家，拥有丰富的石油资源。哈萨克斯坦率先对里海地区的能源产业进行了私有化改革，并向西方商业社会敞开了大门。哈萨克斯坦属于中高收入国家，拥有丰富的自然资源和雄厚的工业基础，是世界主要粮食出口国之一。

哈萨克斯坦目前拥有 6000 多个文化组织，各类图书馆收藏的哈萨克语图书数量连年递增。博物馆和图书馆全部由国家经营，也有一定的专项资金支持。

2020 年哈萨克斯坦文化娱乐产业投资创历史新高。据哈萨克斯坦金融工业网报道，2020 年 1—10 月，哈萨克斯坦文化娱乐产业投资达到创纪录的 2401 亿坚戈，超过 2019 年全年投资额（1537 亿坚戈）。从地区分布来看，图尔克斯坦州文化娱乐行业投资增长最快，达到 932 亿坚戈，增长 16.4 倍。其后依次为努尔苏丹市（545 亿坚戈）和阿拉木图州（223 亿坚戈）。投资最少的为奇姆肯特市（9 亿坚戈）。

## 【文化产业管理】

自国家独立以来，哈萨克斯坦确立了鼓励民众表达精神生活诉求、保护民族文化传统的文化发展目标，国家在物质、技术和法律上都给予了全力支持。

哈萨克斯坦总统纳扎尔巴耶夫表示，国家应当关心国民的精神生活，推行专业水准高的文化政策，促进国家文化生活的长远发展。为此，哈政府对文化发展领域的投入逐年增加。

哈萨克斯坦借鉴了一些发达国家的做法，在文化领域采取了多种治理方式，如颁布《保护和利用历史文化遗产法》和《文化法》等。哈萨克斯坦法律规定，剧院、音乐厅、博物馆、图书馆及文化机构可全部免除增值税，这一优惠政策适用于所有文化产业，不取决于它的所有制形式。

哈萨克斯坦对于境内外媒体的管理日趋严格。2012 年，哈萨克斯坦政府专门成立了"信息分析中心"，目的就是为了审查媒体发布信息的合法性，仅2012 年，该中心就审查了 100540 小时的媒体节目、61087 个平面媒体和 170 家门户网站。2015 年以来，这种趋势愈加显著。2015 年，哈萨克斯坦政府新出台了多项针对外国电视频道的管理政策。根据新政策，外国电视频道必须在哈萨克斯坦注册成立公司，而且将办理时限设定在 2017 年 1 月；外国资本在哈萨克斯坦电视媒体和机构中的持股比例不得超过 20%。另外，哈萨克斯坦政府还宣布，外国电视频道从 2016 年开始，禁止在节目中播出广告，对于国内电视业的管制也是如此。[1]

## 【优势特色产业】

### 旅游业

目前哈政府正在积极将哈萨克斯坦打造成亚洲国际旅游国家。哈萨克斯坦是最大的内陆国，地处亚洲和欧洲的交界处，可以吸引来自各个国家的客源。哈萨克斯坦政府致力于发展旅游业，并出台了一系列相关规定。

哈萨克斯坦的旅游业以自然景观旅游为主。哈萨克斯坦幅员辽阔，拥有非常丰富的自然旅游资源，有著名的阿尔泰山、尔亚尔卡草原、恰伦峡谷、卡拉

---

[1] 李宇. 哈萨克斯坦电视发展现状 [J]. 现代视听, 2018 (07)：82 – 85.

吉耶洼地、巴尔喀什湖等世界著名的自然景观资源。夏季的哈萨克斯坦是避暑胜地，冬季的哈萨克斯坦则是滑雪胜地。南部地区的阿拉木图市、江布尔州、南哈萨克斯坦州和克孜勒奥尔达州仍保留着丰富的古代历史文化遗产。

哈萨克斯坦国家博物馆、阿拉木图博物馆等收藏了包括斯基泰人、乌孙人、月氏人、柔然人、匈奴人、粟特人、突厥人、蒙古人等多种人种文化遗产，东西方文明在此地的碰撞更是创造了众多的文化景观。其中有四项世界文化遗产，吸引着无数游客前往游览。

朝圣旅游也是哈萨克斯坦旅游业的重要发展部分。

哈萨克斯坦计划将旅游业打造成经济发展的支柱。2021 年哈萨克斯坦旅游业计划引资 4545 亿坚戈。哈萨克斯坦 LS 网站 1 月 21 日报道称，据哈萨克斯坦国家旅游公司发布消息，2021 年，哈计划启动 57 个旅游业投资项目，包括酒店、休闲度假区、民宿、医疗康复综合项目等，总投资额为 4545 亿坚戈，可创造 5000 余个就业岗位。同时，哈国家旅游公司正在为国内前十大旅游目的地寻找潜在投资者。


## 【产业经典案例】


### 阿斯塔纳歌剧院

目前，哈萨克斯坦有 2 座歌剧和芭蕾舞剧院、1 座轻歌剧院、4 座青少年剧院、5 座木偶剧院、18 座哈语剧院和歌舞剧院、11 座俄语剧院、2 座哈俄语剧院，以及维吾尔语、德语、乌兹别克语戏剧院等。这些剧院中，有 9 座是国家直属的，其余的由地方机构管理，其中维吾尔语、韩语、德语和乌兹别克语戏剧院是独联体国家中绝无仅有的。其中，阿斯塔纳国家歌剧芭蕾舞剧院位于哈萨克斯坦首都阿斯塔纳，是欧亚大陆规模最大的歌剧院，也被称为全球第三大歌剧院。

阿斯塔纳国家歌剧芭蕾舞剧院于 2013 年在哈萨克斯坦时任总统努尔苏丹·纳扎尔巴耶夫的倡议下建立。剧院由来自意大利、德国、瑞士和捷克共和国的建筑师们合作设计，共有 1500 个座位（大厅 1250 个，室内音乐厅 250

个），建筑内还有一所芭蕾学校和一座小型博物馆。从外形上看，有些复古，风格近似传统的希腊建筑，色彩素淡典雅，气势却十分恢宏。

## 【中哈文化贸易】

2019年中国为哈萨克斯坦第二大贸易伙伴，仅次于俄罗斯。中哈合作领域已拓展到经贸、能源、交通、文化等各方面。

哈萨克斯坦是同我国开展文化交流最多的独联体国家之一。两国于1992年1月3日建立外交关系，两国在教育、文化、科技领域的合作成果丰硕，常年互派文艺团组演出。2017年10月，习近平主席出访哈萨克斯坦，中哈已成为睦邻友好合作的典范。

哈萨克斯坦为发展旅游业，制定了雄心勃勃的计划。哈萨克斯坦旅游局副主席Kairat Sadvakasov表示，目前中国、俄罗斯和印度为飞行三至四小时范围内的关键目标客源市场。近年中国客源增长迅猛，哈萨克斯坦将在中国市场加大宣传力度。哈萨克斯坦旅游局推出微信官方公众号，向本国旅游行业从业者介绍朋友圈、微信支付对于开拓中国市场的重要性。同时，鼓励旅游从业者参与在中国境内举办的旅游和MICE展会。

中哈两国在"一带一路"倡议框架下，人文领域的合作活动日趋频繁。2017年6月8日，中哈两国签署了《中哈合作拍摄电影的协议》。2019年，中哈合作拍摄的讲述冼星海创作历程的影片《音乐家》上映。新华社努尔苏丹2020年10月17日电，中哈合拍的"一带一路"纪录片《你好，哈萨克斯坦》近日在哈萨克斯坦阿塔梅肯电视台播出。该片共12集，由阿塔梅肯电视台和中国新华新闻电视网共同制作，在中哈两国多地取景拍摄。自2021年1月5日起，哈萨克斯坦KTK电视频道开始播放中国都市情感电视剧《嘿，老头！》。哈萨克斯坦KTK电视频道创建于1991年2月，在哈萨克斯坦电视市场中颇有影响。此前，KTK电视频道还播放过中国电视剧《鸡毛飞上天》《都挺好》等。

**【商务往来禁忌】**

1. 哈萨克人大多信仰伊斯兰教，注意不要触犯相关禁忌。

2. 哈萨克人忌讳与人谈话时脱帽，认为脱帽是不礼貌的。

3. 不要当着哈萨克人赞美他们的孩子和牲畜，他们认为这会带来不祥。

4. 当地商人讲究经商的灵活性，非常喜欢砍价，不会轻易接受开盘报价，商务谈判中应留有必要的余地。

5. 社交场合上避免提及对方国内的民族矛盾以及关于俄罗斯的话题。

# 乌兹别克斯坦

乌兹别克斯坦是一个位于中亚中部的内陆国家，是世界上两个双重内陆国之一，也是著名的"丝绸之路"古国。乌兹别克斯坦地处中亚心脏地带，地理位置优越，总面积为 44.74 万平方公里，自然资源丰富。国民经济四大支柱产业为棉花、黄金、石油和天然气。乌兹别克斯坦盛产棉花，素有"白金之国"的美誉，目前其棉花种植保持在 300 万亩左右，是世界第五大棉花生产国、第二大棉花出口国。人口 3419 万（2020 年 7 月）。乌兹别克语为官方语言，俄语为通用语言。首都塔什干。

乌兹别克斯坦独立以来经济发展较为稳定。近年来，GDP 增速稳定在 8% 左右。但由于人口规模庞大，人均 GDP 较低，仍然属于中低收入国家。优越的地理位置使其成为古丝路上贸易商队交汇之处，以及多元文化交流融合之所，其文化也呈现出多元交融的特点。旅游产业目前已成为乌兹别克斯坦最具发展潜力的产业之一。目前，乌国内约有 1200 家旅游机构，其中包括 600 余家旅行公司和近 600 家酒店，可满足游客各种观光及住宿需求。乌兹别克斯坦批准了在花拉子模、苏尔汉河州、塔什干和卡什卡达里亚州进行旅游开发的方案，该方案的总投入超过 2.6 亿美元。

乌兹别克斯坦开发的丰富的伊斯兰文化旅游景点带动了旅游产品产业的发展。乌兹别克斯坦是全球第三大丝绸生产国，其丝绸产品产量紧随中国、印度之后，位列世界第三位。早在古丝绸之路繁盛的中国隋唐时期，产自中亚的"粟特锦"就已经风靡欧亚大陆了。丝路留下的传统产业，如今依旧在这个国家的社会经济中占有一席之地。走进乌兹别克斯坦的每一个旅游景点，沿街的大小铺面琳琅满目地陈列着带有地域风情和民族风俗的工艺品。那些迷人的工艺品制作得非常精细，体现着本地的民族风情和文化底蕴。目前，乌兹别克斯坦全国共有各类报纸 690 种，杂志 300 种，出版社 112 家。由于历史原因，这些刊物除了使用乌兹别克斯坦文字外，俄文使用较多，英文较少。

## 【文化产业管理】

乌兹别克斯坦文化部主管全国文化艺术相关事宜，另设有总统新闻与大众传媒署、国家电影署、国家旅游发展委员会，新改组增设的信息技术和通信发展部等参与文化产业的管理。

新闻领域由总统新闻与大众传媒署管理，新闻报道、媒体宣传与政府口径完全一致。

比较注重通过立法和制定规划引导行业经济发展。1999 年 8 月，出台《旅游法》为创建现代、高效、有竞争力的旅游综合体提供坚实的法律基础。2019 年乌政府分析和研究阻碍旅游业发展的因素后，依据世界旅游组织相关文件及国际标准修订了《旅游法》。2019 年，总统签署了新的旅游业发展规划。根据规划，乌政府将通过简化签证手续、加快基础设施建设和改善旅游服务水平等多种方式，将旅游业打造成该国经济发展的重要支柱产业。乌将争取在 2025 年吸引超过 900 万人次的外国游客，将旅游业占国内生产总值的比重从 2017 年的 2.3% 提升至 2025 年的 5%。

2020 年 1 月，米尔济约耶夫总统发表国情咨文，宣布 2020 年为"科技、教育和数字经济发展年"，全面推进和深化改革开放，文化产业也在此契机下受到重视。

## 【优势特色产业】

### 遗迹旅游

乌兹别克斯坦被《孤独星球》列为 2020 世界最佳旅游目的地之一，是丝绸之路上的文化明珠。

乌兹别克斯坦境内保存有多处古代建筑和历史遗迹，该国也由此闻名于世。乌兹别克斯坦拥有多个世界文化遗产，如世界历史名城撒马尔罕、布哈拉、希瓦等，2001 年该国境内波桑地区的文化空间被列入联合国教科文组织公布的非物质文化遗产名录中。乌兹别克斯坦境内现存多处十五六世纪的宗教建筑和陵墓，其中巴拉克汗马德拉斯神学院、伊斯麦布卡利清真寺和古陵墓等古建筑可让人一窥当年中亚古帝国的遗迹。

撒马尔罕是乌兹别克斯坦共和国的第二大城市，撒马尔罕州首府，是乌前总统卡里莫夫的故乡，也是著名的旅游城市。迄今市内仍保留有 14—17 世纪的许多著名的古建筑，包括清真寺、陵墓等。其中以帖木儿帝国时期建造的宫殿、陵寝最为壮丽。

布哈拉市现存大约 140 座古代建筑和历史遗迹。这些古建筑独具匠心，使布哈拉市弥漫着浓厚的伊斯兰教色彩，因而它又有"博物馆城"之称，在伊斯兰世界中占有特殊地位。乌兹别克斯坦同时拥有许多温泉和浴疗度假村：塔什干矿泉度假村、恰尔塔克度假村、阿伽雷克度假村、奇姆甘度假村等。

这一拥有璀璨文明的国家吸引了全世界众多学者的考察和游客的参观，乌兹别克斯坦政府也在大力发展旅游业的同时加强了对该国文化遗产的保护。为进一步丰富旅游产品，近年来，乌在开发传统旅游的基础上，积极推广新型旅游方式，如利用自然保护区、国家公园等资源开发生态旅游。此外，地质游、医疗游、登山漂流游以及美食游也广受欢迎。

乌不断完善的交通基础设施也为游客提供了更好的旅行体验。乌现有 11

座机场，并有多家国际知名航空公司进驻，为世界各地的游客提供了舒适的空中旅程环境。铁路设施建设的快速推进也提升了观光效率，让游客的旅程更丰富多彩。

为进一步加快旅游业的发展，提升乌兹别克斯坦的国际知名度，乌每年还会举办塔什干国际旅游交易会——"丝绸之路旅游"。目前，该旅游交易会已成为中亚地区最大的旅游论坛，是业界人士共商行业前景、寻求合作机遇的优质平台。

## 民间艺术手工业与实用艺术

1997 年，乌兹别克斯坦共和国颁布了《国家关于进一步支持民间艺术手工业和实用艺术发展的措施》的总统令。乌兹别克斯坦民间艺术的起源隐藏于出土文物上，陶制品、丝绸和棉纺织品、石木雕刻、金属雕刻、皮革印花、书法和缩微绘画都是从古代流传至今的。

布撒马尔罕、希瓦、塔什干和费尔干纳以它们各具特色的实用艺术闻名。乌兹别克斯坦政府通过文物保护法、民族文化中心、充足的财政支持，以及各种文化宣传活动来保护传统文化。

漆画艺术是乌兹别克斯坦传统实用艺术的一个重要组成部分，它与中亚细密画艺术一脉相承，同时受到了东西方绘画的影响。到 19 世纪末，这种艺术在乌兹别克斯坦最终绝迹。20 世纪 70 年代以来，乌兹别克斯坦的艺术家们再度赋予了这种艺术强大的生命力。①

## 【产业经典案例】

### "世纪回声" 传统文化节

"世纪回声"传统文化节由乌文化与艺术论坛基金会于 2008 年创办，每年一届，2009 年成为与联合国教科文组织的合作项目。文化节逐渐成为乌兹

---

① 赵晓佳. 乌兹别克斯坦漆画艺术 [J]. 民族艺林, 2016 (04): 70 – 75.

别克斯坦传统文化集中展示的舞台。萨尔梅什萨伊山谷是当地著名的文化遗产，这里已经发现了一万多幅年代久远的古老岩画。而在文化节现场，山坡上排列着代表乌各地的毡房，各类文化活动顺着山谷排开，赛马、斗羊、走钢丝等传统娱乐活动火热展开。

除了观赏精彩的表演，在文化节活动现场，人们还可以品尝到乌兹别克斯坦的传统美食，购买到各地手工艺人的精美作品等。据介绍，目前已经有 20 多万游客参加过"世纪回声"传统文化节活动，这一文化节正以自己独特的方式延续和继承着乌兹别克斯坦的精神文化遗产。

## 【中乌文化贸易】

中国是乌兹别克斯坦最大的对外贸易伙伴。乌兹别克斯坦国家统计委员会发布的最新数据显示，2020 年乌外贸额约 363 亿美元，同比下降 13.1%。中国仍是乌兹别克斯坦 2020 年第一大贸易伙伴，中乌贸易额为 64.3 亿美元。

尽管两国经贸往来密切，但是文化贸易并不是很多。乌兹别克斯坦主要从俄罗斯引进影视剧，其次是从韩国、欧美和印度等国家或地区引进节目。图书版权贸易也刚刚起步，2015 年，《猫城记》乌兹别克语译本出版，引起了乌官方、汉学界及媒体的高度关注。今年 3 月，乌国家图书馆为该书举行了隆重的推荐会。《猫城记》乌语版由乌国家人权中心、"道夫尔印刷"出版社、纳沃伊国家图书馆联合翻译出版。2019 年中国诺贝尔文学奖得主莫言的小说《酒国》的乌语版本在乌兹别克斯坦出版。

塔什干孔子学院作为中亚第一个签约的孔子学院，在两国友好交往中也发挥着独特作用，举办了许多带有浓郁中国特色的文化活动，已经成为两国青少年相互了解对方文化的重要平台。

乌兹别克斯坦是第一个对中国公民免签的中亚国家。2019 年 9 月 12 日，乌兹别克斯坦总统米尔济约耶夫签署法令：规定自 2020 年 1 月 1 日起，包括香港在内的中国公民可在免签情况下通过该国国际机场进入乌兹别克斯坦，停留不得超过 7 天。

## 【商务往来禁忌】

1. 乌兹别克斯坦人大多信奉伊斯兰教，交往中注意避免触犯相关禁忌。

2. 忌讳黑色，认为黑色是关于丧葬的色彩。

3. 赠送的礼品上不能有动物头像和女性图像。

4. 拜访一个当地家庭时，可以带瓶葡萄酒和一份礼物，如巧克力、笔、书、唱片等，这些主人会喜欢的。

5. 就餐时，等主人开始吸烟或经主人同意后方可吸烟，一般在室外吸烟。

6. 在公共场所，不能穿背心、短裤等乱逛，穿戴必须整齐，行为举止文雅。

# 土库曼斯坦

土库曼斯坦位于中亚最南部，人口572万（2020年6月）。土库曼族占94.7%、乌孜别克族占2%、俄罗斯族占1.8%，此外，还有哈萨克、亚美尼亚、鞑靼、阿塞拜疆等120多个民族占1.5%。官方语言为土库曼语，俄语为通用语。绝大多数居民信仰伊斯兰教（逊尼派），俄罗斯族和亚美尼亚族居民信仰东正教。土库曼斯坦是亚洲唯一的永久中立国，也被认为是世界上最安全的国家之一。首都阿什哈巴德。

土库曼斯坦的文化产业发展集中于首都，1991年土库曼斯坦独立后，其作为国家首都和政治、经济与文化中心，兴修了总统府、议会大厦、国际机场、中立门、大清真寺和能容纳6万余人的体育场等大型设施，城市面貌发生了很大变化，境内拥有多处极具风情的名胜古迹。

## 【文化产业管理】

土库曼斯坦文化产业发展主要由国家控制，负责文化发展方面的部门主要有文化部，国家电视、广播与电影委员会，国家出版局等。国家旅游委员会是旅游业的主管机构。

电视是土库曼斯坦最重要的媒体，也是信息传播的主要渠道。土库曼斯坦对电视业的监管较为严格。数字化方面，土库曼斯坦在 2011 年启动了模拟转数字进程，但推进速度极为缓慢，到 2017 年底仍没有取得明显进展。2015 年以前，土库曼斯坦实施相对宽松的"天空开发"政策，允许民众自行安装卫星天线，接收境外电视节目。当时，俄罗斯和土耳其的电视频道在该国具有较大的影响力。2015 年 4 月，土库曼斯坦开始实施"天空封锁"政策，禁止民众自行安装卫星天线，包括俄罗斯和土耳其在内的境外卫星频道顿时失去了市场。①

## 【特色文化产业】

### 文化旅游

土库曼斯坦拥有众多珍贵的旅游资源，境内不乏历史名胜古迹和优美的自然风光，尼萨古城、梅尔夫古城和库尼亚乌尔根奇是世界文化遗产。土库曼斯坦的民族风情浓厚，从民间节庆、生活习惯到传统民居，无一不将当地独特的民族风情展现得淋漓尽致。随着经济的日益发展和对外贸易的日益频繁，土库曼斯坦开始走入国际的视野，其旅游业呈现出强劲的发展势头。首都阿什哈巴德、阿瓦扎旅游区、尼萨古城、老乌尔根奇建筑群等，成了国内外游客喜爱的旅游胜地。

阿什哈巴德的名胜古迹众多，包括地震纪念碑、中立门、鲁赫耶特宫、地

---

① 李宇. 中亚三国电视业发展现状研究［J］. 现代视听，2018（08）：82 – 85.

毯博物馆、土库曼斯坦国家博物馆、阿哈尔捷金马和种马场等。其中，地毯博物馆和阿哈尔捷金马和种马场分别对应土库曼斯坦作为"灵魂"和"翅膀"的地毯文化和赛马文化，是到访游客的必去之处。国家博物馆由土耳其出资兴建，气势恢宏，馆藏展品众多，共约2万件。地震纪念碑、中立门等是极具纪念意义的代表性建筑物，反映了土国人民对历史的铭记，也表现出对人类幸福未来的乐观态度和信心。

## 会展业

近年来，土库曼斯坦的会展业发展取得了瞩目的成就，展会是土国文化活动的重要组成部分。

土库曼斯坦首都阿什哈巴德是会展业发展的核心区域，位于市中心的阿什哈巴德展览宫是一座集国际展览、展销会、研讨会、会议、节庆、赛事、商务论坛和研讨会多功能于一体的建筑，共有三个展览区，总面积超过12万平方米，设备先进齐全，每年都要承办多次大型展览。官方数据显示，2015年土库曼斯坦共举办了45000场文化活动，展会在其中占据着最重要的席位。土库曼斯坦的展会类别涉及多个方面，包括节庆类、商品展出类、国家专题类、国际博览类、工艺展览类等。2016和2017年，土库曼斯坦承办的国际展会均在30场以上。

土库曼斯坦的大型展会均由国家部门主办，土国家工商会是展会举办的主要参与部门，几乎所有展会都有该部门的身影。依据展会的主题与内容，其他官方部门也有相应的参与。值得一提的是，随着"一带一路"经济带建设的推进，土库曼斯坦举办地有关中国文化和商品及"一带一路"相关主题的展会越来越多，彰显了两国经济合作和文化交流的双向促进。

## 【产业经典案例】

### 土库曼斯坦阿瓦扎旅游区

土库曼斯坦阿瓦扎国家旅游区，位于里海东岸，距离土库曼斯坦巴希市

12 公里。阿瓦扎旅游区号称里海"最清洁的水域",这里海湾宽阔、海水清洁,气候适宜,自然风光旖旎优美。

阿瓦扎国家旅游区有着丰富的旅游资源。这里的自然风光优美,有火山群落和医疗效果奇特的泥矿泉。古代的丝绸之路从这里穿过,留下了众多古堡遗址,为这里增添了更多神秘的气息。"哈萨克斯坦—土库曼斯坦—伊朗"铁路的通车为当地发展旅游业提供了便利的交通条件。这一切使阿瓦扎旅游区展现出良好的发展前景。

在阿瓦扎旅游区的建设过程中,土库曼斯坦注重吸引外资,扩大与各国的互利合作。土政府为外商提供了各种优惠政策,包括简化入境手续,减免关税、财产税和土地税等税款。不仅为阿瓦扎旅游区的发展聚拢了更多建设力量,也有利于阿瓦扎打响名气、走向世界。

土库曼斯坦官方尤为重视阿瓦扎旅游区的文化娱乐设施建设,为此,土特地在开发区划出专门区域,用于一批新文化娱乐设施项目的建设,且这些项目优先考虑自带资金参与项目建设的外企。此外,还增加了市内园林和绿地的覆盖面,以美化市容,为游客提供舒适宜人的外部环境。

## 土库曼斯坦赛马节

1992 年,土库曼斯坦总统将每年 4 月的最后一个周日确定为土库曼斯坦赛马节。土库曼斯坦作为这项国际赛事的组织者和主办方,是非常有说服力的。首先,土库曼斯坦是世界著名的汗血宝马的故乡,这里有着世界仅存的6000 多匹珍稀的纯种汗血宝马;其次,爱马与赛马文化早已深深融入游牧民族土库曼斯坦人的骨血之中,日常生活的方方面面无不彰显出这一民族对马的重视和对马文化的喜爱。土库曼斯坦有句俗语,每天早上要先向自己的长辈问好,然后向自己的马儿问好。喜庆的节日里,每个家庭都会用昂贵的珠宝装扮自己的马,显示自己的财富与地位。举办赛马节对弘扬和传播土库曼斯坦优秀文化、树立良好国际形象、吸引国际目光、拉动国际投资与国内文化旅游业的发展有着极大的促进作用。

世界汗血马协会和哈尔捷金马协会成立之后,土库曼斯坦赛马节的国际知名度日益增强，多次邀请周边国家作为赛马节、汗血马评选评委会、汗血马主题文化艺术品大赛等一系列活动与赛事的嘉宾，推动签署了土库曼斯坦与其他国家的马业合作框架协议，约定在马业科研、教育、赛事和文化艺术等领域广泛合作。

### 地毯博物馆和地毯节

土库曼斯坦的地毯编织有着悠久的历史和独特的艺术技艺。作为土库曼斯坦民族文化的重要载体，土库曼地毯不仅在土库曼人的物质生活和精神生活中起着重要作用，还是民族古老历史的见证，是用特殊的语言书写的一部民族文化编年史。为了进一步保护、复兴和发展土库曼地毯文化传统，1993年3月20日，在首都阿什哈巴德建成了土库曼地毯博物馆。如今，这座博物馆成为土库曼斯坦重要的文化中心之一，在这里展出有大约8000张地毯展品，其中包括一些十七八世纪的珍贵地毯展品。

1992年，"土库曼地毯节"正式获得国家法定节日的地位，这一民族节日被确定于每年五月的最后一个星期日。每逢"地毯节"，通常会组织相关的学术研讨会、地毯图案设计、编织大赛等形式多样的活动。由于国家的高度重视，地毯艺术与技术传统开始复兴，相关的科学研究和地毯的生产得到了迅速发展。

## 【中土文化贸易】

中土1992年1月6日建交。2013年9月，习近平主席对土进行国事访问，中土建立战略伙伴关系。2014年5月，别尔德穆哈梅多夫总统对华进行国事访问，双方签署《中土友好合作条约》。

中国是土库曼斯坦第一大贸易伙伴国。两国人文合作趋于活跃，双方每年都互派10余个文化、艺术团体赴对方国家展演。两国还互设文化日，推进双方人民的相互了解。土库曼斯坦中小学开设汉语课程，我国中央民族大学、北京外国语大学设有俄语—土库曼语专业。

　　土库曼斯坦对中国出口的商品主要有天然气、石油产品、无机化学品、棉花纤维、皮革原料等。自中国进口的主要商品有技术设备、黑色金属制品、电动机器和设备、交通工具、火车头、各种仪表等。双方文化贸易比较少，有极大的合作空间。

## 【商务往来禁忌】

1. 土库曼斯坦人大多信奉伊斯兰教，交往中注意避免触犯相关禁忌。
2. 不得携带有损土库曼斯坦国家安全的宣传品入境。
3. 对在众人面前耳语的行为很忌讳。
4. 尽量不要在夜间出行。
5. 海关会对行李进行开箱检查。如没有相关部门证明材料，不得携带包括文物、受保护的动植物等东西出境。携带在当地购买的地毯制品出境，须提供国营商店或土文化部出具的出境许可。

# 吉尔吉斯斯坦

　　截至 2020 年 2 月，吉常住人口登记数量为 654.2 万人。有 80 多个民族，其中吉尔吉斯族占 72.8%，乌孜别克族占 14.5%，俄罗斯族占 6.2%，东干族占 1.1%，维吾尔族占 0.9%，塔吉克族占 0.9%，土耳其族占 0.7%，哈萨克族占 0.6%，其他为鞑靼、阿塞拜疆、朝鲜、乌克兰等民族。70% 以上的居民信仰伊斯兰教，多数属逊尼派。吉尔吉斯语为国语，俄语为官方语言。首都比什凯克。

　　吉尔吉斯斯坦是一个非常有吸引力的旅游目的地，但由于投资较少，旅游业发展缓慢。旅游基础设施正在慢慢完善，但需要投入大量资金。外部市场的推广也在进行，但没有统一的营销和宣传活动。目前，吉尔吉斯斯坦的旅游基础设施建设仍不能满足游客的需求。吉尔吉斯斯坦是一个内陆国家，基础设施不发达。显然，这个问题正阻碍着吉尔吉斯斯坦的经济发展。

## 【文化产业管理】

吉尔吉斯斯坦设文化、信息和旅游部，统管相关事务，基本涵盖了文化产业的大多数业务。

吉尔吉斯斯坦过去对媒体的管理较为松散，准入标准相对较低，但仍具有相对完善的法律法规体系。1992 年，吉尔吉斯斯坦开始实施《大众传媒法》，这是该国规范传媒工作的重要法律。1997 年，吉尔吉斯斯坦议会同时颁布了《使用媒体的保障和自由法》和《记者专业活动保护法》，进一步完善了大众传媒法律体系。2006 年，吉尔吉斯斯坦议会通过了《吉尔吉斯斯坦国家机构和地方自治机构信息使用法》，该法清晰地规定了国家机构管辖下的媒体使用。此外，该国还有了一系列与传媒相关的法律，包括《许可证制度法》《电子通信和邮政法》《广告法》《著作权和相关权力法》《信息化法》《科技信息系统法》《国家广播电视公司法》等。

## 【特色文化产业】

### 电影业

作为世界电影版图中的小片景致，吉尔吉斯斯坦电影大多以低成本、小制作为主要特征。为了在"票房炸弹"泛滥的全球电影市场中提高曝光度，吉尔吉斯斯坦电影特别注重对"如画美"和"画境游"的影像建构。一方面，影片以"本土"与"地方"为视角，以当下世界现代性景观为参照，融自然风貌、民俗文化、民族审美于一体，图绘吉尔吉斯斯坦由传统走向现代过程中的社会文化变迁，表达出一种对"如画"风景充满向往的"恋地情结"；另一方面，电影持续发掘"山地之国"自然文化资源的丰富内涵，利用外界对中亚地域风貌的好奇心理，打造了一批代表国家形象的风景符号。近期吉尔吉斯斯坦电影不断书写"归乡"母题，表达对传统生活方式的眷恋之情，一种游牧文化影响下的"恋地"心态。①

21世纪以来，吉尔吉斯斯坦电影取得了令人瞩目的成绩。在"一带一路"倡议背景下，与乌兹别克斯坦等中亚国家一道，注重与中国、韩国、日本等东北亚国家加强影视产业交流合作，共同推进"中亚电影"向"亚际电影"转型。在推动构建"亚洲命运共同体"的历史背景下，依托影视媒介，搭建"丝绸之路影视桥工程"等跨文化交流场域，激活、重述丝绸之路历史记忆。如今，吉尔吉斯斯坦借助上合组织国家电影节、丝绸之路电影节等平台，推出《夜间故事》《库尔曼江·达特卡》等本土电影，同时在"尊重多样文明，谋求共同发展"的基本原则下，持续开展电影展映、合作摄制等文化交流活动，推动中亚电影走向新的发展阶段。②

## 广播电视业

吉尔吉斯斯坦电视播出的主要渠道是地面开路电视和免费卫星电视，两者的电视家庭份额达到了95%。2016年，数据显示，数字地面电视在电视家庭中所占份额为40%，模拟地面电视的份额为30%，免费卫星电视的份额为25%，付费卫星电视的份额为1%，数字有线电视和模拟有线电视的份额为2%。因为地形地貌的原因，吉尔吉斯斯坦难以大规模发展有线电视和IPTV。根据预测，2022年时，吉尔吉斯斯坦最主要的电视播出渠道将会是数字地面电视，在电视家庭总数中所占份额为66%；其次是免费卫星电视，所占份额为28%，付费卫星电视仅占1%的份额；IPTV和有线电视的份额分别为2%和3%。吉尔吉斯斯坦最主要的付费电视运营商为奥拉电视公司，截至2017年6月，其订户总数为2.1万。③

① 邹赞，萨玛拉. 历史记忆、文化再现与风景叙事——聚焦吉尔吉斯斯坦近十年重要电影［J］. 当代电影，2020（05）：87 – 89.

② 邹赞，萨玛拉. 历史记忆、文化再现与风景叙事——聚焦吉尔吉斯斯坦近十年重要电影［J］. 当代电影，2020（05）：90.

③ 李宇. 吉尔吉斯斯坦电视业发展现状研究［J］. 现代视听，2018（09）：83 – 85.

## 【产业经典案例】

### 伊塞克湖景区

伊塞克湖是吉尔吉斯斯坦和整个中亚地区的主要旅游和疗养胜地。大部分湖畔都是美丽的海滩浴场。伊塞克湖周围环绕着群山，最高峰为7439米。山上有许多峡谷和牧场，植被茂盛。宜人的气候、清澈的矿泉水、可用于治疗的湖泥，以及舒适的酒店，是游览和治疗的理想场所。

政府将旅游业作为其发展的优先事项。吉尔吉斯斯坦吸引了来自哈萨克斯坦、乌兹别克斯坦和俄罗斯等独联体国家的大量游客。来自哈萨克斯坦的游客人数是最高的，占吉尔吉斯斯坦所有外国游客的60%。2018年，前往吉尔吉斯斯坦旅游的人数增加到了674.9万人次，其中来自独联体国家的人数达到了403.3万人次，而非独联体国家有271.6万人次，这些游客基本上都是去伊塞克湖旅游的游客。

## 【中吉文化贸易】

中吉自1992年1月5日建交以来，两国关系积极、健康、稳步地向前发展。近年来，中国与吉尔吉斯斯坦两国双边经贸合作快速、健康地发展着，在经贸、能源、基础设施建设、互联互通等领域取得了重要的合作成果。2019年，中吉贸易额达63.46亿美元，同比增长13.1%。中国一直是吉尔吉斯斯坦最大的贸易伙伴、最大的进口来源国和最大投资来源国。中方承建的吉尔吉斯斯坦"达特卡—克明"输变电线项目更是成为"一带一路"标志性项目之一。

两国的影视合作也非常深入。北京时间2004年10月15日18点30分，中国新疆电视台开始通过卫星向吉尔吉斯斯坦共和国国家电视台传送《走进中国》栏目，自此，吉尔吉斯斯坦共和国公民每天都能看一个小时来自中国的电视节目。吉尔吉斯斯坦有一个家喻户晓的中国有线电视台——德隆电视台。这家电视台的收视人群覆盖了吉尔吉斯斯坦总人口的63%。德隆电视台由浙江金华邮电工程有限公司投资，成立于 2005 年。经过十几年的发展，德隆电视台已成为吉尔吉斯斯坦第二大有线电视频道运营商，开通了包括俄语、维吾尔语、汉语、英语等语种的 117 个频道。德隆电视台播出的一批人文纪录片，包括关于中国浙江文化周、中国义乌小商品城的节目在吉尔吉斯斯坦主流社会受到欢迎和好评。2014 年，德隆电视台与中央电视台合作，将央视俄语频道落地到吉尔吉斯斯坦，又与中国网络电视台合作，将大熊猫频道落地吉国。频道对接通畅后，德隆电视台引进了好几部以中国文化为主的节目，如《舌尖上的中国Ⅱ》《CHINA 瓷》等。除此之外，德隆电视台还有一个自办的特色频道——"丝路频道"，播放中俄电视节目、电影等。

双方版权贸易也开始进行。作为河南最大的文化产业集团和唯一上市文化企业，中原出版传媒集团积极响应国家政策，抓住机遇，积极探索创新文化产品外贸发展方式，在吉尔吉斯斯坦比什凯克市设立全资子公司中国中原文化交流中心。这是中原出版传媒集团对外文化战略的第一家支撑基地，也是河南文化产业集团走向中亚的重要阵地。

电子商务成为双方合作的新领域。人民日报社消息称，2018 年 5 月 21 日，新疆丝路通信息科技有限公司在比什凯克市举行了在线贸易平台推介会，数十家中吉外贸企业现场体验了网络贸易的便捷，进一步推进了两国在"一带一路"倡议下实现合作共赢、促进边贸繁荣的目标。

## 【商务往来禁忌】

1. 吉尔吉斯斯坦人大多信奉伊斯兰教，交往中注意避免触犯相关禁忌。
2. 应邀赴宴或者祝贺环节，应该送花，送花要送单数；不要送双数。
3. 递送物品或者与人握手，仅能用右手，若用左手会被认为很无礼。
4. 行为举止讲究，坐在地上或垫子上时不要将腿伸长或躺下；当众剔牙、挖鼻孔、掏耳朵被认为是极其不雅的举止。
5. 偏爱绿色，忌讳黑色，视黑色为死亡的象征。

# 塔吉克斯坦

塔吉克斯坦位于中亚东南部，北邻吉尔吉斯斯坦，西邻乌兹别克斯坦，南与阿富汗接壤，东接中国。东西长700公里，南北长350公里。境内多山，约占国土面积的93%，有"高山国"之称。人口950万（2020年10月），共有86个民族，其中塔吉克族占80%，乌孜别克族占15.3%，俄罗斯族占1%。此外，还有鞑靼、吉尔吉斯、乌克兰、土库曼、哈萨克、白俄罗斯、亚美尼亚等民族。多数居民信奉伊斯兰教，多数为逊尼派（帕米尔一带属什叶派）。塔吉克语为国语，俄语为通用语。首都杜尚别。

塔吉克斯坦经济较为落后，与周边国家相比，尚未有明显的文化产业发展趋势。世界银行数据显示，塔吉克斯坦是世界上最穷的国家之一，也是中亚五国发展最为落后的国家。整体收入较低，民众文化消费意愿不高。近年来，受俄罗斯经济下滑和塔主要出口商品国际市场价格疲软等因素影响，塔经济形势总体严峻，经济下行趋势明显，消费和外贸形势均不容乐观。综合以上因素，塔吉克斯坦文化产业并不发达，官方及民间尚未有发展文化产业的强烈意愿与明确规划，但在与文化相关的某些领域，仍出现了些许积极发展的苗头。

## 【文化产业管理】

塔吉克斯坦是中亚国家中宗教色彩最浓的，虽然目前正处在从宗教国家向世俗国家转变的过程中，但宗教对大家生活的影响依然很大。受此影响，文化娱乐产业、广播传媒产业等的管理都比较严格。塔吉克斯坦设文化部管理文化艺术等方面的事务。

塔吉克斯坦对媒体领域的管控相对严格，主要采用国有国营的体制，不允许创办全国性的私营电视台，仅在部分地区允许少数几家私营电视台的存在。政府对于民众接收境外卫星节目的管控相对宽松，超过 40% 的人口通过卫星天线收看境外频道，其中主要是俄罗斯和乌兹别克斯坦的电视频道。在塔吉克斯坦，《印刷及其他大众传媒法》是媒体领域的主要法律。另外有《电视和广播电台法》《广播电视领域许可证发放条例》。①

塔吉克斯坦共和国政府旅游发展委员会致力于发展旅游业，通过制定旅游业发展规划推动旅游业的发展。据"卫星通讯社"的报道，由于水资源丰富，旅游发展委员会希望国内专注于垂钓旅游业的发展。

## 【特色优势产业】

### 文博业

塔吉克斯坦的历史文化资源和地质、动植物等自然资源十分丰富，其政府注重对历史文化资源和地质多样性的保护，兴修了多个高规格博物馆，包括塔吉克斯坦国家博物馆、塔吉克斯坦地质博物馆、古弥尼乐器博物馆等。这几个博物馆不仅是塔国极具价值的文化集中地，也是该国旅游发展的重要景点。

古弥尼乐器博物馆坐落于塔吉克斯坦的首都杜尚别，由塔吉克斯坦演员和音乐家古弥尼成立于 1990 年。博物馆虽然不大，却在人们的文化生活中起到了重大作用。古弥尼乐器博物馆收藏了 80 多件乐器，大部分为帕米尔人和巴达克山地区的传统乐器，是古弥尼四处旅游时收集来的，包括鲁巴卜、帕米尔鲁巴卜、塔姆布拉琴、琵琶、哈克、鼓等。古弥尼乐器博物馆已经成为世界各地音乐家聚集的场所，他们在此练习音乐并互相学习，有时也会为人们带来美妙的音乐。博物馆也会举行一系列的文化聚会和音乐会，吸引了众多音乐爱好者的到来，同各地的音乐家一起享受、探讨音乐。

塔吉克斯坦地质博物馆成立于 1959 年，原为地质矿产部内部展室，后对

---

① 李宇. 中亚三国电视业发展现状研究 [J]. 现代视听，2018（8）：82–85.

公众开放。博物馆内收藏各类矿石、宝石样品 1.6 万余件,但受场地限制,只展出 4500 件,其中 90% 的展品是塔吉克斯坦本国出产的矿石,小部分是通过与其他国家交换得来的。博物馆既全面展示了塔吉克斯坦的地质分布情况,又展示了矿产的分布情况。

## 丝路旅游

塔吉克斯坦的旅游资源主要有两类:一类是以独特的山川地貌为核心的自然资源,一类是以古丝绸之路文化遗迹为核心的人文资源。塔吉克斯坦的高山险峰和冰雪世界是自然旅游者和高山探险者的圣地,湖泊和河流作为点缀使整体景观更加壮美而富有灵气。而 2000 多年前的古丝绸之路经过塔吉克斯坦,为塔吉克斯坦的彭吉肯特、乌拉秋别、胡占德等城镇留下了丰厚的历史文化资源和珍贵的文化遗迹。

目前塔吉克斯坦政治、经济发展比较稳定,到塔吉克斯坦游览的外国游客逐年增多。

## 【产业经典案例】

### 塔吉克斯坦宝藏计划

塔吉克斯坦国家博物馆 1934 年建馆时馆藏文物仅 530 件,21 世纪初,馆藏文物数量已突破 5 万。2013 年 3 月,塔吉克斯坦国家博物馆新馆举行开馆仪式,新馆有大小展厅 22 个,展览陈列涉及自然史、古代史、中世纪史、现代史等多个领域。除此之外,塔吉克斯坦还成立了激光全息影像技术中心,目前该中心正与历史、考古、民族研究所及塔吉克斯坦古代博物馆合作,致力于实现"塔吉克斯坦宝藏"计划,由影像技术专家利用全息影像技术将古代的艺术作品进行影像保存并制成图片。全息投影技术也称虚拟成像技术,是利用干涉和衍射原理记录并再现物体真实的三维图像的技术。三维全息影像复制品可以立体展现博物馆里的艺术收藏品。这项技术的引进,既能让游客从各个角度欣赏文物,又很好地进行了保护。屏幕上的多人互动形式激发了游客的兴趣，成了博物馆的一个特色。

## 【中塔文化贸易】

建交以来，中塔关系始终保持着良好的发展势头。习近平主席曾于 2014 年和 2019 年对塔吉克斯坦进行国事访问。

2019 年，双边贸易额达 16.74 亿美元，同比增长 11.2%，其中中方对塔出口 15.9 亿美元，同比增长 11.2%，自塔进口额 8500 万美元，同比增长 10.1%。中国是塔第一大投资来源国和第三大贸易伙伴。

目前，两国在文化领域合作良好，互设文化日，互派文艺团体演出等。当地的孔子学院累计举办各类教学和文化活动达 800 多场。塔吉克斯坦国家图书馆里设有中国厅，典型的中式实木家具陈设，厅内摆有十几个书柜，摆放着与中国文化、历史、经济等有关的书籍、报刊、光盘。除了收藏了大量的中文文献，中国厅亦经常举办一些推介中国文化的活动。

2018 年镇江文广集团与塔吉克斯坦共和国国资委就"丝路屏媒"项目落地签订合作协议。江苏穿越金点信息科技股份有限公司作为"丝路屏媒"项目具体的实施主体，已在塔吉克斯坦共和国成立分公司。该项目促进了各方在经济和文化领域的交流与合作。

2019 年 4 月 28 日，在塔吉克斯坦共和国总统埃莫马利·拉赫蒙来京出席第二届"一带一路"国际合作高峰论坛之际，拉赫蒙总统演讲会及其著作《历史倒影中的塔吉克民族》中文版发布会在中国社会科学院举行。人民出版社党委书记、社长黄书元在发布会上指出，由拉赫蒙总统亲自撰写的这本书，是自塔吉克斯坦独立以来在中国出版的第一部系统介绍塔吉克民族历史的著作，其出版是两国交往史上的一件大事。

中国与塔吉克斯坦在电影领域的交流与合作也越来越广泛，中国电影对塔吉克斯坦的电影创作的影响日趋强烈。2015 年，《大兵小将》《一代宗师》等 5 部中国影片在塔吉克斯坦上映。2019 年，中塔双方签署了《中华人民共和国国家电影局与塔吉克斯坦共和国国家电影制片厂关于合作摄制电影的协议》。

2020年1月10日，塔吉克斯坦悬疑电影《无影之镜》首登中国院线，该片是上合组织国家电影节举办以来，首部在我国院线上映的塔吉克斯坦影片。

## 【商务往来禁忌】

1. 约70%的塔吉克斯坦居民信奉伊斯兰教，交往中注意避免触犯相关禁忌。

2. 星期三和星期日是不吉祥的日子，做生意注意避开。

3. 收到塔吉克斯坦人的礼物要回赠，回赠礼物一般需要更有分量。

4. 忌讳交谈时脱帽。

5. 忌讳用左手递东西或食物，认为使用左手是对人的不敬。

6. 偏爱白色、蓝色、绿色，不喜黑色。

# 第六篇

# 外高加索三国

# 格鲁吉亚

格鲁吉亚位于南高加索中西部，北接俄罗斯，东南和南部分别与阿塞拜疆和亚美尼亚相邻，西南与土耳其接壤，西邻黑海。海岸线长 309 公里。亚热带海洋性气候，1 月平均气温 3—7℃，8 月平均气温 23—26℃。面积 6.97 万平方公里，人口 372.35 万（2020 年 1 月）。格鲁吉亚族人占 86.8%，其他民族有阿塞拜疆族、亚美尼亚族、阿布哈兹族、希腊族等。主要信奉东正教，少数信奉伊斯兰教。官方语言为格鲁吉亚语，居民多通晓俄语。首都第比利斯。

格鲁吉亚地处欧亚之间，地理位置优越，拥有波季、巴统两个港口。2019年格鲁吉亚 GDP 同比增长 5.1%。据格鲁吉亚国家统计局统计，从行业分布看，2019 年，批发零售贸易、房地产、制造业三大产业占 GDP 的比重分别为14.4%、11.5% 和 10.1%，建筑业 8.6%、农林牧渔 7.2%、公共行政 6.8%、运输仓储 6.5%、金融保险 5.4% 等。

文化产业新业态发展不是很充分，传统的旅游业、歌舞演出、文博业比较成熟。与格鲁吉亚复调音乐一样，格鲁吉亚的舞蹈也是主要的文化输出方式。近些年来，格鲁吉亚国家舞蹈团前往世界各地进行表演，与各地人们分享他们独特的舞蹈。此外，博彩业可合法经营，周边国家如俄罗斯、土耳其、阿塞拜疆、伊朗、以色列等都禁止经营博彩业，这为格鲁吉亚吸引周边及其他国家游客增添了一定的优势。近些年，格鲁吉亚利用独特的人文地理优势开发了许多新兴旅游项目，如葡萄酒旅游，可以满足多样化需求和带动多产业的协调发展。此外还有徒步旅行、高崖跳伞运动、骑行、四驱车探险之旅、登山、山地骑行、漂流、滑雪、赏鸟、热气球、洞穴探访等新潮的旅游项目。

格鲁吉亚位于大小高加索山之间，拥有丰富的自然景观和人文资源。亚热带沼泽、高山植物群、雪峰等极其多样性的景观，都在不到几百公里的范围内，在世界上非常少见。拥有 12000 多处历史文化遗址，其中 4 处是联合国教科文组织认定的世界遗产。[①] 格鲁吉亚博物馆有着悠久的历史，1852 年，高加索地区的第一座博物馆建成，1865 年在其基础上正式建成了高加索博物馆，后被正式命名为格鲁吉亚博物馆。

主要日报有格文《24 小时》《共鸣》和英文报《信使》等。各家报纸竞争激烈，但发行量都偏小。英文周刊主要有《格鲁吉亚时报》《今日格鲁吉亚》等，这些英文报刊电子版多通过各自网页免费对外发布。专业类周刊还有《金融报》和《高加索商业周刊》等。

## 【文化产业管理】

2018 年，格鲁吉亚的内阁提出四项首要任务：贯彻并实现格鲁吉亚人民的历史选择——格欧完全一体化；在所有必要的领域推行创新和重大改革；提出小政府概念，提高政府机关效率；重点发展教育、创新和青年事业。创新成为国家重点关注领域。

2019 年，以加哈里亚为总理的政府提出《2019—2020 年行动计划》，政府将致力于以下关键方向：安全与人权；经济发展；教育和人力资本发展；国家治理。

格鲁吉亚通讯社全部为私人投资，相对自由独立，主要有国际新闻通讯社、高加索通讯社和主流媒体通讯社等。

旅游业政策开放，博彩业合法化管理，设有自由旅游园区，供外国投资者投资。安娜卡利亚位于格西部黑海边，拥有风景优美的优质沙滩，温和的气候，沿黑海有 4 公里长的林荫大道。政府为吸引投资，投入市政资金建设配套公共设施，并对投资超过 80 个房间的酒店免费给予博彩业牌照，并根据实际情况，可提供免费土地，同时税收也可获得减免权。与此类似的自由旅游区还

---

① 中华人民共和国商务部. 格鲁吉亚经济社会基本情况及特色产业介绍. ［2020－09－13］. http：// oys. mofcom. gov. cn/article/oyjjss/ztdy/201410/ 20141000780182. shtml.

有科布莱提、麦斯提亚、古达乌里、哥德泽等。

## 【优势特色产业】

### 旅游业

旅游业是格鲁吉亚的支柱产业之一，连续几年来，访格旅客量呈快速增长趋势。格鲁吉亚国家统计局数据显示，2018 年格鲁吉亚共接待了约 851 万人次的游客，同比上升了 9.2%。2019 年格鲁吉亚入境访客约 902 万人次，同比上升了 8.4%。

格鲁吉亚交通设施齐全，拥有海、陆、空多种交通方式。主要旅游城市除首都第比利斯外，还有哥里市、文明古都姆茨赫塔、皇家小镇锡格纳提、黑海明珠巴统、格俄边城卡兹别基和滑雪胜地古达乌里等。

格鲁吉亚到处都有温泉，是著名的度假和疗养胜地。格鲁吉亚政府在保护原有旅游资源的同时，开发了新的旅游路线和景点，并将发展旅游度假设施和建造现代化的高级宾馆作为优先发展的重点。近年来通过吸引外资，已相继建成了一些符合国际标准的星级宾馆。在旅游旺季，政府调动各种力量，从交通、物资供应、食宿条件、出入境手续等方面为旅客提供方便。在经济形势恶化的情况下，政府尽力调集物资和人员，对原有的旅游和疗养设施进行维修和养护。

博彩业合法化也为格鲁吉亚带来了大量游客。格周边的土耳其、阿塞拜疆禁止赌博，亚美尼亚、俄罗斯等近年来也加强了对博彩业的管制，乌克兰、叙利亚、哈萨克斯坦、伊朗、伊拉克、约旦、沙特、以色列等也均对博彩业有不同程度的限制。博彩爱好者只能选择涌入格鲁吉亚。

尽管格鲁吉亚政府为发展旅游业做了大量工作，但受战乱和恐怖活动影响，旅游业发展受到了较大影响。

### 葡萄酒产业及文化

格鲁吉亚葡萄酒产业高度发达，富有竞争力。2019 年葡萄酒出口额 2.23

亿美元,位列第四大产业类型。

格鲁吉亚葡萄酒发展历史悠久,被视为葡萄酒酿造的发源地。考古学家曾在舒拉维尔山民居遗址发现了 10 粒葡萄籽,经放射性碳年代测定为公元前 6000—公元前 7000 年。格鲁吉亚拥有的葡萄品种数量在世界上也是数一数二的,全世界葡萄的种类有近 4000 种,格鲁吉亚就拥有其中独具特色的 525 种。萨别拉维是最具代表性的红葡萄品种之一,目前萨别拉维葡萄已经被引种到中国、美国、澳大利亚等地。

格鲁吉亚葡萄酒酿造工艺独具特色,虽然很多也运用了欧洲的酿酒方式,但很多酒庄仍沿用着传统的 Qvevri(克维利)酿酒工艺:工人在被称为萨茨那科利的长方形木槽中用踩的方式压榨出葡萄汁。脚踩葡萄酿酒是格鲁吉亚传统的葡萄酒酿造方式,用一种深埋在地下的大陶罐发酵和贮存。使用 Qvevri 酿酒是当地的特色。Qvevri 已被列入联合国教科文组织的非物质文化遗产名录中。

2016 年,由联合国世界旅游组织主办的首届葡萄酒旅游全球会议在格鲁吉亚召开,来自 40 多个国家的 300 多名政府及企业代表齐聚一堂,共商推动葡萄酒产业和旅游业融合的发展之路。

## 【产业经典案例】

### 格鲁吉亚梅斯蒂亚滑雪场

梅斯蒂亚在欧洲最高的山峰厄尔布鲁士峰和其他近 5000 米的群峰环绕之处,位于格鲁吉亚最古老的斯瓦涅季的中心地区,是滑雪者的梦想之地。斯瓦涅季一直是热门的夏日旅游胜地,现今最吸引人的是其纯净而美丽的雪山。其拥有全新的箱式电缆,可将滑雪者送往 2350 米的山峰,去体验 2.6 千米的红色滑道。

梅斯蒂亚滑雪场拥有不同类型的滑雪道,能够让各水平层次的滑雪者都体验到世界上最棒的滑雪胜地。随着滑雪产业的发展,梅斯蒂亚滑雪场推出了特别的滑雪观光项目,游客可以花上一到两天时间游览从未到过的滑雪场地,还可以在高山上夜宿。滑雪之余,游客可以去到当地的商店、酒吧、餐厅和溜冰场享受休闲时光。

梅斯蒂亚博物馆内珍藏着许多绘画和工艺品，这些珍宝是当年掠夺者从斯瓦涅季的教堂和村庄掠夺来保存在这座山上的城堡里的。

### 红色之旅——第比利斯地下印刷所

茅盾的散文《第比利斯的地下印刷所》曾经被选入过中学课文，是不少人中学时代的回忆。"格鲁吉亚共和国首都第比利斯郊外有一个小小的院子。一九〇三年斯大林和他的同志们创设的地下印刷所就在这个小院子里头。"

应列宁指示，在斯大林等人的领导下，这座秘密的地下印刷所建立了起来。在短短几年中，共用俄文、格鲁吉亚文、亚美尼亚文印刷报纸、传单等27万余份。1906年，在沙俄警察的一次搜查中，地下印刷所被发现并捣毁。

第比利斯地下印刷所由印刷所原址和苏联时期专门为该印刷所修建的纪念馆两部分组成。印刷所是木制的传统格鲁吉亚民居，而纪念馆是两层红砖楼。纪念馆里悬挂着列宁和斯大林的头像徽章，收藏有大量斯大林的照片和画像。纪念馆的主展厅，展出内容多以剪报为主，展厅的墙上贴着早期在这里工作过的共产国际小组成员的照片。

## 【中格文化贸易】

中国和格鲁吉亚共和国于1992年6月9日建立外交关系。两国友好合作关系发展顺利，各领域合作逐步扩大。2018年1月1日，中格自贸协定正式生效，格成为欧亚地区首个与我国建立自贸安排的国家。2019年，中格贸易额同比增长迅速，目前我国是格第三大贸易伙伴、第三大葡萄酒出口市场和主要投资来源国。中格自贸区签署后，格鲁吉亚可以成为中国商品进入欧洲市场的跳板。

格鲁吉亚是"一带一路"重要的沿线国家，近年来中格两国在政治、经济、文化等领域的合作保持了快速发展的良好势头。当地主流媒体对我国态度较为友好，报道内容主要为高层互访、经贸交流、文化交往、技术合作等。

葡萄和葡萄酒是格鲁吉亚农业领域的杰出代表，格鲁吉亚希望借助葡萄酒文化，进一步促进中格两国文化的深入交流。格鲁吉亚2019年共向53个国家和地区出口葡萄酒9400万瓶，同比增长9%，其中，向中国出口709万瓶，同比增长2%。

双方在旅游业方面的合作潜力巨大。2012年，格鲁吉亚被纳入了中国游客组团出境旅游的目的地。眼见中国市场蓬勃发展，格鲁吉亚旅游局已开始思索如何更积极地进行市场开发。格鲁吉亚首都第比利斯与中国的北京、乌鲁木齐和成都之间有非常便捷的交通渠道，因此这是格鲁吉亚旅游局发展的首批重点市场。但由于中国市场非常大，如何有效提高格鲁吉亚的在华认知度还是一项挑战。除此之外，具体推广策略也尚未形成系统。2018年格鲁吉亚接待国际游客逾860万人次，创下历史新高，其中，来自中国、白俄罗斯、韩国等国家的游客数量增加显著，中国游客增幅更是高达75%，但是中国游客总量以及占总游客数的比重并不高。

图书业是文化贸易中比较活跃的领域。2015年，北京求是园文化传播有限公司在格鲁吉亚首都第比利斯成立了格鲁吉亚文化出版社；2018年8月23日，商务印书馆与格鲁吉亚金羊毛出版社签约共同打造"汉格版"《新华字典》；2018年中国精品图书亮相第20届第比利斯国际书展，《习近平谈治国理政》《习近平讲故事》等一批当代中国优秀图书首次亮相该书展。

艺术设计贸易也大有可为，第比利斯艺术生态近两年的发展让人非常期待，中国公共艺术景观建设市场容量巨大。2019年无锡拈花湾核心景观雕塑《拈花一笑》是由格鲁吉亚著名雕塑家塔玛拉大师创作的首次落户中国的作品。该巨型动态雕塑高达20多米，由8个独立的机械装置组成，通过精密的机械控制完成各种表演，不仅实现了动态艺术雕塑和传统诗意情境的完美融合，还是对中国优秀传统文化与现代艺术跨界融合的一次创造性阐释。

影视业是双方文化贸易的新热点。"2019北京优秀影视剧海外展播季·格鲁吉亚"13日在格首都第比利斯拉开帷幕，中格两国近50家影视企业代表出席开幕式。本次展播季活动主要包括北京优秀影视剧展映、影视企业推介交流等。中方影视企业共带来《极致中国》《老酒馆》《奔腾年代》等10部优秀的影视作品。两国影视文化企业代表就影视合拍、版权购买、创新平台建设等进行了深入交流和探讨。2020 年 6 月，5 集纪录片《中国战"疫"录》以每天一集的频次，于每晚黄金时段登陆格鲁吉亚"TV24"电视台，这是该纪录片在哈萨克斯坦译制播出之后，再一次在境外电视台登陆。

## 【商务往来禁忌】

1. 表达谢意说"谢谢"即可，过分客套会被认为很虚伪。

2. 与客人相见时，握手表示礼节；亲朋好友相见或告别时多以贴脸、拥抱表示礼节，不分男女。

3. 不要询问个人收入、年龄和宗教信仰。

4. 在格鲁吉亚要从椅子左边入座，左边站起，不要在椅子上随意转动。

5. 喜欢数字 3 和 7，不喜欢数字 13 和 666。

6. 格鲁吉亚人社交时喜欢送礼，礼物多少不拘。商务馈赠可送鲜花、香水等，对外国朋友和宾客多赠送当地产的葡萄酒和剑表示尊敬。

7. 商务约会时间观念较差，有时不拘小节，若有延迟不等于怠慢。

8. 平时注重穿着仪表，社交场合更是讲究，因此商务会谈要衣着整齐、举止得体。

# 阿塞拜疆

阿塞拜疆共和国，位于外高加索的东南部，东临里海，南邻伊朗，北靠俄罗斯，东部与哈萨克斯坦、土库曼斯坦隔海相望，西接格鲁吉亚和亚美尼亚。人口 1010 万（2020 年 8 月）。共有 43 个民族，其中阿塞拜疆族占 91.6%，列兹根族占 2.0%，俄罗斯族占 1.3%，亚美尼亚族占 1.3%，塔雷什族占

1.3%。阿塞拜疆居民主要信奉伊斯兰教（什叶派），但不强调教派间差异。俄罗斯、亚美尼亚、格鲁吉亚等少数民族信奉东正教。官方语言阿塞拜疆语，政府部门等通用俄语及英语，普通民众多用阿塞拜疆语，用俄语及英语交流较为困难。首都为巴库。

1992年10月18日宣布独立。2003—2013年，阿塞拜疆GDP年均增速达11.5%，人均国内生产总值居独联体第三，被称为"外高加索发展的火车头"。

阿塞拜疆工农业占比接近百分之五十，除旅游业外，第三产业占比不高，文化产业刚刚起步。阿塞拜疆的节庆文化在亚洲享有盛名。在漫长的历史长河中，阿塞拜疆曾经受过众多不同文化的洗礼，因此逐渐形成了丰富的节庆文化，并通过节庆文化带动了当地节庆旅游的发展。阿塞拜疆的节庆活动完美融合了阿塞拜疆的传统风格与多重文化符号，通过参与阿塞拜疆的节庆活动，游客们可以更为深入地了解阿塞拜疆的文化。巴库是一个文化中心，有很多国际性节日在此举办。

阿塞拜疆有400多种报刊，主要报刊有：总统办公厅机关报《巴库工人报》，1906年创刊，用俄文出版，发行量约5000份；总统办公厅机关报《人民报》，1919年创刊，用阿文出版，发行量约9000份；国民议会机关报《阿塞拜疆报》，1918年创刊，用阿文出版，发行量约7500份；穆萨瓦特党报《穆萨瓦特报》，发行量约7500份。除《巴库工人报》是总统府机关报外，其余均为独立媒体。网络媒体众多，均为独立媒体。

## 【文化产业管理】

1998年2月6日，阿塞拜疆批准《阿塞拜疆共和国文化法》。该法由总则、人权文化、自由与义务等10章，共计51条组成。

阿塞拜疆通过颁布相关法律、扩大多元文化政策的国际影响力、建立各类社会组织等途径，大力倡导和推动多元文化发展。当前，发展多元文化已经成为阿塞拜疆的国家政策。在发展多元文化的过程中，阿塞拜疆投入了大量的资源和财力，特别注重通过资助举办各类国际会议和学术活动以增强其多元文化政策的国际知名度和影响力。鼓励建立民间文化组织，建立了许多少数民族文化中心、社团等。在政府的支持和资助下建立的这些少数民族文化和社团组织成为阿塞拜疆多元文化政策推行的主体。综上所述，阿塞拜疆多元文化政策的内涵主要包括三点，即保护各民族、宗教、团体和个人在文化选择上的平等权利；保障国家各民族和宗教代表的多样性；对各种文化持兼容并蓄而不倒向一方的态度。[①]

2016年12月6日，阿塞拜疆总统阿利耶夫批准《阿塞拜疆国家经济发展战略线路图》。该纲领包括12份文件，主要涉及油气工业、农业、旅游、重工业与机械制造、物流、贸易、金融服务、电信和信息技术以及公共服务等领域。总统办公厅负责监督路线图实施，经济改革分析中心负责上述文件规定措施的评估与协调。旅游及新兴信息技术的发展是未来的重点发展领域。

## 【优势特色产业】

### 旅游业

阿塞拜疆的旅游业在过去这些年中已经有了很大的发展，对经济贡献的比例也非常高，同时阿塞拜疆现在正处于旅游业腾飞的起点，旅游业实现了飞速发展。为了保持这样的增长，阿塞拜疆发起了"再看看"营销活动，可以从另一个视角呈现阿塞拜疆的形象。2019年1—9月，来阿塞拜疆的游客同上一年相比增长了11%。

如今，依托现代的基础设施和热情好客的人民，阿塞拜疆首都巴库也成了新兴的商业中心。阿塞拜疆的首都巴库拥有各类酒店、餐厅，有一些场馆可以举办各种类型的活动。过去的几年中，巴库主办了50多个大型国际活动和展会，巴库还被选为第73届国际宇航大会的举办地。

---

[①] 贾迎亮，张雅梅.阿塞拜疆多元文化政策探析［J］.西伯利亚研究，2019，46（05）：83-88.

**【产业经典案例】**

## 诺鲁孜节

诺鲁孜节是阿塞拜疆最重要的节日，在此期间，阿塞拜疆人会举行各种仪式，表达人们的美好愿景。节日期间的跳火、跃水仪式，表现了阿塞拜疆人民对自然的崇拜。位于阿塞拜疆中部的盖奥克恰伊每年都会举办石榴节，来赞颂这种为当地人们带来无穷欢乐的水果。北部城市舍基每年都会举办木卡姆音乐节。木卡姆是阿塞拜疆的传统古典乐，体裁多样，节奏错综复杂，曲调极为丰富。这种与苏菲主义有一定渊源的古典音乐和伊朗传统音乐类似。

## 纳夫塔兰旅游小镇

因拥有世界上唯一一个具有治疗功能的萘油田，纳夫塔兰发展成了一座具有国际知名度的特色旅游小镇。这里发现的石油是一种稀有的环烷烃石油，虽然看起来与传统工业用油无异，但其化学成分独特，具有特殊的治疗功能。该度假胜地的气候使其一年四季都适合提供疗效卓越的医疗服务。除了五星级酒店，纳夫塔兰的疗养中心，如卡巴兹和纳夫塔兰也可提供该镇著名的原油治疗服务。纳夫塔兰石油治疗洗浴温度为 36—38℃，通常这只是综合处方治疗过程的一部分，一般都会辅以浴疗、理疗、按摩、石蜡疗法和体育活动。

连科兰温泉位于巴库以南 250 公里的 Haftoni 小村庄内，是阿塞拜疆最新的康体和度假综合胜地，这里的风景在阿塞拜疆国内也是首屈一指。因其以特色温泉疗养而闻名，这个新建的康体和疗养胜地有望成为世界领先的浴疗胜地之一。连科兰温泉度假胜地周围是美丽的山地森林景观，距离里海只有 15 分钟的车程，距离连科兰国际机场也只有 10 分钟的车程。该综合胜地的建筑风格独特，就像一艘航行在乡村绿海中的巨轮。建筑面积有 11 公顷，里面设有酒店、温泉理疗中心、儿童中心。客人不仅能在主餐厅享受高级医师提供的各种热疗程序、品味当地及外国美食，还能通过主餐厅的开放式露台观赏周围的绿植美景。舍基是阿塞拜疆真正的旅游瑰宝，其历史中心被联合国教科文组织列入《世界遗产名录》。①

## 阿利耶夫文化中心广场

阿利耶夫文化中心是阿塞拜疆首都巴库的地标性建筑，象征着国家的现代化进程，也是巴库城市更新的重要一环。拥有博物馆、图书馆和会议中心的广场在这个地块的城市开发项目中发挥着极其重要的作用，围绕这个全新的中央广场重新定义了这一地区的居住区、办公区、酒店和商业中心。

阿利耶夫文化中心内的博物馆与外部景观相呼应，它为参观者提供了开阔的观景视野。巨大的玻璃幕墙让室内有充足的自然光。图书馆朝北，也可以有效地控制自然光的照射。读书区和资料区被清晰地划分开来。一系列坡道连接了室内各个空间，形成了一个连续的交通回路，一座空中通道连接了图书馆和会议中心。新广场上还有一个公共论坛区域，作为整个文化中心的延伸。

作为一个国家级的文化中心，阿利耶夫文化中心想要在回溯民族历史的同时拥抱当代文化，将本地文化与国际连接。文化中心投入使用以来，经常举办当代艺术、科学和历史的展览和音乐会，世界各地的人们在这里聚会、进行手工活动和教育活动。许多著名的当代艺术家，比如安迪·沃霍尔、劳伦斯·詹克尔都在这里举办过个人展览，著名国际音乐家帕尔曼和喜多郎也在这里举办过个人音乐会。阿利耶夫文化中心建成之后，世界各地的专业学者和建筑师都对这座建筑给予了积极的评价。阿利耶夫文化中心的设计也获得了多个专业奖项。

现在，阿利耶夫文化中心作为国家的象征出现在阿塞拜疆的官方网页、旅游宣传材料、邮票和纪念品上，让全世界的人们了解了这个国家、这座城市。②

---

① John Wilson，裴超. 阿塞拜疆的康养之旅 阿塞拜疆的康体及理疗服务［J］，中国会展（中国会议），2019（20）：72－77.

② 支文军，王欣蕊. 流动·无限·未来阿塞拜疆巴库阿利耶夫文化中心设计解析与评价［J］，时代建筑，2019（40）：102－111。

## 【中阿文化贸易】

中阿 1992 年 4 月 2 日建交。两国关系发展顺利,高层交往密切。2019 年,中阿贸易额 14.8 亿美元,同比增长 65.4%。中国是阿塞拜疆第四大贸易伙伴、第四大出口目的地国和第三大进口来源国。

为扩大两国间的文化合作,2004 年中华人民共和国文化部和阿塞拜疆共和国文化部达成了新的文化合作协议。根据协议,两国互相举办了文化日以及其他活动,促进了两国人民之间的互相了解。

旅游业的合作是未来文化贸易的重点领域。2019 年 3 月 1 日,阿塞拜疆旅游局与中华人民共和国文化和旅游部签署了《中华人民共和国文化和旅游部和阿塞拜疆共和国文化部关于中国旅游团队赴阿塞拜疆旅游实施方案的谅解备忘录》,此备忘录由阿塞拜疆旅游局局长福阿德·纳黑耶夫先生,及中华人民共和国文化和旅游部张旭副部长共同于北京签署,旨在促进中国旅游团队前往阿塞拜疆旅游,推动两国在旅游方面的深入合作及交流。

## 【商务往来禁忌】

1. 阿塞拜疆属伊斯兰国家,交往中注意避免触犯相关禁忌。

2. 阿塞拜疆有尊重长者的传统,商业交往中要注意照顾长者,如用餐时让长者坐上座。

3. 阿塞拜疆有"以右为上"的传统观念,传东西要用右手,进出门要先迈右腿。

4. 正式或节庆场合要注意穿着,成年男性在公共场合不能穿短裤。

5. 鲜花是应邀赴宴或参加欢庆活动时送给女主人的常见礼物。

6. 拜会当地官方机构前,一般需要提前以书面形式预约,得到答复后再前往。与当地企业、团体或个人会面之前,也需要提前电话预约。

# 亚美尼亚

亚美尼亚共和国，是位于亚洲与欧洲交界处的外高加索南部的内陆国。西接土耳其，南接伊朗，北临格鲁吉亚，东临阿塞拜疆。人口 296.1 万（2020年 6 月），亚美尼亚族约占 96%，其他民族有俄罗斯族、乌克兰族、亚速族、希腊族、格鲁吉亚族、白俄罗斯族、库尔德族等。主要信奉基督教。官方语言为亚美尼亚语，居民多通晓俄语。首都埃里温。

1991 年 9 月 21 日，亚美尼亚正式宣布独立，并于同年 12 月 21 日加入独联体。2018 年亚国内生产总值为 124 亿美元，同比增长 5.29%。2019 年亚美尼亚全年 GDP 总值达 136.38 亿美元，同比增长 7.6%，增幅高于上年 2.4 个百分点。

2019 年，亚美尼亚工业、农业和服务业占 GDP 比重分别为 32%、13% 和 31.48%。其中，服务业产值 20623.7 亿德拉姆（约合 43 亿美元），同比增长 15%。住宿餐饮、文化休闲、卫生和社会居民服务、信息通信、旅游及金融保险业务等行业增长较快。旅游业是亚美尼亚政府着重发展的产业，2019 年入境游客为 189.44 万人次，同比增长 14.7%；出境游客 186.79 万人次，同比增长 15.1%。

国际出版商协会、国际书商联盟和国际图书馆协会联合会每年都要授予一个城市联合国教科文组织"世界图书之都"的称号。2012 年 4 月 23 日到次年 4 月 22 日，"世界图书之都"为亚美尼亚首都埃里温。埃里温城市历史悠久，拥有质量上乘及丰富多样的图书项目；设有档案馆、历史博物馆、民间艺术博物馆，以及藏有万幅油画的国家画廊。此外，马坦纳达兰文献手稿陈列馆闻名遐迩，里面藏有上万本亚美尼亚古代文献和近 2000 份用阿拉伯文、波斯文、希腊文、拉丁文和其他文字书写的珍贵资料。

亚美尼亚有报刊 596 家,杂志 148 家。主要有:《共和国报》,亚文、俄文,1990 年创刊,官方报纸,发行量 3500 份;《亚美尼亚之声》,俄文,1991年创刊,独立报纸,发行量 3500 份;《叶尔基尔》,亚文,1991 年创刊,达什纳克楚琼党机关报,1994 年 12 月被查封,1998 年 3 月恢复出版;《阿兹格》,亚文,1991 年创刊,自由民主党机关报。2019 年亚美尼亚互联网用户 308.7万,增长 6.7%。宽带网络用户 283.1 万,移动上网用户 244.5 万。2019 年互联网产值 531 亿德拉姆(约合 1.11 亿美元),同比增长 4.5%。

## 【文化产业管理】

亚美尼亚共和国《文化基本法》于 2002 年 12 月 19 日生效,其保障和保护宪法赋予亚美尼亚共和国公民的权利,是亚美尼亚文化领域的基本法律。全法共有 10 章,32 条,主要包括公民在文化领域的基本权利、中央政府以及地方自治机构在文化领域的职权、国家文化财产、国家与创作者的关系以及对外文化合作与文化交流等内容。该法从公民在文化领域的基本权利、中央政府以及地方自治机构在文化领域的职权、国家文化财产、国家与创作者关系、对外文化合作与文化交流等方面对文化活动给予保障,对亚美尼亚文化发展起到了重要的促进作用。之前在中央政府层面,由文化部执行。文化部是执行权力的主体,执行亚美尼亚中央政府在文化领域的政策。《文化基本法》规定中央政府在文化领域的职权有:确保国家文化政策的实施;创建文化发展基金并批准相应条例,以吸纳额外的财务资金用于文化保存、传播和发展;依法确立特定人群(学前儿童、学生、退休人员、残疾人、义务兵)利用文化机构有偿设施的优先顺序;行使法律规定的其他权力。

2019 年 5 月 8 日,亚美尼亚议会审议通过政府部委由 18 个减少至 12 个,教育科学文化和体育部作为一个大部对口管理相应事务。亚美尼亚经济部主管经济事务,业务之一是负责旅游业数据信息收集、分析以及实施与旅游相关的国际合作和项目,此外知识产权的相关事宜也归经济部。

## 【优势特色产业】

### 旅游业

亚美尼亚自然资源和人文资源都非常丰富。境内地势高峻崎岖，90%的土地在海拔 1000 米以上，平均海拔可达 1800 米。北部和东部是连绵起伏的小高加索山脉，西北部有海拔 4090 米的全境最高峰阿拉加茨山。西南部为阿拉拉特平原，低平辽阔。河流在群山中奔腾，多瀑布，主要河流为阿拉克斯河，境内面积较大的湖泊为塞凡湖。塞凡湖距离首都埃里温 60 公里，是高加索地区最大的高山淡水湖泊，被称为"高加索的明镜"。

亚美尼亚的文化遗产成了该国的主要旅游景点，也是该国文化产业的特色所在。1993 年 9 月 5 日，亚美尼亚成为联合国教科文组织世界遗产委员会成员国。目前，亚美尼亚共拥有 3 项世界文化遗产。分别是：哈格帕特修道院和萨那欣修道院、埃奇米阿津大教堂和教堂群及兹瓦尔特诺茨考古遗址、格加尔德修道院和上阿扎特山谷。

首都埃里温是著名的旅游城市。城市建筑多用花岗岩、大理石修建。斯潘迪亚罗夫歌剧院、亚美尼亚旅馆、迪纳莫运动场、加多基克大教堂、乌拉杜埃雷布尼古堡、国家画廊等是著名的建筑和旅游景点。

### 珠宝和钻石加工

加工业，尤其是珠宝加工业在长期的发展过程中积累了丰富的经验，珠宝制品的优良工艺受到许多国家的好评。

亚美尼亚独立后，宝石加工业继续扩大。据亚美尼亚国家统计局公布的数据，2012 年亚加工珠宝产值为 151 亿德拉姆（约合 3715 万美元），同比增长 7.4%。珠宝加工总重量为 851.5 千克，同比增长 96%。2014 年亚美尼亚共出口珠宝饰品 6076 千克，总值为 2350 万美元，2015 年出口却仅有 824 千克，总值为 1870 万美元，单价由每千克 3900 美元增长至 22600 美元。土库曼斯坦和阿联酋是亚珠宝饰品最大的销售市场，另外两个主要销售市场为俄罗斯和泰国。

为了加强对珠宝及首饰加工行业的统一管理，亚美尼亚政府在贸易与经济发展部成立了宝石与首饰管理司，专门负责珠宝原料与成品进出境数量的登记管理、监督检查等情况。为了协调行业内的经营活动，还成立了亚美尼亚金银首饰协会，由业内企业家代表和政府主管部门的领导组成协会最高委员会，实行统一组织与管理。

2014 年 10 月 24 日，亚美尼亚开设的第二个自由经济区——"子午线"自由经济区在首都埃里温市开始运营。该经济区主要从事珠宝首饰生产和加工产业。亚政府将珠宝行业作为工业发展战略的优先发展方向，同时亚拥有深厚的珠宝文化和一大批珠宝专业技术人员。入驻自由经济区的企业享有很多优惠政策。

## 亚美尼亚白兰地

格鲁吉亚的葡萄酒举世闻名，同为葡萄种植国的亚美尼亚的白兰地也大名鼎鼎。

亚美尼亚白兰地酒的生产始于 1877 年。当时，商人涅尔谢斯·塔伊良在埃里温城堡的基础上建起了国内第一座葡萄酒酒厂，开始生产白兰地。起初，白兰地酒的蒸馏和酿制应用的是经典的法国生产技术，因为在此之前，法国白兰地酒的生产技术已有 150 多年的历史。古老的生产技术、高质量的葡萄、亚酿酒师多年的生产经验和技艺，共同使得亚美尼亚白兰地闻名于世。

2012 年，俄罗斯在首都莫斯科举行了"第 16 届国际葡萄酒烈酒大奖赛"，共有来自 20 多个不同国家的 117 种烈酒参赛。亚美尼亚的埃里温白兰地酒厂生产的 10 年白兰地酒 "Aghtamar" 荣获金奖，20 年白兰地酒 "Nairi" 参与了 "Gran‑pri"（大奖赛按酒的不同品种不同年份分成各个单项奖）的角逐，也获得了金奖。这两种酒从 1967 年开始生产，在各种大赛上获得过许多奖项，"Nairi" 曾获过 31 个金奖和 1 个银奖，"Aghtamar" 曾获过 8 个金奖、4 个银奖和 1 个铜奖。埃里温白兰地酒厂目前属于法国 Pernod Ricard 集团，是亚美尼亚白兰地酒最大的生产商和出口商。

**【产业经典案例】**

## 石榴艺术

亚美尼亚是丝绸之路沿线的重要国家之一，有着悠久的历史与灿烂的文化，石榴图案在亚美尼亚无处不在，亚美尼亚可谓是"石榴艺术之国"。亚美尼亚的石榴艺术承载了亚美尼亚人的审美观念、宗教信仰与民族精神。

亚美尼亚电影中的石榴形象与石榴情感也是非常独特的。《石榴的颜色》是亚美尼亚著名导演谢尔盖·帕拉杰诺夫 1969 年执导的经典影片，该影片讲述了一位十八世纪的亚美尼亚游吟诗人萨雅·诺瓦的故事，呈现了一段诗人的精神旅程，作品以标本陈列式的完整呈现方式，建构了一座亚美尼亚民族艺术的影像博物馆。

**【中亚文化贸易】**

中亚两国建交 28 年来，经贸关系稳步发展。2009 年以来，中国一直是亚美尼亚第二大贸易伙伴。据中国海关统计，2019 年中亚双边贸易额达 7.59 亿美元，同比增长 43.5%。

亚美尼亚一直将中国视为其"外交优先方向"之一，当地主流媒体对华友好，报道客观。

1992 年，为加强两国的友好关系和促进两国在文化领域的交流，中国与亚美尼亚共同签署了《中华人民共和国政府和亚美尼亚共和国政府文化、教育、卫生、体育和旅游合作协定》。中亚两国文化交流日益频繁，双方多次派艺术团互访，互办文化日。2011、2015 和 2017 年，"亚美尼亚文化日"在我国举办。2012、2014、2016 和 2019 年，"中国文化日"在亚举办。2017 年是中国和亚美尼亚建交 25 周年，为了进一步深化两国文化交流与合作，中国文化部、亚美尼亚文化部、亚美尼亚驻华使馆于 2017 年 9 月 14 日在北京共同举办"亚美尼亚文化日"活动。在此次活动中，来自亚美尼亚的艺术家为观众表演了充满外高加索风情的音乐和舞蹈,《亚美尼亚人眼中的阿勒山》风光摄影作品展同时亮相。

旅游业方面的合作也让人非常期待。长期以来,中国和亚美尼亚之间没有直达航班。中国公民可取道莫斯科、迪拜、伊斯坦布尔、巴黎、罗马、维也纳转机前往,或由乌鲁木齐经格鲁吉亚首都第比利斯飞往埃里温。2016年4月,中国公民团队赴亚旅游业务正式启动。同年11月,亚单方面对我国持普通护照公民实行电子签和落地签政策。2019年5月,双方签署互免持普通护照人员签证协定,2020年1月正式生效。

## 【商务往来禁忌】

1. 亚美尼亚人多信奉基督教,商务活动注意避开礼拜日。

2. 对用一根火柴给三个人点烟的行为很忌讳,认为这样是失礼的。

3. 亚美尼亚人忌讳餐具互相磕碰,咀嚼食物也不要发出声响,用餐时一定要轻手轻脚。

4. 他们对远方的来客是欢迎留宿的,但是最多只能住三天,若客人三天后还想继续住下去,务必提出充分的理由,征得主人同意后方可留下来。

5. 认为使用左手为客人服务是不礼貌的。

6. 偏爱数字7,对13和星期五非常忌讳。

# 第七篇

# 非沿线合作国

# 韩 国

大韩民国，简称韩国。总人口约5200万（2021年3月）。50%左右的人口信奉佛教、基督教、天主教等宗教。官方语言是韩语，首都首尔。

韩国是一个地域狭窄的半岛国家，有限的人口和匮乏的资源决定了韩国的发展必须依赖于对外经济贸易，因此一直都有韩国是"贸易立国"的说法。可以说，对外贸易是韩国经济发展的生命线，对韩国经济的活跃、就业市场的稳定和外汇收入的增加有着不可估量的作用。

文化产业的迅速发展，带动了韩国文化的传播，一股"韩流"席卷世界，提升了韩国在世界上的文化地位和影响力。可以说，目前韩国已经是世界文化产业大国。

韩国的旅游业较为发达。近年来，韩政府将旅游业确定为战略产业，积极鼓励和发展旅游业，通过对外宣传"韩流"文化、简化热点旅游地区的入境手续、完善国内旅游市场、改善国内旅游硬件设施、提升相关服务水平等手段来吸引国外游客。据韩方统计，2019年访韩外国游客1700余万人次，创历史最高。韩国对世界文化遗产的申报也越来越热衷，并有许多项目成功申报下来了，申遗成功给韩国带来了一定的经济利益。另外，通过多国合作申遗，加强了与他国的沟通交流，带动了政治经济文化多层面的国际合作，有力地提高了韩国的国际影响力。

韩国媒体业发达，共有新闻机构230多家，从业人员4万多人。报社120多家，杂志种类繁多。《朝鲜日报》《中央日报》《东亚日报》是三大全国性日报。主要广播公司有：韩国广播公司、文化广播公司、首尔广播公司。

## 【文化产业管理】

韩国政府在支持发展文化产业方面主要做了以下工作：一是"放松"，即政府放松对文化产业的规制，有助于韩国文化产业的发展，其典型例证之一是韩国电影业的发展；二是"扶持"，即政府出台大量推动文化产业发展的政策措施，以及积极帮助企业开拓国际市场。可以说，从金大中开始，韩国历任总统均继承了"文化立国"的理念。

1994年，韩国体育观光部下设了文化产业局，1998年，韩国文化产业管理部门由文化体育部更名为文化观光部。之后韩国成立了"韩国文化产业振兴委员会"一系列专门机构，并多次重组优化，将项目领域扩大到动漫、音乐、漫画、广播、娱乐、网络、移动内容等文化产业的各个行业，在政策、资金、技术、信息、人才、销售等方面为文化产业提供全方位的综合支援，持续地推进文化产业发展。2008年，文化观光部更名为文化体育观光部，国政宣教处和信息通信部的数字内容产业被一并移交后归文化体育观光部管理。2009年，文化体育观光部新设文化艺术局和媒体政策局，以加强对文化艺术的管理和媒体政策的研究。

韩国几乎每一个重要的文化行业都有自己的行业协会，其中最重要的包括大韩出版协会、韩国音乐产业协会、韩国影视产业协会、韩国漫画出版协会、游戏产业协会等。除此之外，韩国还有研究文化产业营销战略的"文化产业市场营销协会"和支持地方文化产业发展的"地区文化产业协会"。

韩国政府非常重视文化立法工作，为建立文化产业发展的基础，强化其竞争力，制定了支持和振兴文化产业的基本事项。韩国政府于1999年制定实施了《文化产业振兴基本法》，围绕着文化产业的各个领域都专门制定了详尽的法律保障制度。如《著作权法》《电影振兴法》《影像振兴基本法》《出版及印刷振兴法》《新闻通信振兴有关的法律》《关于媒体仲裁和受害救济的法律》《地区报业发展支持特别法》《广播电视法》等。

## 【优势特色产业】

### 电子游戏产业

韩国从 20 世纪 70 年代进入游戏产业启蒙阶段，到 20 世纪 90 年代后期开始，韩国迅速推进电脑网络游戏和手机游戏，在"大型多人在线角色扮演类游戏"领域异军突起。继日本游戏机产业、美国个人电脑游戏产业之后，在世纪之交时成了新的世界游戏中心。

从世界范围来看，韩国是继美国、中国、日本之后的全球第四大游戏市场，占比为 6.3%。韩国游戏出口主要类型是 PC 游戏，如早年的《穿越火线》《DNF》《传奇》，近年的《绝地求生》《黑色沙漠》等。中国依然是韩国游戏第一大出口地。

2018 年韩国游戏市场规模为 14.29 万亿韩元，折合人民币约 852 亿元，同比增长 8.7%，低于 2017 年的 20.6%，但却是 5 年来排第二的水平。其中，移动游戏市场销售收入最高达 6.66 万亿韩元，其他分别是 PC 游戏的 5.02 万亿、网吧的 1.83 万亿和主机的 0.53 万亿韩元。

政府的扶持及商业链的不断完善，是韩国游戏成功的秘诀。为帮助韩国游戏企业走向海外，韩国政府每年都支持韩国中小游戏企业参加海外各种游戏展览，所有费用均由政府承担。游戏产业发展最需要的是人才，韩国游戏人才的培养最早始于 1996 年，2000 年以后逐步正规化。经过 10 多年的发展，形成了从高中到研究生院的多层次游戏人才培养体系。韩国政府还通过举办游戏大赛来提升游戏在世人心目中和社会舆论中的地位。2000 年，韩国国际电子营销公司创办了世界电子竞赛大赛，以推动电子竞技的全球发展为目标，该赛事被誉为"电子竞技奥运会"，每年都吸引着 50 多个国家的专业战队参与竞赛，极大增强了韩国游戏的国际影响力。2014 年 2 月 5 日，组委会宣布不再举办任何赛事，也算是功成身退。

经过这一系列的操作，韩国游戏已经成为韩国时尚文化的标志，网络游戏的顶级玩家也成了名副其实的超级明星。

## 电影产业

20世纪80年代中后期，随着韩国不断开放电影市场，好莱坞等海外电影大量涌入，韩国国产电影奄奄一息。到1993年，韩国国产电影在整个电影市场上只占15.9%的份额。

1999年，为了抗议韩国加入WTO世贸组织，开放外国电影配额，韩国电影人发起了大规模示威活动，很多电影人剃了光头以示抗议，即著名的"光头运动"。这一运动不仅在韩国国内造成了重大影响，也引起了世界电影人的关注。最终韩国政府迫于压力，恢复了电影配额制度，即规定韩国每家电影院的每个放映厅一年必须放映不少于146天的本国电影，同时，韩国政府还承诺只有当韩国电影的市场占有率达到40%时才会考虑取消电影配额制。这一措施刺激了韩国电影市场的进一步发展。

同年，由姜帝圭导演的《生死谍变》上映。上映22天，就打破了韩国本土电影历史最高票房纪录，上映55天就打破了《泰坦尼克号》在韩国的票房纪录，创造了660万观影人次的记录，使观看韩国国产电影的观众从原来的15%增加到了37%，共创造了3500万美元的票房，相当于制作费用的七倍。由于这是"光头运动"后完成的第一部大型本土电影，因此被认为是韩国电影史上具有里程碑意义的影片。

《生死谍变》的成功刺激了韩国本土电影产业的发展，此后的三年，韩国本土电影连续占据最卖座电影榜榜首。在海外市场，韩国电影也不断创造着票房神话。《共同警备区》在日本上映9天后总票房就超过了500万美元，刷新了韩国影片在日本的票房纪录；《我的野蛮女友》在亚洲各国掀起一股"全智贤"风潮，美国梦工厂动画公司还以75万美元和未来票房收益的4%的条件买下了《我的野蛮女友》翻拍权；派拉蒙以95万美元买下了《我的老婆是大佬》的翻拍权等。

韩国电影在艺术上也取得了不俗的成就。2002年，林权泽凭《醉画仙》获得了第55届戛纳国际电影节最佳导演奖。之后李沧东、金基德、朴赞郁等一大批导演在各大国际电影节频频获得大奖。2020年韩国导演奉俊昊凭借

《寄生虫》拿到了第 92 届奥斯卡金像奖最佳影片、最佳导演、最佳原创剧本以及最佳国际影片四项大奖。

## 电视剧产业

与电影产业相似，自 20 世纪末，韩国电视剧产业迅速崛起，每年都会有收视率超过40%的"国民剧"出世，《初恋》一剧在韩国国内收视率曾一度达到 65.8% 。

韩剧不仅在国内火爆，在其他国家和地区也非常受欢迎。1997 年中国中央电视台播放的韩剧《爱情是什么》创造了 4.2% 的收视率，随后《蓝色生死恋》《大长今》《我叫金三顺》等剧也在我国创造了多个高收视率的神话。近几年，随着《继承者们》《来自星星的你》《太阳的后裔》等剧的热播，韩剧再一次赢得了市场的胜利。

电视剧崛起得益于韩国政府的全力支持。韩国政府规定电视台必须把每年40%以上的电视广告收入用来投资电视剧，从电视台获得资金的电视剧拍摄公司只能留下 10%—15% 的利润，其余的也必须全部用于拍摄电视剧。此外，由于韩国电视制作播放平台基本由 KBS、MBC、SBS 垄断，整个电视的制作播放关系比较稳定。韩国电视剧演员处于相对弱势地位，片酬普遍不高，这也保证了电视剧有充足的制作费用。除了提供政策和法律援助，韩国政府也直接参与了韩剧的海外推介。

## 综艺节目

从最初引进日本综艺模仿学习，到不断地自我摸索创新，韩国的综艺节目制作一步步走向成熟。在互联网的助力下，韩国综艺在亚洲乃至全球受到追捧，让国外同行们刮目相看，于是韩国综艺的海外输出便顺理成章。综艺节目继电视剧、K – POP（韩国流行音乐）之后，成为掀起新韩流的又一大主力，韩流由此进入 3.0 时代。

2003 年，LG 广告公司将 KBS 的《挑战金话筒》销售给了中国中央电视台，开启了韩国综艺节目"征战"中国之旅。起初韩国综艺节目版权出口要价并不高，后期服务也好，可谓是物美价廉。近几年，随着中国综艺节目市场火爆，引进需求旺盛，韩国综艺节目的版权出口费用水涨船高。

## 音乐产业

1998 年以后，韩国政府将目光投向了流行音乐产业，明确提出要借鉴美、日流行音乐的产业模式，打造韩国版"格莱美奖"。

韩国流行音乐以本土文化为基础，融合了欧美和日本流行音乐的特点，整体上走以说唱为主的 Hip – Hop 音乐风格路线，节奏明快，在年轻群体中传唱度较高。但是随着 2002 年韩国检察机关针对演艺界"公关费"的调查日趋常态化，韩国唱片市场几乎处于瘫痪状态。2003 年的韩国音乐市场也不景气，韩国音乐产业开始转战海外。另外，随着新媒体技术的发展，韩国音乐产业的结构也发生了变化，手机铃声、音乐下载、音乐电子邮件等业务飞速发展，已经超过了传统的唱片业。

偶像培养制度是韩国音乐产业的撒手锏。韩国音乐产业的壮大除了政府的各项支持外，离不开韩国特有的练习生制度。不同于其他国家的偶像歌手，韩国偶像歌手在成名之前都是经纪公司的练习生，经过数年严格的封闭训练，通过残酷的竞争才能够脱颖而出。尽管韩国的偶像培养模式竞争残酷，但是最终走下来的多具备较强的综合实力，很容易得到观众的青睐。

2008 年，YouTube 进入韩国市场，K – POP 才开始通过网络，真正向西方市场进行全面渗透。K – POP 在美国市场的影响力越来越大。

## 【产业经典案例】

### 釜山国际电影节

釜山国际电影节创办于 1996 年，是韩国亦是亚洲最重要的电影节之一，受到釜山市政府、电影界各部门的支持与资助，每年 9—10 月在韩国第二大港口城市釜山举行。目的是促进韩国电影工业的发展，致力于挖掘新人新作，为亚洲电影走向世界提供更广阔的平台。

### 韩国游戏 《绝地求生》

"大吉大利，今晚吃鸡"是年度网络红词。当玩家在某游戏中获得第一名的时候屏幕上就会有一段台词出现：大吉大利，今晚吃鸡！这款游戏正是韩国公司开发的《绝地求生》。

这款游戏在市场上获得了极大的成功。

## 【中韩文化贸易】

中韩自 1992 年 8 月 24 日建交以来，两国友好合作关系在各个领域都有所体现。中国是韩国最大的贸易伙伴、最大的出口市场和最大的进口来源国，韩国是中国第三大贸易伙伴国。2019 年，韩国向中国出口的主要是机电产品、化工产品和塑料橡胶，三类产品合计占韩国对中国出口总额的 74.7%。

2006 年，韩国取代日本，成为中国入境旅游第一大客源国家，2019 年韩国还是第一客源国。随着中国经济的发展，韩国也成为中国人出境游的主要选择之一，中国也成了韩国的第一大客源国家。2016 年巅峰期，韩国接待了 826 万人次的中国旅客，2019 年访韩外国游客刷新了历史最高纪录，访韩人次最多的国家还是中国（551 万人次）。

文化贸易方面，主要是中国引进韩国版权，特别是电视节目这一项。除了直接引进播放外，还有大量翻拍版权，进出口量差距悬殊。在新兴文化业态方面，中国是韩国游戏出口的最大市场。当前中国出口韩国的文化产品种类少、覆盖面窄，出口的大部分是文化硬件商品，版权出口也仅集中于图书、录音制品和电子出版物。近年来，中国优秀的影视作品也开始输出到韩国，如《琅琊榜》《何以笙箫默》，韩国亦翻拍了一些中国影视剧，如《步步惊心：丽》《新世界》《沉默》《命运一样爱着你》等。两国也合拍了一些作品，如《雏菊》《时光之城》《翡翠恋人》《我的男神》等。

## 【商务往来禁忌】

1. 韩国人在社交场合与客人见面时,习惯以鞠躬并握手为礼。女性一般是鞠躬致意。

2. 认为 4 和 13 是预示厄运的数字。

3. 忌讳在人面前擤鼻涕、吐痰、掏耳朵;会谈要衣着整洁、举止大方。

4. 传统上都认为与"死"同音的字词为不吉利的。

5. 交流时应回避韩国国内政治、与朝鲜关系、与日关系等话题;与男主人交谈时不宜涉及其妻子的话题。

6. 接受物品时要用双手,不当面打开礼物;礼金要用白色的礼袋装,而不要用红色。

# 东帝汶

东帝汶民主共和国,面积 14919 平方公里。人口 131 万(2021 年 2 月),约 91.4% 的民居信奉天主教,2.6% 信奉基督教,1.7% 信奉伊斯兰教。德顿语和葡萄牙语为官方语言,印尼语和英语为工作语言,德顿语为通用语和主要民族语言。首都帝力,位于帝汶岛东北海岸,是全国的政治、经济和文化中心。东帝汶华人是东南亚国家中最小的华人群体,且主要聚集在首都帝力。

东帝汶是个年轻的国家,2002 年 5 月 20 日,东帝汶民主共和国正式成立。经济发展水平落后,结构失衡,严重依赖油气收入和外国援助,被联合国列为全球最不发达的国家之一。

服务业是东帝汶重要的产业,大部分服务业集中在帝力。2000 年以后,由于国外援助不断涌入东帝汶,贸易、餐饮、旅店等为国际机构服务的行业都得到了较快发展。建筑业首先受益，其他相关行业的投资也迅速增加。东帝汶近 40% 的劳动人口从事服务业，2018 年东帝汶服务业贡献了 GDP 总额的 34.4%。据世界银行统计，2018 年东帝汶侨汇收入约 9100 万美元，居东帝汶非油气外汇收入首位。

东帝汶旅游资源丰富，东部的科尼斯国家公园有稀有的热带低地雨林，雅科岛和阿陶罗岛拥有大片近海珊瑚礁，适合浮潜观赏各种珊瑚、海葵、海星和热带鱼，是许多潜水爱好者的最爱。当地居民还在岛上开办了别具特色的自然生态旅馆，发展旅游业具有一定潜力。现在政府已经把发展自然生态旅游业纳入国家策略性计划，希望可以吸引更多游客到东帝汶旅游。

2010 年 9 月 23 日，东帝汶的媒体业跨出了一大步——该国的第一个印刷厂正式开始运营。在这之前，东帝汶的报纸不得不送到印度尼西亚去印刷。目前主要报纸有：《帝汶邮报》，2002 年 11 月 8 日创办的德顿语、英语、葡语报，日发行量约 2000 份；《东帝汶之声》，德顿语、印尼语和葡语报，日发行量约 2000 份。

东帝汶的电台和电视台有：东帝汶国家广播电台，节目覆盖率 90%，用德顿语和葡语播出；东帝汶电视台，节目覆盖率 30%，用德顿语和葡语播出；东帝汶之声电台系首个私营商业频道，2009 年正式创办，节目主要覆盖帝力、包考、马里安那及其周边地区。

## 【文化产业管理】

2011 年 6 月，东帝汶国会审批通过了《2011—2030 年国家发展战略规划》。规划为国家未来 20 年的发展提供了方向，对公共领域投资也要不断加大。未来 20 年，东帝汶对基础设施领域的投资预计会达到 100 亿美元。规划旨在发现更好的方法获取最大的回报，从而推动非油气经济的发展。东帝汶力争到 2030 年，由低收入国家发展成为中等偏上收入国家。

目前，东帝汶法律体系还不完善。东帝汶宪法第 60 条是关于文学、科技和艺术作品保护的条款，但东帝汶尚未建立知识产权保护法律法规体系，也未加入任何知识产权国际协定，因此，有些国际知名企业通过在当地报纸上刊登启事，保护其商标和专利所有权。关于外国投资，对文化企业并没有行业限制。根据规定，外国投资者可投资除邮政服务、公共通信、受保护的自然保护区、武器生产与销售等由国家控制的领域以及法律禁止的其他活动（如犯罪活动和不道德的活动）以外的任何领域。

旅游事务的管理归属旅游贸易与工业部。东帝汶旅游业仍处于初步发展阶段，越来越多的国际游客的到来，引起了政府对旅游业发展的重视。东帝汶在旅游业发展方面有两个设想：一是吸引外来投资，以求尽快改善旅游条件；二是先启动旅游活动，吸引游客来东帝汶旅游，在发展到一定阶段后，外资自然对投资东帝汶旅游业感兴趣。目前，东帝汶偏向于后者。为此，有关部门加紧了旅游业的宣传活动。

东帝汶民间非政府组织很活跃，种类也很多，总计超过了150个。经费来源主要是西方国家的资助以及政府拨款。非政府组织在社会活动的各个层面发挥着积极的作用。

## 【特色文化产业】

### 咖啡产业

东帝汶的咖啡产业是其出口支柱产业之一，占该国出口贸易总额的90%，拥有全球顶级的有机野生咖啡豆和人道主义收集的野生麝香猫猫屎咖啡。

东帝汶的咖啡，最早是在1815年由葡萄牙人引进的。受到持续的战争的影响，咖啡种植产地严重受创，许多农场被废弃，咖啡产业的发展受阻。

东帝汶的咖啡种植以优质的阿拉比卡为主。一般情况下，东帝汶咖啡采用日晒处理法，以人手采摘，并以"湿制"（即把咖啡树果实浸水至少6小时，才把咖啡豆抽出，成本较高）方式处理。1999年世界咖啡生产国协会公布东帝汶是全世界最大的有机咖啡产地。

2002年，东帝汶独立，咖啡产业得到了国际机构的帮助，咖啡种植与生产规模不断扩大。

### 帝力生态旅游

东帝汶到处有美丽的海滩、吸引人的日落景观以及原始森林等自然景色。但东帝汶刚独立不久，旅游业也是刚刚起步，旅游接待条件存在许多不尽人意的地方，政府正在设法改善。就目前来说，东帝汶与印尼巴厘岛和澳大利亚已有定期的航班；东帝汶国内的公路交通已基本修复，可以通向各处旅游景点。东帝汶已初步具备发展旅游业的基本条件，旅游部已向新加坡、马来西亚和泰国进行宣传活动，并开始与这些国家探讨合作的机会和可能性。

东帝汶的首都帝力是该国最大的城市。机场通往市中心只有一条像样的大街，一片新月形的港湾，一座耶稣雕塑和一座购物广场。一切人造的景观都被北边绵延的山脉和南边无尽的蔚蓝大海包围着。

## 【产业经典案例】

### 东帝汶猫屎咖啡

麝香猫吃完咖啡果后会把咖啡豆原封不动地排出，人们将其粪便中的咖啡豆提取出来后进行加工，制成了猫屎咖啡，又称麝香猫咖啡。猫屎咖啡目前是世界上最贵的咖啡之一，每磅的价格高达几百美元。咖啡果实经过麝香猫胃的发酵，产出的咖啡别有一番滋味。

首先，麝香猫只会挑最熟最甜的咖啡果食用，这本身就是一种自然筛选；其次，当地人发现这些豆子经过猫咪胃的发酵，产出的咖啡比普通的更好喝了。香醇可口的猫屎咖啡渐渐声名远扬，成为国际咖啡市场上的奢侈品咖啡。

东帝汶的野生猫屎咖啡是全球仅存的人道主义收集的野生麝香猫猫屎咖啡，非常稀少，每年产量只有 800 公斤。

## 【中东文化贸易】

1999 年 8 月，东帝汶全民公投决定脱离印尼。2000 年 9 月，中国在帝力设立大使级代表处。2002 年 5 月 20 日，东帝汶正式宣告独立，中国于当日与东帝汶建立外交关系。自 2002 年 5 月建交以来,中国与东帝汶双边关系发展顺利。据中国海关统计,2019 年中东贸易额为 1.7 亿美元,同比增长 23.7%,是东帝汶第三大贸易伙伴。

东帝汶独立以来,中东两国政府签署了多项经济技术合作协定,中国特别关注东帝汶的民生发展事业,在基础设施建设、教育、农业、卫生、人员培训等领域向东帝汶提供了大量力所能及的帮助。文化方面以交流和援助为主。自 2011 年至今,中国积极支持东帝汶政府能力建设,迄今已有 2000 余名东帝汶公务员和技术人员赴华参训,涉及管理、旅游、城市规划、贸易投资、热带病防治、基础设施建设、减贫、渔业、水电等领域。

2014 年,中国与东帝汶签署了旅游等领域的合作文件。以猫屎咖啡为代表的东帝汶高端咖啡在中国已经有了较高知名度,香料产业也成了下一个合作热点。2019 年 10 月,中国香料企业代表团访问东帝汶,发现当地自然资源丰富,其中库奎果、檀香、白千层等香料原料可以广泛应用于精油和化妆品生产,是极具特色的植物精油原料产地。东帝汶贸易投资促进局及香料业界人士也迫切希望把优质的精油原料和产品推广到中国。

两国民心相通,礼尚往来。2008 年汶川大地震发生后,东帝汶向中国捐赠了 50 万美元,这是东帝汶独立后首次给外国政府捐赠。

## 【商务往来禁忌】

1. 东帝汶民族有尚武习俗,因此,尽量避免与当地人产生冲突,以免成为被袭击的对象。

2. 遇婚丧或教会活动的车队,须停靠避让。

3. 东帝汶受天主教文化影响较深,周日有全家人去教堂做礼拜的习俗,所以周日避免安排商务活动。

4. 在商务活动中,握手为常用的礼仪形式。

# 参考书目

1. 【美】爱德华·W·萨义德. 文化与帝国主义［M］. 李琨译. 北京：生活·读书·新知三联书店，2003.

2. 【英】约翰·B. 汤普森. 意识形态与现代文化［M］. 高铦译. 南京：译林出版社，2005.

3. 【澳】塔尼亚·芙恩. 文化产品与世界贸易组织［M］. 裘安曼译. 北京：商务印书馆，2010.

4. 【法】弗雷德里克·马特尔. 主流：谁将打赢全球文化战争. 刘成富译. 北京：商务印书馆，2012.

5. 熊澄宇. 世界文化产业研究［M］. 北京：清华大学出版社，2012.

6. 张胜冰，徐向昱，马树华. 世界文化产业导论［M］. 北京：北京大学出版社，2014.

7. 李炎，陈曦. 世界文化产业发展概况［M］. 昆明：云南大学出版社，2014.

8. 葛剑雄，胡鞍钢，林毅夫，乔良，汤敏，瞿振元等撰文；刘伟主编. 改变世界经济地理的"一带一路"［M］. 上海：上海交通大学出版社，2015.

9. 厉以宁，林毅夫，郑永年. 读懂"一带一路"［M］. 北京：中信出版社，2015.

10. 赵磊. 一带一路：中国文明型崛起［M］. 北京：中信出版社，2015.

11. 金立群，林毅夫. 一带一路引领中国［M］. 北京：中国文史出版社，2015.

12. 王义桅. 世界是通的：一带一路的逻辑［M］. 北京：商务印书

馆，2016.

13. 国家信息中心．一带一路大数据报告 ［M］．北京：商务印书馆，2016.

14. 李嘉珊主编．重新发现中国中东欧十六国文化创意产业概览  汉英对照 ［M］．北京：中国商务出版社，2016.

15. 熊澄宇，张铮，孔少华．世界数字文化产业发展现状与趋势 ［M］．北京：清华大学出版社，2016.

16. 王琦，舒卷，朱凤梅．"一带一路"沿线国家商务礼俗一本通 ［M］．成都：西南交通大学出版社，2017.

17. 李大伟．海外文化产业概论 ［M］．福州：福建人民出版社，2017.

18. 金海娜主编．中外影视互译与合作2016 ［M］．北京：中国传媒大学出版社，2018.

19. 金海娜主编．中外影视互译与合作2017 ［M］．北京：中国传媒大学出版社，2018.

20. 王蕙莲编．"一带一路"沿线国家商务文化读本 ［M］．北京：世界图书出版公司，2019.

21. 王丽．"一带一路"对外文化传播研究 ［M］．北京：经济日报出版社，2020.

22. 向勇主编．"一带一路"文化产业合作发展报告（2019）［M］．北京：社会科学文献出版社，2020.

# 参考网站

1. 中华人民共和国外交部 https：//www. fmprc. gov. cn/

2. 中华人民共和国商务部 http：//www. mofcom. gov. cn/

3. 中国一带一路网 https：//www. yidaiyilu. gov. cn/

4. 中国—中东欧国家合作 http：//www. china－ceec. org/

5. 中华人民共和国商务部走出去服务平台 http：//fec. mofcom. gov. cn

6. 丝绸之路—经济带网 http：//www. iic21. com/21sczl/

7. CRGG 国别区域与全球治理数据平台 https：//www. crggcn. com

8. 参考消息网国际频道 http：//world. cankaoxiaoxi. com

9. 新华网国际频道 http：//www. xinhuanet. com/worldpro

10. 人民网国际频道 http：//world. people. com. cn

11. 人民日报海外版官网 http：//huaren. haiwainet. cn

12. 中国日报网国际频道 http：//www. chinadaily. com. cn/hqzx/hqzk_more. html

13. 环球网 https：//www. huanqiu. com

14. 中国文化报数字报 http：//epaper. ccdy. cn/zh－CN/？ date＝2021－04－01&page＝1

15. 光明网国际频道 https：//world. gmw. cn

16. 中国经济网文化产业频道 http：//www. ce. cn/culture

17. 旅业报 https：//ttgchina. com

18. 中国—中东欧研究院 http：//ies. cass. cn/chinacee/

19. 联合早报 https：//www. zaobao. com

# 后　记

　　历经艰辛，终于交付了书稿，笔者却不仅没有如释重负的感觉，反而有些诚惶诚恐。受篇幅所限，本书未能全面勾勒出"一带一路"的文化地图，留下了较多遗憾。谨作一家之言，抛砖引玉。

　　本书是山东大学文化产业管理学科薪火相传的见证，也是学科交叉融合及新文科建设的成果。2013年秋季，"一带一路"倡议提出之时，笔者正为山东大学文化产业管理专业的学生规划一门名为"海外文化产业专题研究"的课程，感其格局之宏大和愿景之美好，必将对中国发展产生重大影响，应该积极引导学生学习。于是，笔者在讲述欧美发达国家的文化产业之余，有意识地补充了印度、泰国、俄罗斯、埃及等"一带一路"沿线国家的情况。因那时笔者正全力编著专业教材《海外文化产业概论》，虽然始终关注着"一带一路"的进展，但是没有进行系统、深入的研究。2017年秋季，2015级文化产业管理的同学普遍对"一带一路"的相关知识非常感兴趣，在课堂上经常会提出一些问题与笔者研讨。当时手头工作刚好告一段落，于是开始整理相关的资料。在同学们的推动下，笔者才真正把"一带一路"文化产业作为学术研究的攻关方向。教学相长，教研互动，申报的相关课题亦获得了山东省社会科学规划的立项支持。2016级的刘晓蕙（现就读于南京大学）、李昕（现就读于厦门大学）、高洋（现就读于武汉大学）等同学参加课题组后，几年来从搜集资料的准备工作做起，到独当一面撰写学术论文，在多家期刊发表了阶段性研究成果，成长进步极快。他们承担了大量的基础准备工作，即使后来奔赴外地继续深造，依然不辞辛劳，给予了课题组莫大的支持。后期，2017级的张迪和2018级的孙崇辕、赵浩汝、原雨舟、周彧以及2019级研究生王洋等同学相继加入，协助校对工作。这期间，除本专业师生的无私相助，历史文化学院世界史、中国史、档案管理专业的师友也予以大量指导帮助。

在这几年的时间里，"一带一路"由倡议变共识，由蓝图变现实，合作共建的国家越来越多，合作程度不断深化，合作领域不断扩展，合作形式不断创新，合作成果不断丰富。再加上数字技术的加持，世界文化产业发展日新月异，新的精彩案例不断涌现，所以本书从一稿到七稿，每次易稿都修改过半，以至交稿时间也一推再推。2020 年成了一个重要节点，本书的主体内容基本确定，得以收工。

本书编著过程中的重要资料来源有：正式出版的图书以及知网、万方等学术期刊库的文献资料；外交部、商务部、文化和旅游部、国家信息中心等中国政府网站；《人民日报》《光明日报》《中国文化报》等媒体；搜狐、网易、新浪、腾讯、凤凰网等媒体网站；各国政府，尤其是旅游部（局）、大使馆、主流通讯社的官网；微博、微信公众号、知乎等自媒体平台。总之，整个过程就像是做智力拼图，又像是缝百家衣，笔者所做的不过是规划设计、穿针引线，真诚感谢各位先行者。本书力求规范引用，但难免疏漏，谨向没有被精准标注的原作者表达真诚的歉意。

时代的车轮滚滚向前，置身于百年未有之大变局，吾辈自当居安思危、奋发图强。衷心祝福国泰民安、繁荣富强！

李大伟

2022. 3. 31

图书在版编目（CIP）数据

"一带一路"视域下的亚洲文化资源与产业/李大伟
编著.—济南:山东文艺出版社,2022.7
ISBN 978 - 7 - 5329 - 6678 - 3

Ⅰ.①一… Ⅱ.①李… Ⅲ.①文化产业—产业发展
—研究—亚洲 Ⅳ.①G130.4

中国版本图书馆 CIP 数据核字(2022)第 125131 号

# "一带一路"视域下的亚洲文化资源与产业

YIDAIYILU SHIYU XIA DE YAZHOU WENHUA ZIYUAN YU CHANYE

李大伟　编著

主管单位　山东出版传媒股份有限公司
出版发行　山东文艺出版社
社　　址　山东省济南市英雄山路 189 号
邮　　编　250002
网　　址　www. sdwypress. com

读者服务　0531 - 82098776(总编室)
　　　　　0531 - 82098775(市场营销部)
电子邮箱　sdwy@ sdpress. com. cn

印　　刷　肥城新华印刷有限公司
开　　本　710 毫米 ×1000 毫米　1/16
印　　张　18
字　　数　250 千
版　　次　2022 年 7 月第 1 版
印　　次　2022 年 7 月第 1 次印刷
书　　号　ISBN 978 - 7 - 5329 - 6678 - 3
定　　价　79.00 元

版权专有,侵权必究。如有图书质量问题,请与出版社联系调换。